DU CONTRAT SOCIAL

DISCOURS SUR L'ORIGINE DE L'INÉGALITÉ

JEAN-JACQUES ROUSSEAU

Du Contrat social

Discours sur l'origine de l'inégalité

JEAN-JACQUES ROUSSEAU
(1712-1778)

« Je naquis infirme et malade ; je coûtai la vie à ma mère, et ma naissance fut le premier de mes malheurs » : Jean-Jacques Rousseau voit le jour le 28 juin 1712 à Genève. Son père est un horloger qui préfère jouer du violon plutôt que de se consacrer à son métier.

Placé en apprentissage chez un maître-graveur qui bat ses ouvriers, Jean-Jacques s'enfuit. A la sortie de la messe, à Annecy, en 1728, il rencontre Mme de Warens. Cette jeune bourgeoise accueille les calvinistes pour les convertir au catholicisme. Jean-Jacques, séduit par sa beauté et sa gentillesse, se fait baptiser à Turin, devient valet, professeur de musique.... puis s'installe aux Charmettes, auprès de Mme de Warens, devenue sa protectrice et sa maîtresse.

Conscient de son ignorance, il s'instruit, lit beaucoup, étudie les sciences, le latin, et la musique, tout en exerçant divers métiers. Cette vie idyllique va durer jusqu'en 1740. Rousseau, qui est précepteur à Lyon (cette expérience lui sera utile pour *l'Émile*, essai « révolutionnaire » sur l'éducation, publié en 1762) s'aperçoit, en revenant aux Charmettes, que sa place est prise...

Il monte à Paris, décidé à y vivre de musique, de théâtre et de philosophie. Ce maladroit au caractère rugueux et susceptible, cet inquiet perpétuel n'est pas à l'aise dans les salons. Pourtant, Mme Dupin, épouse d'un riche banquier, le prend sous sa protection, lui fait rencontrer Diderot, qui sera l'un de ses rares intimes, Marivaux, et d'autres philosophes.

En 1745, Rousseau se lie avec Thérèse Le Vasseur, servante dans l'hôtel où il réside. Inculte mais dévouée, elle ne le quittera pas (il la présentera comme sa gouvernante), supportera sa misanthropie, partagera ses exils et ses humiliations, et lui donnera quatre enfants qui, tous, seront abandonnés à l'hospice des Enfants trouvés.

Musicien reconnu, il rédige aussi divers essais poétiques, scientifiques, collabore à l'*Encyclopédie*... Son *Discours sur les sciences et les arts*, où il démontre que c'est la civilisation qui corrompt l'univers, est couronné par l'Académie de Dijon (1750). Rousseau devient l'homme du paradoxe et du retour à la simplicité. Son opéra, *le Devin de village* (1752) est joué devant Louis XV qui, pour le récompenser, veut le pensionner. Rousseau, afin de rester libre, refuse.

En 1754, il rédige son *Discours sur l'origine de l'inégalité* (il y dénonce la propriété comme source d'inégalité sociale), part à Genève, où il revient au protestantisme, puis s'installe au nord de Paris, à Montmorency, auprès de son amie Mme d'Épinay, puis du maréchal de Luxembourg. En dépit de querelles avec Grimm et ses anciens amis philosophes, il travaille d'arrache-pied à son œuvre, rédigeant *la Nouvelle Héloïse* (à la fois long roman sentimental épistolaire et hymne à la nature). Le roi d'Angleterre, lui aussi, propose de le pensionner; Rousseau, encore une fois, refuse par orgueil.

Malade, il revient en France en 1768, s'installe dans le Dauphiné (à proximité de la frontière avec la Suisse et la Savoie), où il épouse sa fidèle Thérèse, et herborise avec passion, tout en poursuivant la rédaction de ses *Confessions*.

Paris lui manque; il y revient en 1770, en se promettant de ne plus rien publier. Il survit en copiant de la musique, Thérèse en faisant des travaux de couture. Il finit de rédiger ses *Rêveries d'un promeneur solitaire*, et se contente de lire des passages des *Confessions* (publication posthume) dans les salons ou d'improviser des conférences dans les cafés du Palais-Royal. C'est désormais un vieillard bourru mais respecté, pour son œuvre et pour les persécutions dont il a été l'objet.

En juin 1778, le marquis de Girardin, l'un de ses admirateurs, qui a refait dessiner son parc d'Ermenonville selon les descriptions de *la Nouvelle Héloïse*, l'accueille dans sa propriété. Le 2 juillet, il se plaint de violentes douleurs à la tête, et tombe de sa chaise, mort. Il est inhumé sur place. Ses cendres seront transférées au Panthéon en 1794.

Méconnu, moqué de son vivant, Rousseau aura une revanche posthume éclatante : son influence sur la littérature européenne sera capitale. Il inspirera, notamment, les romantiques. Ses idées sociales et politiques seront, elles, reprises par les républicains, au XIXe siècle.

DU CONTRAT SOCIAL
ou
PRINCIPES DU DROIT POLITIQUE

PAR J.-J. ROUSSEAU,
citoyen de Genève

— foederis aequas
Dicamus leges.

ÉNÉIDE XI

AVERTISSEMENT

Ce petit traité est extrait d'un ouvrage plus étendu, entrepris autrefois sans avoir consulté mes forces, et abandonné depuis longtemps. Des divers morceaux qu'on pouvait tirer de ce qui était fait, celui-ci est le plus considérable, et m'a paru le moins indigne d'être offert au public. Le reste n'est déjà plus.

LIVRE PREMIER

Je veux chercher si dans l'ordre civil il peut y avoir quelque règle d'administration légitime et sûre, en prenant les hommes tels qu'ils sont, et les lois telles qu'elles peuvent être. Je tâcherai d'allier toujours dans cette recherche ce que le droit permet avec ce que l'intérêt prescrit, afin que la justice et l'utilité ne se trouvent point divisées.

J'entre en matière sans prouver l'importance de mon sujet. On me demandera si je suis prince ou législateur pour écrire sur la Politique? Je réponds que non, et que c'est pour cela que j'écris sur la Politique. Si j'étais prince ou législateur, je ne perdrais pas mon temps à dire ce qu'il faut faire; je le ferais, ou je me tairais.

Né citoyen d'un État libre, et membre du souverain, quelque faible influence que puisse avoir ma voix dans les affaires publiques, le droit d'y voter suffit pour m'imposer le devoir de m'en instruire. Heureux, toutes les fois que je médite sur les gouvernements, de trouver toujours dans mes recherches de nouvelles raisons d'aimer celui de mon pays!

CHAPITRE PREMIER

SUJET DE CE PREMIER LIVRE

L'homme est né libre, et partout il est dans les fers. Tel se croit le maître des autres, qui ne laisse pas d'être plus esclave qu'eux. Comment ce changement s'est-il fait ? Je l'ignore. Qu'est-ce qui peut le rendre légitime ? Je crois pouvoir résoudre cette question.

Si je ne considérais que la force, et l'effet qui en dérive, je dirais : Tant qu'un peuple est contraint d'obéir et qu'il obéit, il fait bien ; sitôt qu'il peut secouer le joug et qu'il le secoue, il fait encore mieux ; car, recouvrant sa liberté par le même droit qui la lui a ravie, ou il est fondé à la reprendre, ou l'on ne l'était point à la lui ôter. Mais l'ordre social est un droit sacré, qui sert de base à tous les autres. Cependant ce droit ne vient point de la nature ; il est donc fondé sur des conventions. Il s'agit de savoir quelles sont ces conventions. Avant d'en venir là je dois établir ce que je viens d'avancer.

CHAPITRE II

DES PREMIÈRES SOCIÉTÉS

La plus ancienne de toutes les sociétés et la seule naturelle est celle de la famille. Encore les enfants ne restent-ils liés au père qu'aussi longtemps qu'ils ont besoin de lui pour se conserver. Sitôt que ce besoin cesse, le lien naturel se dissout. Les enfants, exempts de l'obéissance qu'ils devaient au père, le père exempt des soins qu'il devait aux enfants, rentrent tous également dans l'indépendance. S'ils continuent de rester unis ce n'est plus naturellement, c'est volontairement, et la famille elle-même ne se maintient que par convention.

Cette liberté commune est une conséquence de la nature de l'homme. Sa première loi est de veiller à sa propre conservation, ses premiers soins sont ceux qu'il se doit à lui-même, et, sitôt qu'il est en âge de raison, lui seul étant juge des moyens propres à se conserver devient par là son propre maître.

La famille est donc si l'on veut le premier modèle des sociétés politiques ; le chef est l'image du père, le peuple est l'image des enfants, et tous étant nés égaux et libres n'aliènent leur liberté que pour leur utilité. Toute la différence est que dans la famille l'amour du père pour ses enfants le paye des soins qu'il leur rend, et que dans l'État le plaisir de commander supplée à cet amour que le chef n'a pas pour ses peuples.

Grotius nie que tout pouvoir humain soit établi en faveur de ceux qui sont gouvernés : Il cite l'esclavage en exemple. Sa plus constante manière de raisonner est d'établir toujours le droit par le fait*. On pourrait employer une méthode plus conséquente, mais non pas plus favorable aux tyrans.

Il est donc douteux, selon Grotius, si le genre humain appartient à une centaine d'hommes, ou si cette centaine d'hommes appartient au genre humain, et il paraît dans tout son livre pencher pour le premier avis : c'est aussi le sentiment de Hobbes. Ainsi voilà l'espèce

* « Les savantes recherches sur le droit public ne sont souvent que l'histoire des anciens abus, et on s'est entêté mal à propos quand on s'est donné la peine de les trop étudier. » *Traité manuscrit des intérêts de la Fr. avec ses voisins ; par M.L.M. d'A.* [dans l'éd. de 1782 la référence est donnée de la façon suivante : « *Traité des intérêts de la Fr. avec ses voisins, par M. le Marquis d'Argenson* (imprimé chez Rey à Amsterdam) ».] Voilà précisément ce qu'a fait Grotius.

humaine divisée en troupeaux de bétail, dont chacun a son chef, qui le garde pour le dévorer.

Comme un pâtre est d'une nature supérieure à celle de son troupeau, les pasteurs d'hommes, qui sont leurs chefs, sont aussi d'une nature supérieure à celle de leurs peuples. Ainsi raisonnait, au rapport de Philon, l'empereur Caligula ; concluant assez bien de cette analogie que les rois étaient des dieux, ou que les peuples étaient des bêtes.

Le raisonnement de ce Caligula revient à celui d'Hobbes et de Grotius. Aristote avant eux tous avait dit aussi que les hommes ne sont point naturellement égaux, mais que les uns naissent pour l'esclavage et les autres pour la domination.

Aristote avait raison, mais il prenait l'effet pour la cause. Tout homme né dans l'esclavage naît pour l'esclavage, rien n'est plus certain. Les esclaves perdent tout dans leurs fers, jusqu'au désir d'en sortir ; ils aiment leur servitude comme les compagnons d'Ulysse aimaient leur abrutissement *. S'il y a donc des esclaves par nature, c'est parce qu'il y a eu des esclaves contre nature. La force a fait les premiers esclaves, leur lâcheté les a perpétués.

Je n'ai rien dit du roi Adam, ni de l'empereur Noé père de trois grands monarques qui se partagèrent l'univers, comme firent les enfants de Saturne, qu'on a cru reconnaître en eux. J'espère qu'on me saura gré de cette modération ; car, descendant directement de l'un de ces princes, et peut-être de la branche aînée, que sais-je si par la vérification des titres je ne me trouverais point le légitime roi du genre humain ? Quoi qu'il en soit, on ne peut disconvenir qu'Adam n'ait été souverain du monde comme Robinson de son île, tant qu'il en fut le seul habitant ; et ce qu'il y avait de commode dans cet empire était que le monarque assuré sur son trône n'avait à craindre ni rébellions ni guerres ni conspirateurs.

* Voyez un petit traité de Plutarque intitulé : *Que les bêtes usent de la raison.*

CHAPITRE III

DU DROIT DU PLUS FORT

Le plus fort n'est jamais assez fort pour être toujours le maître, s'il ne transforme sa force en droit et l'obéissance en devoir. De là le droit du plus fort; droit pris ironiquement en apparence, et réellement établi en principe : Mais ne nous expliquera-t-on jamais ce mot? La force est une puissance physique; je ne vois point quelle moralité peut résulter de ses effets. Céder à la force est un acte de nécessité, non de volonté; c'est tout au plus un acte de prudence. En quel sens pourra-ce être un devoir?

Supposons un moment ce prétendu droit. Je dis qu'il n'en résulte qu'un galimatias inexplicable. Car sitôt que c'est la force qui fait le droit, l'effet change avec la cause; toute force qui surmonte la première succède à son droit. Sitôt qu'on peut désobéir impunément on le peut légitimement, et puisque le plus fort a toujours raison, il ne s'agit que de faire en sorte qu'on soit le plus fort. Or qu'est-ce qu'un droit qui périt quand la force cesse? S'il faut obéir par force on n'a pas besoin d'obéir par devoir, et si l'on n'est plus forcé d'obéir on n'y est plus obligé. On voit donc que ce mot de droit n'ajoute rien à la force; il ne signifie ici rien du tout.

Obéissez aux puissances. Si cela veut dire, cédez à la force, le précepte est bon, mais superflu, je réponds qu'il ne sera jamais violé. Toute puissance vient de Dieu, je l'avoue; mais toute maladie en vient aussi. Est-ce à dire qu'il soit défendu d'appeler le médecin? Qu'un brigand me surprenne au coin d'un bois : non seulement il faut par force donner la bourse, mais quand je pourrais la soustraire suis-je en conscience obligé de la donner? car enfin le pistolet qu'il tient est aussi une puissance.

Convenons donc que force ne fait pas droit, et qu'on n'est obligé d'obéir qu'aux puissances légitimes. Ainsi ma question primitive revient toujours.

CHAPITRE IV

DE L'ESCLAVAGE

Puisque aucun homme n'a une autorité naturelle sur son semblable, et puisque la force ne produit aucun droit, restent donc les conventions pour base de toute autorité légitime parmi les hommes.

Si un particulier, dit Grotius, peut aliéner sa liberté et se rendre esclave d'un maître, pourquoi tout un peuple ne pourrait-il pas aliéner la sienne et se rendre sujet d'un roi ? Il y a là bien des mots équivoques qui auraient besoin d'explication, mais tenons-nous-en à celui d'*aliéner*. Aliéner c'est donner ou vendre. Or un homme qui se fait esclave d'un autre ne se donne pas, il se vend, tout au moins pour sa subsistance : mais un peuple pour quoi se vend-il ? Bien loin qu'un roi fournisse à ses sujets leur subsistance il ne tire la sienne que d'eux, et selon Rabelais un roi ne vit pas de peu. Les sujets donnent donc leur personne à condition qu'on prendra aussi leur bien ? Je ne vois pas ce qu'il leur reste à conserver.

On dira que le despote assure à ses sujets la tranquillité civile. Soit; mais qu'y gagnent-ils, si les guerres que son ambition leur attire, si son insatiable avidité, si les vexations de son ministère les désolent plus que ne feraient leurs dissensions ? Qu'y gagnent-ils, si cette tranquillité même est une de leurs misères ? On vit tranquille aussi dans les cachots; en est-ce assez pour s'y trouver bien ? Les Grecs enfermés dans l'antre du Cyclope y vivaient tranquilles, en attendant que leur tour vînt d'être dévorés.

Dire qu'un homme se donne gratuitement, c'est dire une chose absurde et inconcevable; un tel acte est illégitime et nul, par cela seul que celui qui le fait n'est pas dans son bon sens. Dire la même chose de tout un peuple, c'est supposer un peuple de fous : la folie ne fait pas droit.

Quand chacun pourrait s'aliéner lui-même, il ne peut aliéner ses enfants; ils naissent hommes et libres; leur liberté leur appartient, nul n'a droit d'en disposer qu'eux. Avant qu'ils soient en âge de raison le père peut en leur nom stipuler des conditions pour leur conservation, pour leur bien-être; mais non les donner irrévocablement et sans condition; car un tel don est contraire aux fins de la nature et passe les droits de la paternité. Il faudrait donc pour qu'un gouvernement arbitraire fût légitime qu'à chaque génération le peuple fût le maître de l'admettre ou de le rejeter : mais alors ce gouvernement ne serait plus arbitraire.

Renoncer à sa liberté c'est renoncer à sa qualité d'homme, aux droits de l'humanité, même à ses devoirs. Il n'y a nul dédommagement possible pour quiconque renonce à tout. Une telle renonciation est incompatible avec la nature de l'homme, et c'est ôter toute moralité à ses actions que d'ôter toute liberté à sa volonté. Enfin c'est une convention vaine et contradictoire de stipuler d'une part une autorité absolue et de l'autre une obéissance sans bornes. N'est-il pas clair qu'on n'est engagé à rien envers celui dont on a droit de tout exiger, et cette seule condition, sans équivalent, sans échange n'entraîne-t-elle pas la nullité de l'acte? Car quel droit mon esclave aurait-il contre moi, puisque tout ce qu'il a m'appartient; et que son droit étant le mien, ce droit de moi contre moi-même est un mot qui n'a aucun sens?

Grotius et les autres tirent de la guerre une autre origine du prétendu droit d'esclavage. Le vainqueur ayant, selon eux, le droit de tuer le vaincu, celui-ci peut racheter sa vie aux dépens de sa liberté; convention d'autant plus légitime qu'elle tourne au profit de tous deux.

Mais il est clair que ce prétendu droit de tuer les vaincus ne résulte en aucune manière de l'état de guerre. Par cela seul que les hommes vivant dans leur primitive indépendance n'ont point entre eux de rapport assez constant pour constituer ni l'état de paix ni l'état de guerre, ils ne sont point naturellement ennemis. C'est le rapport des choses et non des hommes qui constitue la guerre, et l'état de guerre ne pouvant naître des simples relations personnelles, mais seulement des relations réelles, la guerre privée ou d'homme à homme ne peut exister, ni dans l'état de nature où il n'y a point de propriété constante, ni dans l'état social où tout est sous l'autorité des lois.

Les combats particuliers, les duels, les rencontres sont des actes qui ne constituent point un état; et à l'égard des guerres privées, autorisées par les établissements de Louis IX roi de France et suspendues par la paix de Dieu, ce sont des abus du gouvernement féodal, système absurde s'il en fut jamais, contraire aux principes du droit naturel, et à toute bonne politie.

La guerre n'est donc point une relation d'homme à homme, mais une relation d'État à État, dans laquelle les particuliers ne sont ennemis qu'accidentellement, non point comme hommes ni même comme citoyens*, mais comme soldats; non point comme membres de la patrie, mais comme ses défenseurs. Enfin chaque État ne peut avoir pour ennemis que d'autres États et non pas des hommes, attendu qu'entre choses de diverses natures on ne peut fixer aucun vrai rapport.

Ce principe est même conforme aux maximes établies de tous les temps et à la pratique constante de tous les peuples policés. Les déclarations de guerre sont moins des avertissements aux puissances qu'à leurs sujets. L'étranger, soit roi, soit particulier, soit peuple, qui vole, tue ou détient les sujets sans déclarer la guerre au prince, n'est pas un ennemi, c'est un brigand. Même en pleine guerre un prince juste s'empare bien en pays

* Note ajoutée dans l'édition de 1782 : « Les Romains qui ont [mieux] entendu et plus respecté le droit de la guerre qu'aucune nation du monde portaient si loin le scrupule à cet égard qu'il n'était pas permis à un citoyen de servir comme volontaire sans s'être engagé expressément contre l'ennemi et nommément contre tel ennemi. Une légion où Caton le fils faisait ses premières armes sous Popilius ayant été réformée, Caton le Père écrivit à Popilius que s'il voulait bien que son fils continuât de servir sous lui il fallait lui faire prêter un nouveau serment militaire, parce que le premier étant annulé il ne pouvait plus porter les armes contre l'ennemi. Et le même Caton écrivit à son fils de se bien garder de se présenter au combat qu'il n'eût prêté ce nouveau serment. Je sais qu'on pourra m'opposer le siège de Clusium et d'autres faits particuliers mais moi je cite des lois, des usages. Les Romains sont ceux qui ont le moins souvent transgressé leurs lois et ils sont les seuls qui en aient eu d'aussi belles. »

ennemi de tout ce qui appartient au public, mais il respecte la personne et les biens des particuliers; il respecte des droits sur lesquels sont fondés les siens. La fin de la guerre étant la destruction de l'État ennemi, on a droit d'en tuer les défenseurs tant qu'ils ont les armes à la main; mais sitôt qu'ils les posent et se rendent, cessant d'être ennemis ou instruments de l'ennemi, ils redeviennent simplement hommes et l'on n'a plus de droit sur leur vie. Quelquefois on peut tuer l'État sans tuer un seul de ses membres : or la guerre ne donne aucun droit qui ne soit nécessaire à sa fin. Ces principes ne sont pas ceux de Grotius; ils ne sont pas fondés sur des autorités de poètes, mais ils dérivent de la nature des choses, et sont fondés sur la raison.

A l'égard du droit de conquête, il n'a d'autre fondement que la loi du plus fort. Si la guerre ne donne point au vainqueur le droit de massacrer les peuples vaincus, ce droit qu'il n'a pas ne peut fonder celui de les asservir. On n'a le droit de tuer l'ennemi que quand on ne peut le faire esclave; le droit de le faire esclave ne vient donc pas du droit de le tuer : c'est donc un échange inique de lui faire acheter au prix de sa liberté sa vie sur laquelle on n'a aucun droit. En établissant le droit de vie et de mort sur le droit d'esclavage, et le droit d'esclavage sur le droit de vie et de mort, n'est-il pas clair qu'on tombe dans le cercle vicieux ?

En supposant même ce terrible droit de tout tuer, je dis qu'un esclave fait à la guerre ou un peuple conquis n'est tenu à rien du tout envers son maître, qu'à lui obéir autant qu'il y est forcé. En prenant un équivalent à sa vie le vainqueur ne lui en a point fait grâce : au lieu de le tuer sans fruit il l'a tué utilement. Loin donc qu'il ait acquis sur lui nulle autorité jointe à la force, l'état de guerre subsiste entre eux comme auparavant, leur relation même en est l'effet, et l'usage du droit de la guerre ne suppose aucun traité de paix. Ils ont fait une convention; soit : mais cette convention, loin de détruire l'état de guerre, en suppose la continuité.

Ainsi, de quelque sens qu'on envisage les choses, le droit d'esclave est nul, non seulement parce qu'il est illégitime, mais parce qu'il est absurde et ne signifie rien. Ces mots, *esclavage* et *droit*, sont contradictoires; ils s'excluent mutuellement. Soit d'un homme à un homme, soit d'un homme à un peuple, ce discours sera toujours également insensé. *Je fais avec toi une convention toute à ta charge et toute à mon profit, que j'observerai tant qu'il me plaira, et que tu observeras tant qu'il me plaira.*

CHAPITRE V

QU'IL FAUT TOUJOURS REMONTER À UNE PREMIÈRE CONVENTION

Quand j'accorderais tout ce que j'ai réfuté jusqu'ici, les fauteurs du despotisme n'en seraient pas plus avancés. Il y aura toujours une grande différence entre soumettre une multitude et régir une société. Que des hommes épars soient successivement asservis à un seul, en quelque nombre qu'ils puissent être, je ne vois là qu'un maître et des esclaves, je n'y vois point un peuple et son chef; c'est si l'on veut une agrégation, mais non pas une association; il n'y a là ni bien public ni corps politique. Cet homme, eût-il asservi la moitié du monde, n'est toujours qu'un particulier; son intérêt, séparé de celui des autres, n'est toujours qu'un intérêt privé. Si ce même homme vient à périr, son empire après lui reste épars et sans liaison, comme un chêne se dissout et tombe en un tas de cendres, après que le feu l'a consumé.

Un peuple, dit Grotius, peut se donner à un roi. Selon Grotius un peuple est donc un peuple avant de se donner à un roi. Ce don même est un acte civil, il suppose une délibération publique. Avant donc que d'examiner l'acte par lequel un peuple élit un roi, il serait bon d'examiner l'acte par lequel un peuple est un peuple. Car cet acte étant nécessairement antérieur à l'autre est le vrai fondement de la société.

En effet, s'il n'y avait point de convention antérieure,

où serait, à moins que l'élection ne fût unanime, l'obligation pour le petit nombre de se soumettre au choix du grand, et d'où cent qui veulent un maître ont-ils le droit de voter pour dix qui n'en veulent point ? La loi de la pluralité des suffrages est elle-même un établissement de convention, et suppose au moins une fois l'unanimité.

CHAPITRE VI

DU PACTE SOCIAL

Je suppose les hommes parvenus à ce point où les obstacles qui nuisent à leur conservation dans l'état de nature l'emportent par leur résistance sur les forces que chaque individu peut employer pour se maintenir dans cet état. Alors cet état primitif ne peut plus subsister, et le genre humain périrait s'il ne changeait sa manière d'être.

Or comme les hommes ne peuvent engendrer de nouvelles forces, mais seulement unir et diriger celles qui existent, ils n'ont plus d'autre moyen pour se conserver que de former par agrégation une somme de forces qui puisse l'emporter sur la résistance, de les mettre en jeu par un seul mobile et de les faire agir de concert.

Cette somme de forces ne peut naître que du concours de plusieurs : mais la force et la liberté de chaque homme étant les premiers instruments de sa conservation, comment les engagera-t-il sans se nuire, et sans négliger les soins qu'il se doit ? Cette difficulté ramenée à mon sujet peut s'énoncer en ces termes :

« Trouver une forme d'association qui défende et protège de toute la force commune la personne et les biens de chaque associé, et par laquelle chacun s'unissant à tous n'obéisse pourtant qu'à lui-même et reste aussi libre qu'auparavant. » Tel est le problème fondamental dont le contrat social donne la solution.

Les clauses de ce contrat sont tellement déterminées

par la nature de l'acte que la moindre modification les rendrait vaines et de nul effet; en sorte que, bien qu'elles n'aient peut-être jamais été formellement énoncées, elles sont partout les mêmes, partout tacitement admises et reconnues; jusqu'à ce que, le pacte social étant violé, chacun rentre alors dans ses premiers droits et reprenne sa liberté naturelle, en perdant la liberté conventionnelle pour laquelle il y renonça.

Ces clauses bien entendues se réduisent toutes à une seule, savoir l'aliénation totale de chaque associé avec tous ses droits à toute la communauté. Car, premièrement, chacun se donnant tout entier, la condition est égale pour tous, et la condition étant égale pour tous, nul n'a intérêt de la rendre onéreuse aux autres.

De plus, l'aliénation se faisant sans réserve, l'union est aussi parfaite qu'elle ne peut l'être et nul associé n'a plus rien à réclamer : car s'il restait quelques droits aux particuliers, comme il n'y aurait aucun supérieur commun qui pût prononcer entre eux et le public, chacun étant en quelque point son propre juge prétendrait bientôt l'être en tous, l'état de nature subsisterait et l'association deviendrait nécessairement tyrannique ou vaine.

Enfin chacun se donnant à tous ne se donne à personne, et comme il n'y a pas un associé sur lequel on n'acquière le même droit qu'on lui cède sur soi, on gagne l'équivalent de tout ce qu'on perd, et plus de force pour conserver ce qu'on a.

Si donc on écarte du pacte social ce qui n'est pas de son essence, on trouvera qu'il se réduit aux termes suivants : *Chacun de nous met en commun sa personne et toute sa puissance sous la suprême direction de la volonté générale; et nous recevons en corps chaque membre comme partie indivisible du tout.*

A l'instant, au lieu de la personne particulière de chaque contractant, cet acte d'association produit un corps moral et collectif composé d'autant de membres que l'assemblée a de voix, lequel reçoit de ce même acte son unité, son *moi* commun, sa vie et sa volonté. Cette personne publique qui se forme ainsi par l'union de toutes les autres prenait autrefois le nom de *Cité**, et prend maintenant celui de *République* ou de *corps politique,* lequel est appelé par ses membres *État* quand il est passif, *Souverain* quand il est actif, *Puissance* en le comparant à ses semblables. A l'égard des associés ils prennent collectivement le nom de *Peuple,* et s'appellent en particulier *citoyens* comme participants à l'autorité souveraine, et *sujets* comme soumis aux lois de l'État. Mais ces termes se confondent souvent et se prennent l'un pour l'autre ; il suffit de les savoir distinguer quand ils sont employés dans toute leur précision.

CHAPITRE VII

DU SOUVERAIN

On voit par cette formule que l'acte d'association renferme un engagement réciproque du public avec les particuliers, et que chaque individu, contractant, pour ainsi dire, avec lui-même, se trouve engagé sous un double rapport ; savoir, comme membre du souverain

* Le vrai sens de ce mot s'est presque entièrement effacé chez les modernes ; la plupart prennent une ville pour une cité et un bourgeois pour un citoyen. Ils ne savent pas que les maisons font la ville mais que les citoyens font la cité. Cette même erreur coûta cher autrefois aux Carthaginois. Je n'ai pas lu que le titre de *cives* ait jamais été donné aux sujets d'aucun prince, pas même anciennement aux Macédoniens, ni de nos jours aux Anglais, quoique plus près de la liberté que tous les autres. Les seuls Français prennent tout familièrement ce nom de *citoyens,* parce qu'ils n'en ont aucune véritable idée, comme on peut le voir dans leurs dictionnaires, sans quoi ils tomberaient en l'usurpant dans le crime de lèse-majesté : ce nom chez eux exprime une vertu et non pas un droit. Quand Bodin a voulu parler de nos citoyens et bourgeois, il a fait une lourde bévue en prenant les uns pour les autres. M. d'Alembert ne s'y est pas trompé, et a bien distingué dans son article *Genève* les quatre ordres d'hommes (même cinq en y comptant les simples étrangers) qui sont dans notre ville, et dont deux seulement composent la République. Nul autre auteur français, que je sache, n'a compris le vrai sens du mot *citoyen.*

envers les particuliers, et comme membre de l'État envers le souverain. Mais on ne peut appliquer ici la maxime du droit civil que nul n'est tenu aux engagements pris avec lui-même; car il y a bien de la différence entre s'obliger envers soi ou envers un tout dont on fait partie.

Il faut remarquer encore que la délibération publique, qui peut obliger tous les sujets envers le souverain, à cause des deux différents rapports sous lesquels chacun d'eux est envisagé, ne peut, par la raison contraire, obliger le souverain envers lui-même, et que, par conséquent, il est contre la nature du corps politique que le souverain s'impose une loi qu'il ne puisse enfreindre. Ne pouvant se considérer que sous un seul et même rapport il est alors dans le cas d'un particulier contractant avec soi-même : par où l'on voit qu'il n'y a ni ne peut y avoir nulle espèce de loi fondamentale obligatoire pour le corps du peuple, pas même le contrat social. Ce qui ne signifie pas que ce corps ne puisse fort bien s'engager envers autrui en ce qui ne déroge point à ce contrat; car à l'égard de l'étranger, il devient un être simple, un individu.

Mais le corps politique ou le souverain ne tirant son être que de la sainteté du contrat ne peut jamais s'obliger, même envers autrui, à rien qui déroge à cet acte primitif, comme d'aliéner quelque portion de lui-même ou de se soumettre à un autre souverain. Violer l'acte par lequel il existe serait s'anéantir, et ce qui n'est rien ne produit rien.

Sitôt que cette multitude est ainsi réunie en un corps, on ne peut offenser un des membres sans attaquer le corps; encore moins offenser le corps sans que les membres s'en ressentent. Ainsi le devoir et l'intérêt obligent également les deux parties contractantes à s'entraider mutuellement, et les mêmes hommes doivent chercher à réunir sous ce double rapport tous les avantages qui en dépendent.

Or le souverain n'étant formé que des particuliers qui le composent n'a ni ne peut avoir d'intérêt contraire au leur; par conséquent la puissance souveraine n'a nul besoin de garant envers les sujets, parce qu'il est impossible que le corps veuille nuire à tous ses membres, et nous verrons ci-après qu'il ne peut nuire à aucun en particulier. Le souverain, par cela seul qu'il est, est toujours tout ce qu'il doit être.

Mais il n'en est pas ainsi des sujets envers le souverain, auquel, malgré l'intérêt commun, rien ne répondrait de leurs engagements s'il ne trouvait des moyens de s'assurer de leur fidélité.

En effet chaque individu peut comme homme avoir une volonté particulière contraire ou dissemblable à la volonté générale qu'il a comme citoyen. Son intérêt particulier peut lui parler tout autrement que l'intérêt commun; son existence absolue et naturellement indépendante peut lui faire envisager ce qu'il doit à la cause commune comme une contribution gratuite, dont la perte sera moins nuisible aux autres que le payement n'en est onéreux pour lui, et regardant la personne morale qui constitue l'État comme un être de raison parce que ce n'est pas un homme, il jouirait des droits du citoyen sans vouloir remplir les devoirs du sujet; injustice dont le progrès causerait la ruine du corps politique.

Afin donc que le pacte social ne soit pas un vain formulaire, il renferme tacitement cet engagement qui seul peut donner de la force aux autres, que quiconque refusera d'obéir à la volonté générale y sera contraint par tout le corps : ce qui ne signifie autre chose sinon qu'on le forcera d'être libre; car telle est la condition qui donnant chaque citoyen à la Patrie le garantit de toute dépendance personnelle; condition qui fait l'artifice et le jeu de la machine politique, et qui seule rend légitimes les engagements civils, lesquels sans cela seraient absurdes, tyranniques, et sujets aux plus énormes abus.

CHAPITRE VIII

DE L'ÉTAT CIVIL

Ce passage de l'état de nature à l'état civil produit dans l'homme un changement très remarquable, en substituant dans sa conduite la justice à l'instinct, et donnant à ses actions la moralité qui leur manquait auparavant. C'est alors seulement que la voix du devoir succédant à l'impulsion physique et le droit à l'appétit, l'homme, qui jusque-là n'avait regardé que lui-même, se voit forcé d'agir sur d'autres principes, et de consulter sa raison avant d'écouter ses penchants. Quoiqu'il se prive dans cet état de plusieurs avantages qu'il tient de la nature, il en regagne de si grands, ses facultés s'exercent et se développent, ses idées s'étendent, ses sentiments s'ennoblissent, son âme tout entière s'élève à tel point que si les abus de cette nouvelle condition ne le dégradaient souvent au-dessous de celle dont il est sorti, il devrait bénir sans cesse l'instant heureux qui l'en arracha pour jamais, et qui, d'un animal stupide et borné, fit un être intelligent et un homme.

Réduisons toute cette balance à des termes faciles à comparer. Ce que l'homme perd par le contrat social, c'est sa liberté naturelle et un droit illimité à tout ce qui le tente et qu'il peut atteindre; ce qu'il gagne, c'est la liberté civile et la propriété de tout ce qu'il possède. Pour ne pas se tromper dans ces compensations, il faut bien distinguer la liberté naturelle qui n'a pour bornes que les forces de l'individu, de la liberté civile qui est limitée par la volonté générale, et la possession qui n'est que l'effet de la force ou le droit du premier occupant, de la propriété qui ne peut être fondée que sur un titre positif.

On pourrait sur ce qui précède ajouter à l'acquis de l'état civil la liberté morale, qui seule rend l'homme vraiment maître de lui; car l'impulsion du seul appétit est esclavage, et l'obéissance à la loi qu'on s'est prescrite est liberté. Mais je n'en ai déjà que trop dit sur cet article, et le sens philosophique du mot *liberté* n'est pas ici de mon sujet.

CHAPITRE IX

DU DOMAINE RÉEL

Chaque membre de la communauté se donne à elle au moment qu'elle se forme, tel qu'il se trouve actuellement, lui et toutes ses forces, dont les biens qu'il possède font partie. Ce n'est pas que par cet acte la possession change de nature en changeant de mains, et devienne propriété dans celles du souverain : Mais comme les forces de la cité sont incomparablement plus grandes que celles d'un particulier, la possession publique est aussi dans le fait plus forte et plus irrévocable, sans être plus légitime, au moins pour les étrangers. Car l'État à l'égard de ses membres est maître de tous leurs biens par le contrat social, qui dans l'État sert de base à tous les droits ; mais il ne l'est à l'égard des autres puissances que par le droit de premier occupant qu'il tient des particuliers.

Le droit de premier occupant, quoique plus réel que celui du plus fort, ne devient un vrai droit qu'après l'établissement de celui de propriété. Tout homme a naturellement droit à tout ce qui lui est nécessaire ; mais l'acte positif qui le rend propriétaire de quelque bien l'exclut de tout le reste. Sa part étant faite il doit s'y borner, et n'a plus aucun droit à la communauté. Voilà pourquoi le droit de premier occupant, si faible dans l'état de nature, est respectable à tout homme civil. On respecte moins dans ce droit ce qui est à autrui que ce qui n'est pas à soi.

En général, pour autoriser sur un terrain quelconque le droit de premier occupant, il faut les conditions suivantes. Premièrement que ce terrain ne soit encore habité par personne ; secondement qu'on n'en occupe que la quantité dont on a besoin pour subsister ; en troisième lieu qu'on en prenne possession, non par une vaine cérémonie, mais par le travail et la culture, seul signe de propriété qui au défaut de titres juridiques doive être respecté d'autrui.

En effet, accorder au besoin et au travail le droit de premier occupant, n'est-ce pas l'étendre aussi loin qu'il peut aller ? Peut-on ne pas donner des bornes à ce droit ? Suffira-t-il de mettre le pied sur un terrain commun pour s'en prétendre aussitôt le maître ? Suffira-t-il d'avoir la force d'en écarter un moment les autres hommes pour leur ôter le droit d'y jamais revenir ? Comment un homme ou un peuple peut-il s'emparer d'un territoire immense et en priver tout le genre humain autrement que par une usurpation punissable, puisqu'elle ôte au reste des hommes le séjour et les aliments que la nature leur donne en commun ? Quand Nuñez Balbao prenait sur le rivage possession de la mer du Sud et de toute l'Amérique méridionale au nom de la couronne de Castille, était-ce assez pour en déposséder tous les habitants et en exclure tous les princes du monde ? Sur ce pied-là ces cérémonies se multipliaient assez vainement, et le Roi catholique n'avait tout d'un coup qu'à prendre de son cabinet possession de tout l'univers ; sauf à retrancher ensuite de son empire ce qui était auparavant possédé par les autres princes.

On conçoit comment les terres des particuliers réunies et contiguës deviennent le territoire public, et comment le droit de souveraineté s'étendant des sujets au terrain qu'ils occupent devient à la fois réel et personnel ; ce qui met les possesseurs dans une plus grande dépendance, et fait de leurs forces mêmes les garants de leur fidélité. Avantage qui ne paraît pas avoir été bien senti des anciens monarques qui ne s'appelant que rois des Perses, des Scythes, des Macédoniens, semblaient se regarder comme les chefs des hommes plutôt que comme les maîtres du pays. Ceux d'aujourd'hui s'appellent plus habilement rois de France, d'Espagne, d'Angleterre, etc. En tenant ainsi le terrain, ils sont bien sûrs d'en tenir les habitants.

Ce qu'il y a de singulier dans cette aliénation, c'est que, loin qu'en acceptant les biens des particuliers la communauté les en dépouille, elle ne fait que leur en assurer la légitime possession, changer l'usurpation en un véritable droit, et la jouissance en propriété. Alors les possesseurs étant considérés comme dépositaires du bien public, leurs droits étant respectés de tous les membres de l'État et maintenus de toutes ses forces contre l'étranger, par une cession avantageuse au public et plus encore à eux-mêmes, ils ont, pour ainsi dire, acquis tout ce qu'ils ont donné. Paradoxe qui s'explique aisément par la distinction des droits que le souverain et le propriétaire ont sur le même fond, comme on verra ci-après.

Il peut arriver aussi que les hommes commencent à

s'unir avant que de rien posséder, et que, s'emparant ensuite d'un terrain suffisant pour tous, ils en jouissent en commun, ou qu'ils le partagent entre eux, soit également soit selon des proportions établies par le souverain. De quelque manière que se fasse cette acquisition, le droit que chaque particulier a sur son propre fond est toujours subordonné au droit que la communauté a sur tous, sans quoi il n'y aurait ni solidité dans le lien social, ni force réelle dans l'exercice de la souveraineté.

Je terminerai ce chapitre et ce livre par une remarque qui doit servir de base à tout le système social; c'est qu'au lieu de détruire l'égalité naturelle, le pacte fondamental substitue au contraire une égalité morale et légitime à ce que la nature avait pu mettre d'inégalité physique entre les hommes, et que, pouvant être inégaux en force ou en génie, ils deviennent tous égaux par convention et de droit*.

Fin du Livre premier

* Sous les mauvais gouvernements cette égalité n'est qu'apparente et illusoire; elle ne sert qu'à maintenir le pauvre dans sa misère et le riche dans son usurpation. Dans le fait les lois sont toujours utiles à ceux qui possèdent et nuisibles à ceux qui n'ont rien. D'où il suit que l'état social n'est avantageux aux hommes qu'autant qu'ils ont tous quelque chose et qu'aucun d'eux n'a rien de trop.

LIVRE II

CHAPITRE PREMIER

QUE LA SOUVERAINETÉ EST INALIÉNABLE

La première et la plus importante conséquence des principes ci-devant établis est que la volonté générale peut seule diriger les forces de l'État selon la fin de son institution, qui est le bien commun : car si l'opposition des intérêts particuliers a rendu nécessaire l'établissement des sociétés, c'est l'accord de ces mêmes intérêts qui l'a rendu possible. C'est ce qu'il y a de commun dans ces différents intérêts qui forme le lien social, et s'il n'y avait pas quelque point dans lequel tous les intérêts s'accordent, nulle société ne saurait exister. Or c'est uniquement sur cet intérêt commun que la société doit être gouvernée.

Je dis donc que la souveraineté n'étant que l'exercice de la volonté générale ne peut jamais s'aliéner, et que le souverain, qui n'est qu'un être collectif, ne peut être représenté que par lui-même; le pouvoir peut bien se transmettre, mais non pas la volonté.

En effet, s'il n'est pas impossible qu'une volonté particulière s'accorde sur quelque point avec la volonté générale, il est impossible au moins que cet accord soit durable et constant; car la volonté particulière tend par sa nature aux préférences, et la volonté générale à l'égalité. Il est plus impossible encore qu'on ait un garant de cet accord quand même il devrait toujours exister; ce ne serait pas un effet de l'art mais du hasard. Le souverain peut bien dire : Je veux actuellement ce que veut un tel homme ou du moins ce qu'il dit vouloir; mais il ne peut pas dire : Ce que cet homme voudra demain, je le voudrai encore; puisqu'il est absurde que la volonté se donne des chaînes pour l'avenir, et puisqu'il ne dépend d'aucune volonté de consentir à rien de contraire au bien de l'être qui veut. Si donc le peuple promet simplement d'obéir, il se dissout par cet acte, il perd sa qualité de peuple; à l'instant qu'il y a un maître il n'y a plus de souverain, et dès lors le corps politique est détruit.

Ce n'est point à dire que les ordres des chefs ne puissent passer pour des volontés générales, tant que le souverain libre de s'y opposer ne le fait pas. En pareil cas, du silence universel on doit présumer le consentement du peuple. Ceci s'expliquera plus au long.

CHAPITRE II

QUE LA SOUVERAINETÉ EST INDIVISIBLE

Par la même raison que la souveraineté est inaliénable, elle est indivisible. Car la volonté est générale*, ou elle ne l'est pas; elle est celle du corps du peuple, ou seulement d'une partie. Dans le premier cas cette volonté déclarée est un acte de souveraineté et fait loi. Dans le second, ce n'est qu'une volonté particulière, ou un acte de magistrature; c'est un décret tout au plus.

Mais nos politiques ne pouvant diviser la souveraineté dans son principe la divisent dans son objet; ils la divisent en force et en volonté, en puissance législative et en puissance exécutive, en droits d'impôts, de justice, et de guerre, en administration intérieure et en pouvoir de traiter avec l'étranger : tantôt ils confondent toutes ces parties et tantôt ils les séparent; ils font du souverain un être fantastique et formé de pièces rapportées; c'est comme s'ils composaient l'homme de plusieurs corps dont l'un aurait des yeux, l'autre des bras, l'autre

* Pour qu'une volonté soit générale il n'est pas toujours nécessaire qu'elle soit unanime, mais il est nécessaire que toutes les voix soient comptées; toute exclusion formelle rompt la généralité.

des pieds, et rien de plus. Les charlatans du Japon dépècent, dit-on, un enfant aux yeux des spectateurs, puis jetant en l'air tous ses membres l'un après l'autre, ils font retomber l'enfant vivant et tout rassemblé. Tels sont à peu près les tours de gobelets de nos politiques ; après avoir démembré le corps social par un prestige digne de la foire, ils rassemblent les pièces on ne sait comment.

Cette erreur vient de ne s'être pas fait des notions exactes de l'autorité souveraine, et d'avoir pris pour des parties de cette autorité ce qui n'en était que des émanations. Ainsi, par exemple, on a regardé l'acte de déclarer la guerre et celui de faire la paix comme des actes de souveraineté, ce qui n'est pas ; puisque chacun de ces actes n'est point une loi mais seulement une application de la loi, un acte particulier qui détermine le cas de la loi, comme on le verra clairement quand l'idée attachée au mot *loi* sera fixée.

En suivant de même les autres divisions on trouverait que toutes les fois qu'on croit voir la souveraineté partagée on se trompe, que les droits qu'on prend pour des parties de cette souveraineté lui sont tous subordonnés, et supposent toujours des volontés suprêmes dont ces droits ne donnent que l'exécution.

On ne saurait dire combien ce défaut d'exactitude a jeté d'obscurité sur les décisions des auteurs en matière de droit politique, quand ils ont voulu juger des droits respectifs des rois et des peuples, sur les principes qu'ils avaient établis. Chacun peut voir dans les chapitres III et IV du premier livre de Grotius comment ce savant homme et son traducteur Barbeyrac s'enchevêtrent, s'embarrassent dans leurs sophismes, crainte d'en dire trop ou de n'en pas dire assez selon leurs vues, et de choquer les intérêts qu'ils avaient à concilier. Grotius réfugié en France, mécontent de sa patrie, et voulant faire sa cour à Louis XIII à qui son livre est dédié, n'épargne rien pour dépouiller les peuples de tous leurs droits et pour en revêtir les rois avec tout l'art possible. C'eût bien été aussi le goût de Barbeyrac, qui dédiait sa traduction au roi d'Angleterre George Ier. Mais malheureusement l'expulsion de Jacques II, qu'il appelle abdication, le forçait à se tenir sur la réserve, à gauchir, à tergiverser, pour ne pas faire de Guillaume un usurpateur. Si ces deux écrivains avaient adopté les vrais principes, toutes les difficultés étaient levées et ils eussent été toujours conséquents; mais ils auraient tristement dit la vérité et n'auraient fait leur cour qu'au peuple. Or la vérité ne mène point à la fortune, et le peuple ne donne ni ambassades, ni chaires, ni pensions.

CHAPITRE III

SI LA VOLONTÉ GÉNÉRALE PEUT ERRER

Il s'ensuit de ce qui précède que la volonté générale est toujours droite et tend toujours à l'utilité publique : mais il ne s'ensuit pas que les délibérations du peuple aient toujours la même rectitude. On veut toujours son bien, mais on ne le voit pas toujours. Jamais on ne corrompt le peuple, mais souvent on le trompe, et c'est alors seulement qu'il paraît vouloir ce qui est mal.

Il y a souvent bien de la différence entre la volonté de tous et la volonté générale; celle-ci ne regarde qu'à l'intérêt commun, l'autre regarde à l'intérêt privé, et n'est qu'une somme de volontés particulières : mais ôtez de ces mêmes volontés les plus et les moins qui s'entre-détruisent*, reste pour somme des différences la volonté générale.

Si, quand le peuple suffisamment informé délibère, les citoyens n'avaient aucune communication entre eux, du grand nombre de petites différences résulterait toujours la volonté générale, et la délibération serait

* *Chaque intérêt*, dit le M[arquis] d'A[rgenson], *a des principes différents. L'accord de deux intérêts particuliers se forme par opposition à celui d'un tiers.* Il eût pu ajouter que l'accord de tous les intérêts se forme par opposition à celui de chacun. S'il n'y avait point d'intérêts différents, à peine sentirait-on l'intérêt commun qui ne trouverait jamais d'obstacle : tout irait de lui-même, et la politique cesserait d'être un art.

toujours bonne. Mais quand il se fait des brigues, des associations partielles aux dépens de la grande, la volonté de chacune de ces associations devient générale par rapport à ses membres, et particulière par rapport à l'État; on peut dire alors qu'il n'y a plus autant de votants que d'hommes, mais seulement autant que d'associations. Les différences deviennent moins nombreuses et donnent un résultat moins général. Enfin quand une de ces associations est si grande qu'elle l'emporte sur toutes les autres, vous n'avez plus pour résultat une somme de petites différences, mais une différence unique; alors il n'y a plus de volonté générale, et l'avis qui l'emporte n'est qu'un avis particulier.

Il importe donc pour avoir bien l'énoncé de la volonté générale qu'il n'y ait pas de société partielle dans l'État et que chaque citoyen n'opine que d'après lui*. Telle fut l'unique et sublime institution du grand Lycurgue. Que s'il y a des sociétés partielles, il en faut multiplier le nombre et en prévenir l'inégalité, comme firent Solon, Numa, Servius. Ces précautions sont les seules bonnes pour que la volonté générale soit toujours éclairée, et que le peuple ne se trompe point.

CHAPITRE IV

DES BORNES DU POUVOIR SOUVERAIN

Si l'État ou la Cité n'est qu'une personne morale dont la vie consiste dans l'union de ses membres, et si le plus important de ses soins est celui de sa propre conservation, il lui faut une force universelle et compulsive pour mouvoir et disposer chaque partie de la manière la plus

* *Vera cosa è,* dit Machiavel, *che alcune divisioni nuocono alle Republiche, e alcune giovano : quelle nuecono che sono dalle sette e da partigiani accompagnate : quelle giovano che senza sette, senza partigiani si mantengono. Non potendo adunque provedere un fondatore d'una Republica che non siano nimicizie in quella, hà da proveder almeno che non vi siano sette.* Hist. Fiorent., L. VII.

convenable au tout. Comme la nature donne à chaque homme un pouvoir absolu sur tous ses membres, le pacte social donne au corps politique un pouvoir absolu sur tous les siens, et c'est ce même pouvoir qui, dirigé par la volonté générale, porte, comme j'ai dit, le nom de souveraineté.

Mais outre la personne publique, nous avons à considérer les personnes privées qui la composent, et dont la vie et la liberté sont naturellement indépendantes d'elle. Il s'agit donc de bien distinguer les droits respectifs des citoyens et du souverain *, et les devoirs qu'ont à remplir les premiers en qualité de sujets, du droit naturel dont ils doivent jouir en qualité d'hommes.

On convient que tout ce que chacun aliène par le pacte social de sa puissance, de ses biens, de sa liberté, c'est seulement la partie de tout cela dont l'usage importe à la communauté, mais il faut convenir aussi que le souverain seul est juge de cette importance.

Tous les services qu'un citoyen peut rendre à l'État, il les lui doit sitôt que le souverain les demande ; mais le souverain de son côté ne peut charger les sujets d'aucune chaîne inutile à la communauté ; il ne peut pas même le vouloir : car sous la loi de raison rien ne se fait sans cause, non plus que sous la loi de nature.

Les engagements qui nous lient au corps social ne sont obligatoires que parce qu'ils sont mutuels, et leur nature est telle qu'en les remplissant on ne peut travailler pour autrui sans travailler aussi pour soi. Pourquoi la volonté générale est-elle toujours droite, et pourquoi tous veulent-ils constamment le bonheur de chacun d'eux, si ce n'est parce qu'il n'y a personne qui ne s'approprie ce mot *chacun*, et qui ne songe à lui-même en votant pour tous ? Ce qui prouve que l'égalité de droit et la notion de justice qu'elle produit dérivent de la préférence que chacun se donne et par conséquent de la nature de l'homme, que la volonté générale pour être vraiment telle doit l'être dans son objet ainsi que dans

* Lecteurs attentifs, ne vous pressez pas, je vous prie, de m'accuser ici de contradiction. Je n'ai pu l'éviter dans les termes, vu la pauvreté de la langue ; mais attendez.

son essence, qu'elle doit partir de tous pour s'appliquer à tous, et qu'elle perd sa rectitude naturelle lorsqu'elle tend à quelque objet individuel et déterminé; parce qu'alors jugeant de ce qui nous est étranger nous n'avons aucun vrai principe d'équité qui nous guide.

En effet, sitôt qu'il s'agit d'un fait ou d'un droit particulier, sur un point qui n'a pas été réglé par une convention générale et antérieure, l'affaire devient contentieuse. C'est un procès où les particuliers intéressés sont une des parties et le public l'autre, mais où je ne vois ni la loi qu'il faut suivre, ni le juge qui doit prononcer. Il serait ridicule de vouloir alors s'en rapporter à une expresse décision de la volonté générale, qui ne peut être que la conclusion de l'une des parties, et qui par conséquent n'est pour l'autre qu'une volonté étrangère, particulière, portée en cette occasion à l'injustice et sujette à l'erreur. Ainsi de même qu'une volonté particulière ne peut représenter la volonté générale, la volonté générale à son tour change de nature avant un objet particulier, et ne peut comme générale prononcer ni sur un homme ni sur un fait. Quand le peuple d'Athènes, par exemple, nommait ou cassait ses chefs, décernait des honneurs à l'un, imposait des peines à l'autre, et par des multitudes de décrets particuliers exerçait indistinctement tous les actes du gouvernement, le peuple alors n'avait plus de volonté générale proprement dite; il n'agissait plus comme souverain mais comme magistrat. Ceci paraîtra contraire aux idées communes, mais il faut me laisser le temps d'exposer les miennes.

On doit concevoir par là que ce qui généralise la volonté est moins le nombre des voix que l'intérêt commun qui les unit : car dans cette institution chacun se soumet nécessairement aux conditions qu'il impose aux autres; accord admirable de l'intérêt et de la justice qui donne aux délibérations communes un caractère d'équité qu'on voit évanouir dans la discussion de toute affaire particulière, faute d'un intérêt commun qui unisse et identifie la règle du juge avec celle de la partie.

Par quelque côté qu'on remonte au principe, on arrive toujours à la même conclusion; savoir, que le pacte social établit entre les citoyens une telle égalité qu'ils s'engagent tous sous les mêmes conditions, et doivent jouir tous des mêmes droits. Ainsi par la nature du pacte, tout acte de souveraineté, c'est-à-dire tout acte authentique de la volonté générale, oblige ou favorise également tous les citoyens, en sorte que le souverain connaît seulement le corps de la nation et ne distingue aucun de ceux qui la composent. Qu'est-ce donc proprement qu'un acte de souveraineté? Ce n'est pas une convention du supérieur avec l'inférieur, mais une convention du corps avec chacun de ses membres: Convention légitime, parce qu'elle a pour base le contrat social, équitable, parce qu'elle est commune à tous, utile, parce qu'elle ne peut avoir d'autre objet que le bien général, et solide, parce qu'elle a pour garant la force publique et le pouvoir suprême. Tant que les sujets ne sont soumis qu'à de telles conventions, ils n'obéissent à personne, mais seulement à leur propre volonté; et demander jusqu'où s'étendent les droits respectifs du souverain et des citoyens, c'est demander jusqu'à quel point ceux-ci peuvent s'engager avec eux-mêmes, chacun envers tous et tous envers chacun d'eux.

On voit par là que le pouvoir souverain, tout absolu, tout sacré, tout inviolable qu'il est, ne passe ni ne peut passer les bornes des conventions générales, et que tout homme peut disposer pleinement de ce qui lui a été laissé de ses biens et de sa liberté par ces conventions; de sorte que le souverain n'est jamais en droit de charger un sujet plus qu'un autre, parce qu'alors l'affaire devenant particulière, son pouvoir n'est plus compétent.

Ces distinctions une fois admises, il est si faux que dans le contrat social il y ait de la part des particuliers aucune renonciation véritable, que leur situation, par l'effet de ce contrat, se trouve réellement préférable à ce qu'elle était auparavant, et qu'au lieu d'une aliénation, ils n'ont fait qu'un échange avantageux d'une manière d'être incertaine et précaire contre une autre meilleure et plus sûre, de l'indépendance naturelle contre la liberté, du pouvoir de nuire à autrui contre leur propre sûreté, et de leur force que d'autres pouvaient surmonter contre un droit que l'union sociale rend invincible. Leur vie même qu'ils ont dévouée à l'État en est continuellement protégée, et lorsqu'ils l'exposent pour sa défense que font-ils alors que lui rendre ce qu'ils ont reçu de lui ? Que font-ils qu'ils ne fissent plus fréquemment et avec plus de danger dans l'état de nature, lorsque, livrant des combats inévitables, ils défendraient au péril de leur vie ce qui leur sert à la conserver ? Tous ont à combattre au besoin pour la patrie, il est vrai ; mais aussi nul n'a jamais à combattre pour soi. Ne gagne-t-on pas encore à courir pour ce qui fait notre sûreté une partie des risques qu'il faudrait courir pour nous-mêmes sitôt qu'elle nous serait ôtée ?

CHAPITRE V

DU DROIT DE VIE ET DE MORT

On demande comment les particuliers n'ayant point droit de disposer de leur propre vie peuvent transmettre au souverain ce même droit qu'ils n'ont pas ? Cette question ne paraît difficile à résoudre que parce qu'elle est mal posée. Tout homme a droit de risquer sa propre vie pour la conserver. A-t-on jamais dit que celui qui se jette par une fenêtre pour échapper à un incendie soit coupable de suicide ? A-t-on même jamais imputé ce crime à celui qui périt dans une tempête dont en s'embarquant il n'ignorait pas le danger ?

Le traité social a pour fin la conservation des contractants. Qui veut la fin veut aussi les moyens, et ces moyens sont inséparables de quelques risques, même de quelques pertes. Qui veut conserver sa vie aux dépens des autres doit la donner aussi pour eux quand il faut. Or le citoyen n'est plus juge du péril auquel la loi veut qu'il s'expose, et quand le Prince lui a dit : Il est expédient à l'État que tu meures, il doit mourir ; puisque ce n'est qu'à cette condition qu'il a vécu en sûreté jusqu'alors, et que sa vie n'est plus seulement un bienfait de la nature, mais un don conditionnel de l'État.

La peine de mort infligée aux criminels peut être

envisagée à peu près sous le même point de vue : c'est pour n'être pas la victime d'un assassin que l'on consent à mourir si on le devient. Dans ce traité, loin de disposer de sa propre vie on ne songe qu'à la garantir, et il n'est pas à présumer qu'aucun des contractants prémédite alors de se faire pendre.

D'ailleurs tout malfaiteur attaquant le droit social devient par ses forfaits rebelle et traître à la patrie, il cesse d'en être membre en violant ses lois, et même il lui fait la guerre. Alors la conservation de l'État est incompatible avec la sienne, il faut qu'un des deux périsse, et quand on fait mourir le coupable, c'est moins comme citoyen que comme ennemi. Les procédures, le jugement, sont les preuves et la déclaration qu'il a rompu le traité social, et par conséquent qu'il n'est plus membre de l'État. Or comme il s'est reconnu tel, tout au moins par son séjour, il en doit être retranché par l'exil comme infracteur du pacte, ou par la mort comme ennemi public ; car un tel ennemi n'est pas une personne morale, c'est un homme, et c'est alors que le droit de la guerre est de tuer le vaincu.

Mais, dira-t-on, la condamnation d'un criminel est un acte particulier. D'accord ; aussi cette condamnation n'appartient-elle point au souverain ; c'est un droit qu'il peut conférer sans pouvoir l'exercer lui-même. Toutes mes idées se tiennent, mais je ne saurais les exposer toutes à la fois.

Au reste la fréquence des supplices est toujours un signe de faiblesse ou de paresse dans le gouvernement. Il n'y a point de méchant qu'on ne pût rendre bon à quelque chose. On n'a droit de faire mourir, même pour l'exemple, que celui qu'on ne peut conserver sans danger.

A l'égard du droit de faire grâce, ou d'exempter un coupable de la peine portée par la loi et prononcée par le juge, il n'appartient qu'à celui qui est au-dessus du juge et de la loi ; c'est-à-dire au souverain. Encore son droit en ceci n'est-il pas bien net, et les cas d'en user sont-ils très rares. Dans un État bien gouverné il y a peu de punitions, non parce qu'on fait beaucoup de grâces, mais parce qu'il y a peu de criminels : la multitude des crimes en assure l'impunité lorsque l'État dépérit. Sous la République romaine jamais le Sénat ni les consuls ne tentèrent de faire grâce; le peuple même n'en faisait pas, quoiqu'il révoquât quelquefois son propre jugement. Les fréquentes grâces annoncent que bientôt les forfaits n'en auront plus besoin, et chacun voit où cela mène. Mais je sens que mon cœur murmure et retient ma plume; laissons discuter ces questions à l'homme juste qui n'a point failli, et qui jamais n'eut lui-même besoin de grâce.

CHAPITRE VI

DE LA LOI

Par le pacte social nous avons donné l'existence et la vie au corps politique : il s'agit maintenant de lui donner le mouvement et la volonté par la législation. Car l'acte primitif par lequel ce corps se forme et s'unit ne détermine rien encore de ce qu'il doit faire pour se conserver.

Ce qui est bien et conforme à l'ordre est tel par la nature des choses et indépendamment des conventions humaines. Toute justice vient de Dieu, lui seul en est la source; mais si nous savions la recevoir de si haut nous n'aurions besoin ni de gouvernement ni de lois. Sans doute il est une justice universelle émanée de la raison seule; mais cette justice pour être admise entre nous doit être réciproque. A considérer humainement les choses, faute de sanction naturelle les lois de la justice sont vaines parmi les hommes; elles ne font que le bien du méchant et le mal du juste, quand celui-ci les observe avec tout le monde sans que personne les observe avec lui. Il faut donc des conventions et des lois pour unir les droits aux devoirs et ramener la justice à son objet. Dans l'état de nature, où tout est commun, je ne dois rien à ceux à qui je n'ai rien promis, je ne reconnais pour être à autrui que ce qui m'est inutile. Il n'en est pas ainsi dans l'état civil où tous les droits sont fixés par la loi.

Mais qu'est-ce donc enfin qu'une loi ? Tant qu'on se

contentera de n'attacher à ce mot que des idées métaphysiques, on continuera de raisonner sans s'entendre, et quand on aura dit ce que c'est qu'une loi de la nature on n'en saura pas mieux ce que c'est qu'une loi de l'État.

J'ai déjà dit qu'il n'y avait point de volonté générale sur un objet particulier. En effet cet objet particulier est dans l'État ou hors de l'État. S'il est hors de l'État, une volonté qui lui est étrangère n'est point générale par rapport à lui ; et si cet objet est dans l'État, il en fait partie. Alors il se forme entre le tout et sa partie une relation qui en fait deux êtres séparés, dont la partie est l'un, et le tout moins cette même partie est l'autre. Mais le tout moins une partie n'est point le tout, et tant que ce rapport subsiste il n'y a plus de tout mais deux parties inégales ; d'où il suit que la volonté de l'une n'est point non plus générale par rapport à l'autre.

Mais quand tout le peuple statue sur tout le peuple il ne considère que lui-même, et s'il se forme alors un rapport, c'est de l'objet entier sous un point de vue à l'objet entier sous un autre point de vue, sans aucune division du tout. Alors la matière sur laquelle on statue est générale comme la volonté qui statue. C'est cet acte que j'appelle une loi.

Quand je dis que l'objet des lois est toujours général, j'entends que la loi considère les sujets en corps et les actions comme abstraites, jamais un homme comme individu ni une action particulière. Ainsi la loi peut bien statuer qu'il y aura des privilèges, mais elle n'en peut donner nommément à personne ; la loi peut faire plusieurs classes de citoyens, assigner même les qualités qui donneront droit à ces classes, mais elle ne peut nommer tels et tels pour y être admis ; elle peut établir un gouvernement royal et une succession héréditaire, mais elle ne peut élire un roi ni nommer une famille royale ; en un mot toute fonction qui se rapporte à un objet individuel n'appartient point à la puissance législative.

Sur cette idée on voit à l'instant qu'il ne faut plus demander à qui il appartient de faire des lois, puisqu'elles sont des actes de la volonté générale ; ni si le Prince est au-dessus des lois, puisqu'il est membre de l'État ; ni si la loi peut être injuste, puisque nul n'est injuste envers lui-même ; ni comment on est libre et soumis aux lois, puisqu'elles ne sont que des registres de nos volontés.

On voit encore que la loi réunissant l'universalité de la volonté et celle de l'objet, ce qu'un homme, quel qu'il puisse être, ordonne de son chef n'est point une loi ; ce qu'ordonne même le souverain sur un objet particulier n'est pas non plus une loi mais un décret, ni un acte de souveraineté mais de magistrature.

J'appelle donc République tout État régi par des lois, sous quelque forme d'administration que ce puisse être : car alors seulement l'intérêt public gouverne, et la chose publique est quelque chose. Tout gouvernement légitime est républicain* : j'expliquerai ci-après ce que c'est que gouvernement.

Les lois ne sont proprement que les conditions de l'association civile. Le Peuple soumis aux lois en doit être l'auteur ; il n'appartient qu'à ceux qui s'associent de régler les conditions de la société : mais comment les régleront-ils ? Sera-ce d'un commun accord, par une inspiration subite ? Le corps politique a-t-il un organe pour énoncer ces volontés ? Qui lui donnera la prévoyance nécessaire pour en former les actes et les publier d'avance, ou comment les prononcera-t-il au moment du besoin ? Comment une multitude aveugle qui souvent ne sait ce qu'elle veut, parce qu'elle sait rarement ce qui lui est bon, exécuterait-elle d'elle-même une entreprise aussi grande, aussi difficile qu'un système de législation ? De lui-même le peuple veut toujours le bien, mais de lui-même il ne le voit pas toujours. La volonté générale est toujours droite, mais le jugement qui la guide n'est pas toujours éclairé. Il faut lui faire voir les objets tels qu'ils sont, quelquefois tels qu'ils doivent lui paraître, lui montrer le bon chemin qu'elle cherche, la garantir de la séduction des volontés particulières, rap-

* Je n'entends pas seulement par ce mot une aristocratie ou une démocratie, mais en général tout gouvernement guidé par la volonté générale, qui est la loi. Pour être légitime il ne faut pas que le gouvernement se confonde avec le souverain, mais qu'il en soit le ministre : alors la monarchie elle-même est république. Ceci s'éclaircira dans le livre suivant.

procher à ses yeux les lieux et les temps, balancer l'attrait des avantages présents et sensibles, par le danger des maux éloignés et cachés. Les particuliers voient le bien qu'ils rejettent : le public veut le bien qu'il ne voit pas. Tous ont également besoin de guides. Il faut obliger les uns à conformer leurs volontés à leur raison ; il faut apprendre à l'autre à connaître ce qu'il veut. Alors des lumières publiques résulte l'union de l'entendement et de la volonté dans le corps social, de là l'exact concours des parties, et enfin la plus grande force du tout. Voilà d'où naît la nécessité d'un législateur.

CHAPITRE VII

DU LÉGISLATEUR

Pour découvrir les meilleures règles de société qui conviennent aux nations, il faudrait une intelligence supérieure, qui vît toutes les passions des hommes et qui n'en éprouvât aucune, qui n'eût aucun rapport avec notre nature et qui la connût à fond, dont le bonheur fût indépendant de nous et qui pourtant voulût bien s'occuper du nôtre ; enfin qui, dans le progrès des temps se ménageant une gloire éloignée, pût travailler dans un siècle et jouir dans un autre*. II faudrait des dieux pour donner des lois aux hommes.

Le même raisonnement que faisait Caligula quant au fait, Platon le faisait quant au droit pour définir l'homme civil ou royal qu'il cherche dans son livre du règne ; mais s'il est vrai qu'un grand prince est un homme rare, que sera-ce d'un grand législateur ? Le premier n'a qu'à suivre le modèle que l'autre doit proposer. Celui-ci est le mécanicien qui invente la

* Un peuple ne devient célèbre que quand sa législation commence à décliner. On ignore durant combien de siècles l'institution de Lycurgue fit le bonheur des Spartiates avant qu'il fût question d'eux dans le reste de la Grèce.

machine, celui-là n'est que l'ouvrier qui la monte et la fait marcher. Dans la naissance des sociétés, dit Montesquieu, ce sont les chefs des républiques qui font l'institution, et c'est ensuite l'institution qui forme les chefs des républiques.

Celui qui ose entreprendre d'instituer un peuple doit se sentir en état de changer, pour ainsi dire, la nature humaine ; de transformer chaque individu, qui par lui-même est un tout parfait et solitaire, en partie d'un plus grand tout dont cet individu reçoive en quelque sorte sa vie et son être ; d'altérer la constitution de l'homme pour la renforcer ; de substituer une existence partielle et morale à l'existence physique et indépendante que nous avons tous reçue de la nature. Il faut, en un mot, qu'il ôte à l'homme ses forces propres pour lui en donner qui lui soient étrangères et dont il ne puisse faire usage sans le secours d'autrui. Plus ces forces naturelles sont mortes et anéanties, plus les acquises sont grandes et durables, plus aussi l'institution est solide et parfaite. En sorte que si chaque citoyen n'est rien, ne peut rien, que par tous les autres, et que la force acquise par le tout soit égale ou supérieure à la somme des forces naturelles de tous les individus, on peut dire que la législation est au plus haut point la perfection qu'elle puisse atteindre.

Le législateur est à tous égards un homme extraordinaire dans l'État. S'il doit l'être par son génie, il ne l'est pas moins par son emploi. Ce n'est point magistrature, ce n'est point souveraineté. Cet emploi, qui constitue la république, n'entre point dans sa constitution. C'est une fonction particulière et supérieure qui n'a rien de commun avec l'empire humain ; car si celui qui commande aux hommes ne doit pas commander aux lois, celui qui commande aux lois ne doit pas non plus commander aux hommes ; autrement ses lois, ministres de ses passions, ne feraient souvent que perpétuer ses injustices, et jamais il ne pourrait éviter que des vues particulières n'altérassent la sainteté de son ouvrage.

Quand Lycurgue donna des lois à sa patrie, il commença par abdiquer la Royauté. C'était la coutume de la plupart des villes grecques de confier à des étrangers l'établissement des leurs. Les Républiques modernes de l'Italie imitèrent souvent cet usage ; celle de Genève en fit autant et s'en trouva bien*. Rome dans son plus bel âge vit renaître en son sein tous les crimes de la tyrannie, et se vit prête à périr, pour avoir réuni sur les mêmes têtes l'autorité législative et le pouvoir souverain.

Cependant les décemvirs eux-mêmes ne s'arrogèrent jamais le droit de faire passer aucune loi de leur seule autorité. *Rien de ce que nous vous proposons*, disaient-ils au peuple, *ne peut passer en loi sans votre consentement. Romains, soyez vous-mêmes les auteurs des lois qui doivent faire votre bonheur.*

Celui qui rédige les lois n'a donc ou ne doit avoir aucun droit législatif, et le peuple même ne peut, quand il le voudrait, se dépouiller de ce droit incommunicable ; parce que selon le pacte fondamental il n'y a que la volonté générale qui oblige les particuliers, et qu'on ne peut jamais s'assurer qu'une volonté particulière est conforme à la volonté générale qu'après l'avoir soumise aux suffrages libres du peuple : j'ai déjà dit cela, mais il n'est pas inutile de le répéter.

Ainsi l'on trouve à la fois dans l'ouvrage de la législation deux choses qui semblent incompatibles : une entreprise au-dessus de la force humaine et, pour l'exécuter, une autorité qui n'est rien.

Autre difficulté qui mérite attention. Les sages qui veulent parler au vulgaire leur langage au lieu du sien n'en sauraient être entendus. Or il y a mille sortes d'idées qu'il est impossible de traduire dans la langue du peuple. Les vues trop générales et les objets trop éloignés sont également hors de sa portée ; chaque individu, ne goûtant d'autre plan de gouvernement que celui qui se rapporte à son intérêt particulier, aperçoit difficilement les avantages qu'il doit retirer des privations continuelles qu'imposent les bonnes lois. Pour qu'un peuple naissant

* Ceux qui ne considèrent Calvin que comme théologien connaissent mal l'étendue de son génie. La rédaction de nos sages édits, à laquelle il eut beaucoup de part, lui fait autant d'honneur que son institution. Quelque révolution que le temps puisse amener dans notre culte, tant que l'amour de la patrie et de la liberté ne sera pas éteint parmi nous, jamais la mémoire de ce grand homme ne cessera d'y être en bénédiction.

pût goûter les saines maximes de la politique et suivre les règles fondamentales de la raison d'État, il faudrait que l'effet pût devenir la cause, que l'esprit social qui doit être l'ouvrage de l'institution présidât à l'institution même, et que les hommes fussent avant les lois ce qu'ils doivent devenir par elles. Ainsi donc le législateur ne pouvant employer ni la force ni le raisonnement, c'est une nécessité qu'il recoure à une autorité d'un autre ordre, qui puisse entraîner sans violence et persuader sans convaincre.

Voilà ce qui força de tout temps les pères des nations à recourir à l'intervention du Ciel et d'honorer les dieux de leur propre sagesse, afin que les peuples, soumis aux lois de l'État comme à celles de la nature, et reconnaissant le même pouvoir dans la formation de l'homme et dans celle de la cité, obéissent avec liberté et portassent docilement le joug de la félicité publique.

Cette raison sublime qui s'élève au-dessus de la portée des hommes vulgaires est celle dont le législateur met les décisions dans la bouche des immortels, pour entraîner par l'autorité divine ceux que ne pourrait ébranler la prudence humaine*. Mais il n'appartient pas à tout homme de faire parler les dieux, ni d'en être cru quand il s'annonce pour être leur interprète. La grande âme du législateur est le vrai miracle qui doit prouver sa mission. Tout homme peut graver des tables de pierre, ou acheter un oracle, ou feindre un secret commerce avec quelque divinité, ou dresser un oiseau pour lui parler à l'oreille, ou trouver d'autres moyens grossiers d'en imposer au peuple. Celui qui ne saura que cela pourra même assembler par hasard une troupe d'insensés, mais il ne fondera jamais un empire, et son extravagant ouvrage périra bientôt avec lui. De vains prestiges forment un lien passager, il n'y a que la sagesse qui le rende durable. La loi judaïque toujours subsistante, celle de l'enfant

* *E veramente,* dit Machiavel, *mai non fù alcuno ordinatore di leggi straordinarie in un popolo, che non ricorresse a Dio, perche altrimenti non sarebbero accettate; perche sono molti beni conosciuti da uno prudente, i quali non hanno in se raggioni evidenti da potergli persuadere ad altrui.* Discorsi sopra Tito Livio, L. I, c. XI.

d'Ismaël qui depuis dix siècles régit la moitié du monde, annoncent encore aujourd'hui les grands hommes qui les ont dictées; et tandis que l'orgueilleuse philosophie ou l'aveugle esprit de parti ne voit en eux que d'heureux imposteurs, le vrai politique admire dans leurs institutions ce grand et puissant génie qui préside aux établissements durables.

Il ne faut pas de tout ceci conclure avec Warburton que la politique et la religion aient parmi nous un objet commun, mais que dans l'origine des nations l'une sert d'instrument à l'autre.

CHAPITRE VIII

DU PEUPLE

Comme avant d'élever un grand édifice l'architecte observe et sonde le sol, pour voir s'il en peut soutenir le poids, le sage instituteur ne commence pas par rédiger de bonnes lois en elles-mêmes, mais il examine auparavant si le peuple auquel il les destine est propre à les supporter. C'est pour cela que Platon refusa de donner des lois aux Arcadiens et au Cyréniens, sachant que ces deux peuples étaient riches et ne pouvaient souffrir l'égalité : c'est pour cela qu'on vit en Crète de bonnes lois et de méchants hommes, parce que Minos n'avait discipliné qu'un peuple chargé de vices.

Mille nations ont brillé sur la terre qui n'auraient jamais pu souffrir de bonnes lois, et celles mêmes qui l'auraient pu n'ont eu dans toute leur durée qu'un temps fort court pour cela. Les peuples ainsi que les hommes[1] ne sont dociles que dans leur jeunesse, ils deviennent incorrigibles en vieillissant; quand une fois les coutumes sont établies et les préjugés enracinés, c'est une entreprise dangereuse et vaine de vouloir les réformer; le peuple ne peut pas même souffrir qu'on

1. Le texte de l'édition de 1782 est ici : « La plupart des peuples ainsi que des hommes... »

touche à ses maux pour les détruire, semblable à ces malades stupides et sans courage qui frémissent à l'aspect du médecin.

Ce n'est pas que, comme quelques maladies bouleversent la tête des hommes et leur ôtent le souvenir du passé, il ne se trouve quelquefois dans la durée des États des époques violentes où les révolutions font sur les peuples ce que certaines crises font sur les individus, où l'horreur du passé tient lieu d'oubli, et où l'État, embrasé par les guerres civiles, renaît pour ainsi dire de sa cendre et reprend la vigueur de la jeunesse en sortant des bras de la mort. Telle fut Sparte au temps de Lycurgue, telle fut Rome après les Tarquins; et telles ont été parmi nous la Hollande et la Suisse après l'expulsion des tyrans.

Mais ces événements sont rares; ce sont des exceptions dont la raison se trouve toujours dans la constitution particulière de l'État excepté. Elles ne sauraient même avoir lieu deux fois pour le même peuple, car il peut se rendre libre tant qu'il n'est que barbare, mais il ne le peut plus quand le ressort civil est usé. Alors les troubles peuvent le détruire sans que les révolutions puissent le rétablir, et sitôt que ses fers sont brisés, il tombe épars et n'existe plus. Il lui faut désormais un maître et non pas un libérateur. Peuples libres, souvenez-vous de cette maxime : On peut acquérir la liberté; mais on ne la recouvre jamais.

Il est pour les nations comme pour les hommes un temps de maturité qu'il faut attendre[1] avant de les soumettre à des lois; mais la maturité d'un peuple n'est pas toujours facile à connaître, et si on la prévient l'ouvrage est manqué. Tel peuple est disciplinable en naissant, tel autre ne l'est pas au bout de dix siècles. Les Russes ne seront jamais vraiment policés, parce qu'ils l'ont été trop tôt. Pierre avait le génie imitatif; il n'avait pas le vrai génie, celui qui crée et fait tout de rien. Quelques-unes des choses qu'il fit étaient bien, la plupart étaient dépla-

1. Texte de l'édition de 1782 : « La jeunesse n'est pas l'enfance. Il est pour les nations comme pour les hommes un temps de jeunesse, ou si l'on veut de maturité qu'il faut attendre... »

cées. Il a vu que son peuple était barbare, il n'a point vu qu'il n'était pas mûr pour la police; il l'a voulu civiliser quand il ne fallait que l'aguerrir. Il a d'abord voulu faire des Allemands, des Anglais, quand il fallait commencer par faire des Russes; il a empêché ses sujets de jamais devenir ce qu'ils pourraient être, en leur persuadant qu'ils étaient ce qu'ils ne sont pas. C'est ainsi qu'un précepteur français forme son élève pour briller un moment dans son enfance, et puis n'être jamais rien. L'Empire de Russie voudra subjuguer l'Europe et sera subjugué lui-même. Les Tartares ses sujets ou ses voisins deviendront ses maîtres et les nôtres. Cette révolution me paraît infaillible. Tous les rois de l'Europe travaillent de concert à l'accélérer.

CHAPITRE IX

SUITE

Comme la nature a donné des termes à la stature d'un homme bien conformé, passé lesquels elle ne fait plus que des géants ou des nains, il y a de même, eu égard à la meilleure constitution d'un État, des bornes à l'étendue qu'il peut avoir, afin qu'il ne soit ni trop grand pour pouvoir être bien gouverné, ni trop petit pour pouvoir se maintenir par lui-même. Il y a dans tout corps politique un *maximum* de force qu'il ne saurait passer, et duquel souvent il s'éloigne à force de s'agrandir. Plus le lien social s'étend, plus il se relâche, et en général un petit État est proportionnellement plus fort qu'un grand.

Mille raisons démontrent cette maxime. Premièrement l'administration devient plus pénible dans les grandes distances, comme un poids devient plus lourd au bout d'un plus grand levier. Elle devient aussi plus onéreuse à mesure que les degrés se multiplient; car chaque ville a d'abord la sienne que le peuple paye, chaque district la sienne encore payée par le peuple, ensuite chaque province, puis les grands gouvernements, les satrapies, les vice-royautés qu'il faut toujours payer plus cher à mesure qu'on monte, et toujours aux dépens du malheureux peuple; enfin vient l'administration suprême qui écrase tout. Tant de surcharges épuisent continuellement les sujets; loin d'être mieux gouvernés par ces différents ordres, ils le sont moins bien que s'il n'y en avait qu'un seul au-dessus d'eux. Cependant à peine reste-t-il des ressources pour les cas extraordinaires, et quand il y faut recourir l'État est toujours à la veille de sa ruine.

Ce n'est pas tout; non seulement le gouvernement a moins de vigueur et de célérité pour faire observer les lois, empêcher les vexations, corriger les abus, prévenir les entreprises séditieuses qui peuvent se faire dans des lieux éloignés, mais le peuple a moins d'affection pour ses chefs qu'il ne voit jamais, pour la patrie qui est à ses yeux comme le monde, et pour ses concitoyens dont la plupart lui sont étrangers. Les mêmes lois ne peuvent convenir à tant de provinces diverses qui ont des mœurs différentes, qui vivent sous des climats opposés, et qui ne peuvent souffrir la même forme de gouvernement. Des lois différentes n'engendrent que trouble et confusion parmi des peuples qui, vivant sous les mêmes chefs et dans une communication continuelle, passent ou se marient les uns chez les autres et, soumis à d'autres coutumes, ne savent jamais si leur patrimoine est bien à eux. Les talents sont enfouis, les vertus ignorées, les vices impunis, dans cette multitude d'hommes inconnus les uns aux autres, que le siège de l'administration suprême rassemble dans un même lieu. Les chefs accablés d'affaires ne voient rien par eux-mêmes, des commis gouvernent l'État. Enfin les mesures qu'il faut prendre pour maintenir l'autorité générale, à laquelle tant d'officiers éloignés veulent se soustraire ou en imposer, absorbe tous les soins publics, il n'en reste plus pour le bonheur du peuple, à peine en reste-t-il pour sa défense au besoin, et c'est ainsi qu'un corps trop grand pour sa constitution s'affaisse et périt écrasé sous son propre poids.

D'un autre côté, l'État doit se donner une certaine base pour avoir de la solidité, pour résister aux secousses qu'il ne manquera pas d'éprouver et aux efforts qu'il sera contraint de faire pour se soutenir : car tous les peuples ont une espèce de force centrifuge, par laquelle ils agissent continuellement les uns contre les autres et tendent à s'agrandir aux dépens de leurs voisins, comme les tourbillons de Descartes. Ainsi les faibles risquent d'être bientôt engloutis, et nul ne peut guère se conserver qu'en se mettant avec tous dans une espèce d'équilibre, qui rende la compression partout à peu près égale.

On voit par là qu'il y a des raisons de s'étendre et des raisons de se resserrer, et ce n'est pas le moindre talent du politique de trouver, entre les unes et les autres, la proportion la plus avantageuse à la conservation de l'État. On peut dire en général que les premières, n'étant qu'extérieures et relatives, doivent être subordonnées aux autres, qui sont internes et absolues ; une saine et forte constitution est la première chose qu'il faut rechercher, et l'on doit plus compter sur la vigueur qui naît d'un bon gouvernement que sur les ressources que fournit un grand territoire.

Au reste, on a vu des États tellement constitués que la nécessité des conquêtes entrait dans leur constitution même, et que pour se maintenir ils étaient forcés de s'agrandir sans cesse. Peut-être se félicitaient-ils beaucoup de cette heureuse nécessité, qui leur montrait pourtant, avec le terme de leur grandeur, l'inévitable moment de leur chute.

CHAPITRE X

SUITE

On peut mesurer un corps politique de deux manières ; savoir, par l'étendue du territoire, et par le nombre du peuple, et il y a, entre l'une et l'autre de ces mesures, un rapport convenable pour donner à l'État sa véritable grandeur. Ce sont les hommes qui font l'État, et c'est le terrain qui nourrit les hommes ; ce rapport est donc que la terre suffise à l'entretien de ses habitants, et qu'il y ait autant d'habitants que la terre en peut nourrir. C'est dans cette proportion que se trouve le *maximum* de force d'un nombre donné de peuple ; car s'il y a du terrain de trop, la garde en est onéreuse, la culture insuffisante, le produit superflu ; c'est la cause prochaine des guerres défensives ; s'il n'y en a pas assez, l'État se trouve pour le supplément à la discrétion de ses voisins ; c'est la cause prochaine des guerres offensives. Tout peuple qui n'a par sa position que l'alternative entre le commerce ou la guerre est faible en lui-même ; il dépend de ses voisins, il dépend des événements ; il n'a jamais qu'une existence incertaine et courte. Il subjugue et change de situation, ou il est subjugué et n'est rien. Il ne peut se conserver libre qu'à force de petitesse ou de grandeur.

On ne peut donner en calcul un rapport fixe entre l'étendue de terre et le nombre d'hommes qui se suffisent l'un à l'autre ; tant à cause des différences qui se trouvent dans les qualités du terrain, dans ses degrés de fertilité, dans la nature de ses productions, dans l'influence des climats, que de celles qu'on remarque dans les tempéraments des hommes qui les habitent, dont les uns consomment peu dans un pays fertile, les autres beaucoup sur un sol ingrat. Il faut encore avoir égard à la plus grande ou moindre fécondité des femmes, à ce que le pays peut avoir de plus ou moins favorable à la population, à la quantité dont le législateur peut espérer d'y concourir par ses établissements ; de sorte qu'il ne doit pas fonder son jugement sur ce qu'il voit mais sur ce qu'il prévoit, ni s'arrêter autant à l'état actuel de la population qu'à celui où elle doit naturellement parvenir. Enfin il y a mille occasions où les accidents particuliers du lieu exigent ou permettent qu'on embrasse plus de terrain qu'il ne paraît nécessaire. Ainsi l'on s'étendra beaucoup dans un pays de montagnes, où les productions naturelles, savoir, les bois, les pâturages, demandent moins de travail, où l'expérience apprend que les femmes sont plus fécondes que dans les plaines, et où un grand sol incliné ne donne qu'une petite base horizontale, la seule qu'il faut compter pour la végétation. Au contraire, on peut se resserrer au bord de la mer, même dans des rochers et des sables presque stériles; parce que la pêche y peut suppléer en grande partie aux productions de la terre, que les hommes doivent être plus rassemblés pour repousser les pirates, et qu'on a d'ailleurs plus de facilité pour délivrer le pays, par les colonies, des habitants dont il est surchargé.

A ces conditions pour instituer un peuple, il en faut ajouter une qui ne peut suppléer à nulle autre, mais sans laquelle elles sont toutes inutiles; c'est qu'on jouisse de l'abondance de la paix; car le temps où s'ordonne un État est, comme celui où se forme un bataillon, l'instant où le corps est le moins capable de résistance et le plus facile à détruire. On résisterait mieux dans un désordre absolu que dans un moment de fermentation, où chacun s'occupe de son rang et non du péril. Qu'une guerre, une famine, une sédition survienne en ce temps de crise, l'État est infailliblement renversé.

Ce n'est pas qu'il n'y ait beaucoup de gouvernements établis durant ces orages; mais alors ce sont ces gouvernements mêmes qui détruisent l'État. Les usurpateurs amènent ou choisissent toujours ces temps de troubles pour faire passer, à la faveur de l'effroi public, des lois destructives que le peuple n'adopterait jamais de sang-froid. Le choix du moment de l'institution est un des caractères les plus sûrs par lesquels on peut distinguer l'œuvre du législateur d'avec celle du tyran.

Quel peuple est donc propre à la législation? Celui qui, se trouvant déjà lié par quelque union d'origine, d'intérêt ou de convention, n'a point encore porté le vrai joug des lois; celui qui n'a ni coutumes ni superstitions bien enracinées; celui qui ne craint pas d'être accablé par une invasion subite, qui, sans entrer dans les querelles de ses voisins, peut résister seul à chacun d'eux, ou s'aider de l'un pour repousser l'autre; celui dont chaque membre peut être connu de tous, et où l'on n'est point forcé de charger un homme d'un plus grand fardeau qu'un homme ne peut porter; celui qui peut se passer des autres peuples et dont tout autre peuple peut se passer*; celui qui n'est ni riche ni pauvre et peut se suffire à

* Si de deux peuples voisins l'un ne pouvait se passer de l'autre,

lui-même; enfin celui qui réunit la consistance d'un ancien peuple avec la docilité d'un peuple nouveau. Ce qui rend pénible l'ouvrage de la législation est moins ce qu'il faut établir que ce qu'il faut détruire; et ce qui rend le succès si rare, c'est l'impossibilité de trouver la simplicité de la nature jointe aux besoins de la société. Toutes ces conditions, il est vrai, se trouvent difficilement rassemblées. Aussi voit-on peu d'États bien constitués.

Il est encore en Europe un pays capable de législation; c'est l'île de Corse. La valeur et la constance avec laquelle ce brave peuple a su recouvrer et défendre sa liberté mériterait bien que quelque homme sage lui apprît à la conserver. J'ai quelque pressentiment qu'un jour cette petite île étonnera l'Europe.

CHAPITRE XI

DES DIVERS SYSTÈMES DE LÉGISLATION

Si l'on recherche en quoi consiste précisément le plus grand bien de tous, qui doit être la fin de tout système de législation, on trouvera qu'il se réduit à ces deux objets principaux, la *liberté* et l'*égalité*. La liberté, parce que toute dépendance particulière est autant de force ôtée au corps de l'État; l'égalité, parce que la liberté ne peut subsister sans elle.

J'ai déjà dit ce que c'est que la liberté civile; à l'égard de l'égalité, il ne faut pas entendre par ce mot que les degrés de puissance et de richesse soient absolument les mêmes, mais que, quant à la puissance, elle soit au-

ce serait une situation très dure pour le premier et très dangereuse pour le second. Toute nation sage, en pareil cas, s'efforcera bien vite de délivrer l'autre de cette dépendance. La République de Thlascala enclavée dans l'empire du Mexique aima mieux se passer de sel que d'en acheter des Mexicains, et même que d'en accepter gratuitement. Les sages Thlascalans virent le piège caché sous cette libéralité. Ils se conservèrent libres, et ce petit État, enfermé dans ce grand empire, fut enfin l'instrument de sa ruine.

dessous de toute violence et ne s'exerce jamais qu'en vertu du rang et des lois, et, quant à la richesse, que nul citoyen ne soit assez opulent pour en pouvoir acheter un autre, et nul assez pauvre pour être contraint de se vendre. Ce qui suppose du côté des grands modération de biens et de crédit, et du côté des petits, modération d'avarice et de convoitise*.

Cette égalité, disent-ils, est une chimère de spéculation qui ne peut exister dans la pratique. Mais si l'abus est inévitable, s'ensuit-il qu'il ne faille pas au moins le régler? C'est précisément parce que la force des choses tend toujours à détruire l'égalité que la force de la législation doit toujours tendre à la maintenir.

Mais ces objets généraux de toute bonne institution doivent être modifiés en chaque pays par les rapports qui naissent, tant de la situation locale que du caractère des habitants, et c'est sur ces rapports qu'il faut assigner à chaque peuple un système particulier d'institution qui soit le meilleur, non peut-être en lui-même, mais pour l'État auquel il est destiné. Par exemple le sol est-il ingrat et stérile, ou le pays trop serré pour les habitants? Tournez-vous du côté de l'industrie et des arts, dont vous échangerez les productions contre les denrées qui vous manquent. Au contraire, occupez-vous de riches plaines et des coteaux fertiles? Dans un bon terrain, manquez-vous d'habitants? Donnez tous vos soins à l'agriculture qui multiplie les hommes, et chassez les arts qui ne feraient qu'achever de dépeupler le pays, en attroupant sur quelques points du territoire le peu d'habitants qu'il a**. Occupez-vous des rivages étendus et commodes?

* Voulez-vous donc donner à l'État de la consistance? rapprochez les degrés extrêmes autant qu'il est possible : ne souffrez ni des gens opulents ni des gueux. Ces deux états, naturellement inséparables, sont également funestes au bien commun; de l'un sortent les fauteurs de la tyrannie et de l'autre les tyrans; c'est toujours entre eux que se fait le trafic de la liberté publique; l'un l'achète et l'autre la vend.

** Quelque branche de commerce extérieur, dit le M[arquis] d'A[rgenson], ne répand guère qu'une fausse utilité pour un royaume en général; elle peut enrichir quelques particuliers, même quelques villes, mais la nation entière n'y gagne rien, et le peuple n'en est pas mieux.

Couvrez la mer de vaisseaux, cultivez le commerce et la navigation; vous aurez une existence brillante et courte. La mer ne baigne-t-elle sur vos côtes que des rochers presque inaccessibles? Restez barbares et ichtyophages; vous en vivrez plus tranquilles, meilleurs peut-être, et sûrement plus heureux. En un mot, outre les maximes communes à tous, chaque peuple renferme en lui quelque cause qui les ordonne d'une manière particulière et rend sa législation propre à lui seul. C'est ainsi qu'autrefois les Hébreux et récemment les Arabes ont eu pour principal objet la religion, les Athéniens les lettres, Carthage et Tyr le commerce, Rhodes la marine, Sparte la guerre, et Rome la vertu. L'auteur de *L'Esprit des lois* a montré dans des foules d'exemples par quel art le législateur dirige l'institution vers chacun de ces objets.

Ce qui rend la constitution d'un État véritablement solide et durable, c'est quand les convenances sont tellement observées que les rapports naturels et les lois tombent toujours de concert sur les mêmes points, et que celles-ci ne font, pour ainsi dire, qu'assurer, accompagner, rectifier les autres. Mais si le législateur, se trompant dans son objet, prend un principe différent de celui qui naît de la nature des choses, que l'un tende à la servitude et l'autre à la liberté, l'un aux richesses, l'autre à la population, l'un à la paix, l'autre aux conquêtes, on verra les lois s'affaiblir insensiblement, la constitution s'altérer, et l'État ne cessera d'être agité jusqu'à ce qu'il soit détruit ou changé, et que l'invincible nature ait repris son empire.

CHAPITRE XII

DIVISION DES LOIS

Pour ordonner le tout, ou donner la meilleure forme possible à la chose publique, il y a diverses relations à considérer. Premièrement l'action du corps entier agissant sur lui-même, c'est-à-dire le rapport du tout au tout, ou du souverain à l'État, et ce rapport est composé de celui des termes intermédiaires, comme nous le verrons ci-après.

Les lois qui règlent ce rapport portent le nom de lois

politiques, et s'appellent aussi lois fondamentales, non sans quelque raison si ces lois sont sages. Car s'il n'y a dans chaque État qu'une bonne manière de l'ordonner, le peuple qui l'a trouvée doit s'y tenir : mais si l'ordre établi est mauvais, pourquoi prendrait-on pour fondamentales des lois qui l'empêchent d'être bon? D'ailleurs, en tout état de cause, un peuple est toujours le maître de changer ses lois, même les meilleures; car s'il lui plaît de se faire mal à lui-même, qui est-ce qui a droit de l'en empêcher?

La seconde relation est celle des membres entre eux ou avec le corps entier, et ce rapport doit être au premier égard aussi petit et au second aussi grand qu'il est possible : en sorte que chaque citoyen soit dans une parfaite indépendance de tous les autres, et dans une excessive dépendance de la Cité; ce qui se fait toujours par les mêmes moyens; car il n'y a que la force de l'État qui fasse la liberté de ses membres. C'est de ce deuxième rapport que naissent les lois civiles.

On peut considérer une troisième sorte de relation entre l'homme et la loi, savoir celle de la désobéissance à la peine, et celle-ci donne lieu à l'établissement des lois criminelles, qui dans le fond sont moins une espèce particulière de lois que la sanction de toutes les autres.

A ces trois sortes de lois, il s'en joint une quatrième, la plus importante de toutes; qui ne se grave ni sur le marbre ni sur l'airain, mais dans les cœurs des citoyens; qui fait la véritable constitution de l'État; qui prend tous les jours de nouvelles forces; qui, lorsque les autres lois vieillissent ou s'éteignent, les ranime ou les supplée, conserve un peuple dans l'esprit de son institution, et substitue insensiblement la force de l'habitude à celle de l'autorité. Je parle des mœurs, des coutumes, et surtout de l'opinion; partie inconnue à nos politiques, mais de laquelle dépend le succès de toutes les autres : partie dont le grand législateur s'occupe en secret, tandis qu'il paraît se borner à des règlements particuliers qui ne sont que le cintre de la voûte, dont les mœurs, plus lentes à naître, forment enfin l'inébranlable clef.

Entre ces diverses classes, les lois politiques, qui constituent la forme du gouvernement, sont la seule relative à mon sujet.

Fin du Livre deuxième

LIVRE III

Avant de parler des diverses formes de gouvernement, tâchons de fixer le sens précis de ce mot, qui n'a pas encore été fort bien expliqué.

CHAPITRE PREMIER

DU GOUVERNEMENT EN GÉNÉRAL

J'avertis le lecteur que ce chapitre doit être lu posément, et que je ne sais pas l'art d'être clair pour qui ne veut pas être attentif.

Toute action libre a deux causes qui concourent à la produire, l'une morale, savoir la volonté qui détermine l'acte, l'autre physique, savoir la puissance qui l'exécute. Quand je marche vers un objet, il faut premièrement que j'y veuille aller; en second lieu, que mes pieds m'y portent. Qu'un paralytique veuille courir, qu'un homme agile ne le veuille pas, tous deux resteront en place. Le corps politique a les mêmes mobiles; on y distingue de même la force et la volonté, celle-ci sous le nom de *puissance législative*, l'autre sous le nom de *puissance exécutive*. Rien ne s'y fait ou ne s'y doit faire sans leur concours.

Nous avons vu que la puissance législative appartient au peuple, et ne peut appartenir qu'à lui. Il est aisé de voir au contraire, par les principes ci-devant établis, que la puissance exécutive ne peut appartenir à la généralité comme législatrice ou souveraine; parce que cette puissance ne consiste qu'en des actes particuliers qui ne sont point du ressort de la loi, ni par conséquent de celui du souverain, dont tous les actes ne peuvent être que des lois.

Il faut donc à la force publique un agent propre qui la réunisse et la mette en œuvre selon les directions de la volonté générale, qui serve à la communication de l'État et du souverain, qui fasse en quelque sorte dans personne publique ce que fait dans l'homme l'union de l'âme et du corps. Voilà quelle est dans l'État la raison du gouvernement, confondu mal à propos avec le souverain, dont il n'est que le ministre.

Qu'est-ce donc que le gouvernement ? Un corps intermédiaire établi entre les sujets et le souverain pour leur mutuelle correspondance, chargé de l'exécution des lois et du maintien de la liberté, tant civile que politique.

Les membres de ce corps s'appellent magistrats ou *rois*, c'est-à-dire *gouverneurs*, et le corps entier porte le nom de *prince* *. Ainsi ceux qui prétendent que l'acte par lequel un peuple se soumet à des chefs n'est point un contrat ont grande raison. Ce n'est absolument qu'une commission, un emploi dans lequel, simples officiers du souverain, ils exercent en son nom le pouvoir dont il les a faits dépositaires, et qu'il peut limiter, modifier et reprendre quand il lui plaît, l'aliénation d'un tel droit étant incompatible avec la nature du corps social, et contraire au but de l'association.

J'appelle donc *gouvernement* ou suprême administration l'exercice légitime de la puissance exécutive, et prince ou magistrat l'homme ou le corps chargé de cette administration.

C'est dans le gouvernement que se trouvent les forces intermédiaires, dont les rapports composent celui du tout au tout ou du souverain à l'État. On peut représenter ce dernier rapport par celui des extrêmes d'une proportion continue, dont la moyenne proportionnelle est le gouvernement. Le gouvernement reçoit du souverain les ordres qu'il donne au peuple, et pour que l'État soit dans un bon équilibre il faut, tout compensé, qu'il y ait égalité entre le produit ou la puissance du gouvernement pris en lui-même et le produit ou la puissance des citoyens, qui sont souverains d'un côté et sujets de l'autre.

De plus, on ne saurait altérer aucun des trois termes sans rompre à l'instant la proportion. Si le souverain veut gouverner, ou si le magistrat veut donner des lois, ou si les sujets refusent d'obéir, le désordre succède à la

* C'est ainsi qu'à Venise on donne au collège le nom de *sérénissime Prince*, même quand le Doge n'y assiste pas.

règle, la force et la volonté n'agissent plus de concert, et l'État dissous tombe ainsi dans le despotisme ou dans l'anarchie. Enfin comme il n'y a qu'une moyenne proportionnelle entre chaque rapport, il n'y a non plus qu'un bon gouvernement possible dans un État. Mais comme mille événements peuvent changer les rapports d'un peuple, non seulement différents gouvernements peuvent être bons à divers peuples, mais au même peuple en différents temps.

Pour tâcher de donner une idée des divers rapports qui peuvent régner entre ces deux extrêmes, je prendrai pour exemple le nombre du peuple, comme un rapport plus facile à exprimer.

Supposons que l'État soit composé de dix mille citoyens. Le souverain ne peut être considéré que collectivement et en corps. Mais chaque particulier en qualité de sujet est considéré comme individu. Ainsi le souverain est au sujet comme dix mille est à un. C'est-à-dire que chaque membre de l'État n'a pour sa part que la dix millième partie de l'autorité souveraine, quoiqu'il lui soit soumis tout entier. Que le peuple soit composé de cent mille hommes, l'état des sujets ne change pas, et chacun porte également tout l'empire des lois, tandis que son suffrage, réduit à un cent millième, a dix fois moins d'influence dans leur rédaction. Alors le sujet restant toujours un, le rapport du souverain augmente en raison du nombre des citoyens. D'où il suit que plus l'État s'agrandit, plus la liberté diminue.

Quand je dis que le rapport augmente, j'entends qu'il s'éloigne de l'égalité. Ainsi plus le rapport est grand dans l'acception des géomètres, moins il y a de rapport dans l'acception commune; dans la première le rapport considéré selon la quantité se mesure par l'exposant, et dans l'autre, considéré selon l'identité, il s'estime par la similitude.

Or moins les volontés particulières se rapportent à la volonté générale, c'est-à-dire les mœurs aux lois, plus la force réprimante doit augmenter. Donc le gouvernement, pour être bon, doit être relativement plus fort à mesure que le peuple est plus nombreux.

D'un autre côté, l'agrandissement de l'État donnant

aux dépositaires de l'autorité publique plus de tentations et de moyens d'abuser de leur pouvoir, plus le gouvernement doit avoir de force pour contenir le peuple, plus le souverain doit en avoir à son tour pour contenir le gouvernement. Je ne parle pas ici d'une force absolue, mais de la force relative des diverses parties de l'État.

Il suit de ce double rapport que la proportion continue entre le souverain, le prince et le peuple n'est point une idée arbitraire, mais une conséquence nécessaire de la nature du corps politique. Il suit encore que l'un des extrêmes, savoir le peuple comme sujet, étant fixe et représenté par l'unité, toutes les fois que la raison doublée augmente ou diminue, la raison simple augmente ou diminue semblablement, et que par conséquent le moyen terme est changé. Ce qui fait voir qu'il n'y a pas une constitution de gouvernement unique et absolue, mais qu'il peut y avoir autant de gouvernements différents en nature que d'États différents en grandeur.

Si, tournant ce système en ridicule, on disait que pour trouver cette moyenne proportionnelle et former le corps du gouvernement il ne faut, selon moi, que tirer la racine carrée du nombre du peuple, je répondrais que je ne prends ici ce nombre que pour un exemple, que les rapports dont je parle ne se mesurent pas seulement par le nombre des hommes, mais en général par la quantité d'action, laquelle se combine par des multitudes de causes, qu'au reste si, pour m'exprimer en moins de paroles, j'emprunte un moment des termes de géométrie, je n'ignore pas, cependant, que la précision géométrique n'a point lieu dans les quantités morales.

Le gouvernement est en petit ce que le corps politique qui le renferme est en grand. C'est une personne morale douée de certaines facultés, active comme le souverain, passive comme l'État, et qu'on peut décomposer en d'autres rapports semblables, d'où naît par conséquent une nouvelle proportion, une autre encore dans celle-ci selon l'ordre des tribunaux, jusqu'à ce qu'on arrive à un moyen terme indivisible, c'est-à-dire à un seul chef ou magistrat suprême, qu'on peut se représenter au milieu de cette progression, comme l'unité entre la série des fractions et celle des nombres.

Sans nous embarrasser dans cette multiplication de termes, contentons-nous de considérer le gouvernement comme un nouveau corps dans l'État, distinct du peuple et du souverain, et intermédiaire entre l'un et l'autre.

Il y a cette différence essentielle entre ces deux corps, que l'État existe par lui-même, et que le gouvernement n'existe que par le souverain. Ainsi la volonté dominante du prince n'est ou ne doit être que la volonté générale ou la loi, sa force n'est que la force publique concentrée en lui, sitôt qu'il veut tirer de lui-même quelque acte absolu et indépendant, la liaison du tout commence à se relâcher. S'il arrivait enfin que le prince eût une volonté particulière plus active que celle du souverain, et qu'il usât pour obéir à cette volonté particulière de la force publique qui est dans ses mains, en sorte qu'on eût, pour ainsi dire, deux souverains, l'un de droit et l'autre de fait; à l'instant l'union sociale s'évanouirait, et le corps politique serait dissous.

Cependant pour que le corps du gouvernement ait une existence, une vie réelle qui le distingue du corps de l'État, pour que tous ses membres puissent agir de concert et répondre à la fin pour laquelle il est institué, il lui faut un *moi* particulier, une sensibilité commune à ses membres, une force, une volonté propre qui tende à sa conservation. Cette existence particulière suppose des assemblées, des conseils, un pouvoir de délibérer, de résoudre, des droits, des titres, des privilèges qui appartiennent au prince exclusivement, et qui rendent la condition du magistrat plus honorable à proportion qu'elle est plus pénible. Les difficultés sont dans la manière d'ordonner dans le tout ce tout subalterne, de sorte qu'il n'altère point la constitution générale en affermissant la sienne, qu'il distingue toujours sa force particulière destinée à sa propre conservation de la force publique destinée à la conservation de l'État, et qu'en un mot il soit toujours prêt à sacrifier le gouvernement au peuple et non le peuple au gouvernement.

D'ailleurs, bien que le corps artificiel du gouvernement soit l'ouvrage d'un autre corps artificiel, et qu'il n'ait en quelque sorte qu'une vie empruntée et subordonnée, cela n'empêche pas qu'il ne puisse agir avec plus ou moins de vigueur ou de célérité, jouir, pour ainsi dire, d'une santé plus ou moins robuste. Enfin, sans s'éloigner directement du but de son institution, il peut s'en écarter plus ou moins, selon la manière dont il est constitué.

C'est de toutes ces différences que naissent les rapports divers que le gouvernement doit avoir avec le corps de l'État, selon les rapports accidentels et particuliers par lesquels ce même État est modifié. Car souvent le gouvernement le meilleur en soi deviendra le plus vicieux, si ses rapports ne sont altérés selon les défauts du corps politique auquel il appartient.

CHAPITRE II

DU PRINCIPE QUI CONSTITUE LES DIVERSES FORMES DE GOUVERNEMENT

Pour exposer la cause générale de ces différences, il faut distinguer ici le prince et le gouvernement, comme j'ai distingué ci-devant l'État et le souverain.

Le corps du magistrat peut être composé d'un plus grand ou moindre nombre de membres. Nous avons dit que le rapport du souverain aux sujets était d'autant plus grand que le peuple était plus nombreux, et par une évidente analogie nous en pouvons dire autant du gouvernement à l'égard des magistrats.

Or la force totale du gouvernement, étant toujours celle de l'État, ne varie point : d'où il suit que plus il use de cette force sur ses propres membres, moins il lui en reste pour agir sur tout le peuple.

Donc plus les magistrats sont nombreux, plus le gouvernement est faible. Comme cette maxime est fondamentale, appliquons-nous à la mieux éclaircir.

Nous pouvons distinguer dans la personne du magistrat trois volontés essentiellement différentes. Premièrement la volonté propre de l'individu, qui ne tend qu'à son avantage particulier; secondement la volonté commune des magistrats, qui se rapporte uniquement à l'avantage du prince, et qu'on peut appeler volonté de corps, laquelle est générale par rapport au gouvernement, et particulière par rapport à l'État, dont le gouvernement fait partie; en troisième lieu, la volonté du peuple ou la volonté souveraine, laquelle est générale, tant par rapport à l'État considéré comme le tout que par rapport au gouvernement considéré comme partie du tout.

Dans une législation parfaite, la volonté particulière ou individuelle doit être nulle, la volonté de corps propre au gouvernement très subordonnée, et par conséquent la volonté générale ou souveraine toujours dominante et la règle unique de toutes les autres.

Selon l'ordre naturel, au contraire, ces différentes volontés deviennent plus actives à mesure qu'elles se concentrent. Ainsi la volonté générale est toujours la plus faible, la volonté de corps a le second rang, et la volonté particulière le premier de tous : de sorte que dans le gouvernement chaque membre est premièrement soi-même, et puis magistrat, et puis citoyen. Gradation directement opposée à celle qu'exige l'ordre social.

Cela posé, que tout le gouvernement soit entre les mains d'un seul homme. Voilà la volonté particulière et la volonté de corps parfaitement réunies, et par conséquent celle-ci au plus haut degré d'intensité qu'elle puisse avoir. Or comme c'est du degré de la volonté que dépend l'usage de la force, et que la force absolue du gouvernement ne varie point, il s'ensuit que le plus actif des gouvernements est celui d'un seul.

Au contraire, unissons le gouvernement à l'autorité législative; faisons le prince du souverain, et de tous les citoyens autant de magistrats. Alors la volonté de corps, confondue avec la volonté générale, n'aura pas plus d'activité qu'elle, et laissera la volonté particulière dans toute sa force. Ainsi le gouvernement, toujours avec la même force absolue, sera dans son *minimum* de force relative ou d'activité.

Ces rapports sont incontestables, et d'autres considérations servent encore à les confirmer. On voit, par exemple, que chaque magistrat est plus actif dans son corps que chaque citoyen dans le sien, et que par conséquent la volonté particulière a beaucoup plus d'influence dans les actes du gouvernement que dans ceux du souverain; car chaque magistrat est presque toujours chargé de quelque fonction du gouvernement, au lieu que chaque citoyen pris à part n'a aucune fonction de la souveraineté. D'ailleurs, plus l'État s'étend, plus sa force réelle augmente, quoiqu'elle n'augmente pas en raison de son étendue : mais l'État restant le même, les magistrats ont beau se multiplier, le gouvernement n'en acquiert pas une plus grande force réelle, parce que cette force est celle de l'État, dont la mesure est toujours égale. Ainsi la force relative ou l'activité du gouvernement diminue, sans que sa force absolue ou réelle puisse augmenter.

Il est sûr encore que l'expédition des affaires devient plus lente à mesure que plus de gens en sont chargés, qu'en donnant trop à la prudence on ne donne pas assez à la fortune, qu'on laisse échapper l'occasion, et qu'à force de délibérer on perd souvent le fruit de la délibération.

Je viens de prouver que le gouvernement se relâche à mesure que les magistrats se multiplient, et j'ai prouvé ci-devant que plus le peuple est nombreux, plus la force réprimante doit augmenter. D'où il suit que le rapport des magistrats au gouvernement doit être inverse du rapport des sujets au souverain. C'est-à-dire que, plus l'État s'agrandit, plus le gouvernement doit se resserrer; tellement que le nombre des chefs diminue en raison de l'augmentation du peuple.

Au reste je ne parle ici que de la force relative du gouvernement, et non de sa rectitude. Car, au contraire, plus le magistrat est nombreux, plus la volonté de corps se rapproche de la volonté générale; au lieu que sous un magistrat unique cette même volonté de corps n'est, comme je l'ai dit, qu'une volonté particulière. Ainsi l'on perd d'un côté ce qu'on peut gagner de l'autre, et l'art du législateur est de savoir fixer le point où la force et la volonté du gouvernement, toujours en proportion réciproque, se combinent dans le rapport le plus avantageux à l'État.

CHAPITRE III

DIVISION DES GOUVERNEMENTS

On a vu dans le chapitre précédent pourquoi l'on distingue les diverses espèces ou formes de gouvernement par le nombre des membres qui les composent; il reste à voir dans celui-ci comment se fait cette division.

Le souverain peut, en premier lieu, commettre le dépôt du gouvernement à tout le peuple ou à la plus grande partie du peuple, en sorte qu'il y ait plus de citoyens magistrats que de citoyens simples particuliers. On donne à cette forme de gouvernement le nom de *Démocratie.*

Ou bien il peut resserrer le gouvernement entre les mains d'un petit nombre, en sorte qu'il y ait plus de simples citoyens que de magistrats, et cette forme porte le nom d'*Aristocratie.*

Enfin il peut concentrer tout le gouvernement dans les mains d'un magistrat unique dont tous les autres tiennent leur pouvoir. Cette troisième forme est la plus commune, et s'appelle *Monarchie* ou gouvernement royal.

On doit remarquer que toutes ces formes ou du moins les deux premières sont susceptibles de plus ou de moins, et ont même une assez grande latitude; car la Démocratie peut embrasser tout le peuple ou se resserrer jusqu'à la moitié. L'Aristocratie à son tour peut de la moitié du peuple se resserrer jusqu'au plus petit nombre indéterminément. La Royauté même est susceptible de quelque partage. Sparte eut constamment deux Rois par sa constitution, et l'on a vu dans l'Empire romain jusqu'à huit empereurs à la fois, sans qu'on pût dire que l'Empire fût divisé. Ainsi il y a un point où chaque forme de gouvernement se confond avec la suivante, et l'on voit que sous trois seules dénominations le gouvernement est réellement susceptible d'autant de formes diverses que l'État a de citoyens.

Il y a plus : ce même gouvernement pouvant à certains égards se subdiviser en d'autres parties, l'une administrée d'une manière et l'autre d'une autre, il peut résulter de ces trois formes combinées une multitude de formes mixtes, dont chacune est multipliable par toutes les formes simples.

On a de tous temps beaucoup disputé sur la meilleure forme de gouvernement, sans considérer que chacune d'elles est la meilleure en certains cas, et la pire en d'autres.

Si dans les différents États le nombre des magistrats suprêmes doit être en raison inverse de celui des citoyens, il s'ensuit qu'en général le gouvernement démocratique convient aux petits États, l'aristocratique aux médiocres, et le monarchique aux grands. Cette règle se tire immédiatement du principe; mais comment compter la multitude de circonstances qui peuvent fournir des exceptions?

CHAPITRE IV

DE LA DÉMOCRATIE

Celui qui fait la loi sait mieux que personne comment elle doit être exécutée et interprétée. Il semble donc qu'on ne saurait avoir une meilleure constitution que celle où le pouvoir exécutif est joint au législatif. Mais c'est cela même qui rend ce gouvernement insuffisant à certains égards, parce que les choses qui doivent être distinguées ne le sont pas, et que le prince et le souverain n'étant que la même personne, ne forment, pour ainsi dire, qu'un gouvernement sans gouvernement.

Il n'est pas bon que celui qui fait les lois les exécute, ni que le corps du peuple détourne son attention des vues générales, pour la donner aux objets particuliers. Rien n'est plus dangereux que l'influence des intérêts privés dans les affaires publiques, et l'abus des lois par le gouvernement est un mal moindre que la corruption du législateur, suite infaillible des vues particulières. Alors l'État étant altéré dans sa substance, toute réforme devient impossible. Un peuple qui n'abuserait jamais du gouvernement n'abuserait pas non plus de l'indépendance; un peuple qui gouvernerait toujours bien n'aurait pas besoin d'être gouverné.

A prendre le terme dans la rigueur de l'acception, il n'a jamais existé de véritable démocratie, et il n'en existera jamais. Il est contre l'ordre naturel que le grand nombre gouverne et que le petit soit gouverné. On ne peut imaginer que le peuple reste incessamment assemblé pour vaquer aux affaires publiques, et l'on voit aisément qu'il ne saurait établir pour cela des commissions sans que la forme de l'administration change.

En effet, je crois pouvoir poser en principe que quand les fonctions du gouvernement sont partagées entre plusieurs tribunaux, les moins nombreux acquièrent tôt ou tard la plus grande autorité; ne fût-ce qu'à cause de la facilité d'expédier les affaires, qui les y amène naturellement.

D'ailleurs que de choses difficiles à réunir ne suppose pas ce gouvernement? Premièrement un État très petit où le peuple soit facile à rassembler et où chaque citoyen puisse aisément connaître tous les autres; secondement une grande simplicité des mœurs qui prévienne la multitude d'affaires et les discussions épineuses; ensuite beaucoup d'égalité dans les rangs et dans les fortunes, sans quoi l'égalité ne saurait subsister longtemps dans les droits et l'autorité; enfin peu ou point de luxe; car, ou le luxe est l'effet des richesses, ou il les rend nécessaires; il corrompt à la fois le riche et le pauvre, l'un par la possession, l'autre par la convoitise; il vend la patrie à la mollesse, à la vanité; il ôte à l'État tous ses citoyens pour les asservir les uns aux autres, et tous à l'opinion.

Voilà pourquoi un auteur célèbre a donné la vertu pour principe à la République; car toutes ces conditions ne sauraient subsister sans la vertu : mais faute d'avoir fait les distinctions nécessaires, ce beau génie a manqué souvent de justesse, quelquefois de clarté, et n'a pas vu que, l'autorité souveraine étant partout la même, le même principe doit avoir lieu dans tout État bien constitué, plus ou moins, il est vrai, selon la forme du gouvernement.

Ajoutons qu'il n'y a pas de gouvernement si sujet aux guerres civiles et aux agitations intestines que le démocratique ou populaire, parce qu'il n'y en a aucun qui tende si fortement et si continuellement à changer de forme, ni qui demande plus de vigilance et de courage pour être maintenu dans la sienne. C'est surtout dans cette constitution que le citoyen doit s'armer de force et de constance, et dire chaque jour de sa vie au fond de son cœur ce que disait un vertueux Palatin* dans la Diète de Pologne : *Malo periculosam libertatem quam quietum servitium.*

S'il y avait un peuple de dieux, il se gouvernerait démocratiquement. Un gouvernement si parfait ne convient pas à des hommes.

CHAPITRE V

DE L'ARISTOCRATIE

Nous avons ici deux personnes morales très distinctes, savoir le gouvernement et le souverain, et par conséquent deux volontés générales, l'une par rapport à tous les citoyens, l'autre seulement pour les membres de l'administration. Ainsi, bien que le gouvernement puisse régler sa police intérieure comme il lui plaît, il ne peut jamais parler au peuple qu'au nom du souverain, c'est-à-dire au nom du peuple même ; ce qu'il ne faut jamais oublier.

Les premières sociétés se gouvernèrent aristocratiquement. Les chefs des familles délibéraient entre eux des affaires publiques. Les jeunes gens cédaient sans peine à l'autorité de l'expérience. De là les noms de *prêtres*, d'*anciens*, de *sénat*, de *gérontes*. Les sauvages de l'Amérique septentrionale se gouvernent encore ainsi de nos jours, et sont très bien gouvernés.

* Le Palatin de Posnanie, père du roi de Pologne, duc de Lorraine.

Mais à mesure que l'inégalité d'institution l'emporta sur l'inégalité naturelle, la richesse ou la puissance* fut préférée à l'âge, et l'aristocratie devint élective. Enfin la puissance transmise avec les biens du père aux enfants rendant les familles patriciennes rendit le gouvernement héréditaire, et l'on vit des sénateurs de vingt ans.

Il y a donc trois sortes d'aristocratie; naturelle, élective, héréditaire. La première ne convient qu'à des peuples simples; la troisième est le pire de tous les gouvernements. La deuxième est le meilleur : c'est l'aristocratie proprement dite.

Outre l'avantage de la distinction des deux pouvoirs, elle a celui du choix de ses membres; car dans le gouvernement populaire tous les citoyens naissent magistrats, mais celui-ci les borne à un petit nombre, et ils ne le deviennent que par élection**; moyen par lequel la probité, les lumières, l'expérience, et toutes les autres raisons de préférence et d'estime publique, sont autant de nouveaux garants qu'on sera sagement gouverné.

De plus, les assemblées se font plus commodément, les affaires se discutent mieux, s'expédient avec plus d'ordre et de diligence, le crédit de l'État est mieux soutenu chez l'étranger par de vénérables sénateurs que par une multitude inconnue ou méprisée.

En un mot, c'est l'ordre le meilleur et le plus naturel que les plus sages gouvernent la multitude, quand on est sûr qu'ils la gouverneront pour son profit et non pour le leur; il ne faut point multiplier en vain les ressorts, ni faire avec vingt mille hommes ce que cent hommes choisis peuvent faire encore mieux. Mais il faut remarquer que l'intérêt de corps commence à moins diriger ici la force publique — sur la règle de la volonté générale, et

* Il est clair que le mot *Optimates* chez les Anciens ne veut pas dire les meilleurs, mais les plus puissants.

** Il importe beaucoup de régler par des lois la forme de l'élection des magistrats : car en l'abandonnant à la volonté du prince on ne peut éviter de tomber dans l'aristocratie héréditaire, comme il est arrivé aux républiques de Venise et le Berne. Aussi la première est-elle depuis longtemps un État dissous, mais la seconde se maintient par l'extrême sagesse de son Sénat; c'est une exception bien honorable et bien dangereuse.

qu'une autre pente inévitable enlève aux lois une partie de la puissance exécutive.

A l'égard des convenances particulières, il ne faut ni un État si petit ni un peuple si simple et si droit que l'exécution des lois suive immédiatement de la volonté publique, comme dans une bonne démocratie. Il ne faut pas non plus une si grande nation que les chefs épars pour la gouverner puissent trancher du souverain chacun dans son département, et commencer par se rendre indépendants pour devenir enfin les maîtres.

Mais si l'aristocratie exige quelques vertus de moins que le gouvernement populaire, elle en exige aussi d'autres qui lui sont propres ; comme la modération dans les riches et le contentement dans les pauvres ; car il semble qu'une égalité rigoureuse y serait déplacée ; elle ne fut pas même observée à Sparte.

Au reste, si cette forme comporte une certaine inégalité de fortune, c'est bien pour qu'en général l'administration des affaires publiques soit confiée à ceux qui peuvent le mieux y donner tout leur temps, mais non pas, comme prétend Aristote, pour que les riches soient toujours préférés. Au contraire, il importe qu'un choix opposé apprenne quelquefois au peuple qu'il y a dans le mérite des hommes des raisons de préférence plus importantes que la richesse.

CHAPITRE VI

DE LA MONARCHIE

Jusqu'ici nous avons considéré le prince comme une personne morale et collective, unie par la force des lois, et dépositaire dans l'État de la puissance exécutive. Nous avons maintenant à considérer cette puissance réunie entre les mains d'une personne naturelle, d'un homme réel, qui seul ait droit d'en disposer selon les lois. C'est ce qu'on appelle un monarque, ou un roi.

Tout au contraire des autres administrations, où un

être collectif représente un individu, dans celle-ci un individu représente un être collectif ; en sorte que l'unité morale qui constitue le prince est en même temps une unité physique, dans laquelle toutes les facultés que la loi réunit dans l'autre avec tant d'effort se trouvent naturellement réunies.

Ainsi la volonté du peuple, et la volonté du prince, et la force publique de l'État, et la force particulière du gouvernement, tout répond au même mobile, tous les ressorts de la machine sont dans la même main, tout marche au même but, il n'y a point de mouvements opposés qui s'entre-détruisent, et l'on ne peut imaginer aucune sorte de constitution dans laquelle un moindre effort produise une action plus considérable. Archimède assis tranquillement sur le rivage et tirant sans peine à flot un grand vaisseau me représente un monarque habile gouvernant de son cabinet ses vastes États, et faisant tout mouvoir en paraissant immobile.

Mais s'il n'y a point de gouvernement qui ait plus de vigueur, il n'y en a point où la volonté particulière ait plus d'empire et domine plus aisément les autres ; tout marche au même but, il est vrai ; mais ce but n'est point celui de la félicité publique, et la force même de l'administration tourne sans cesse au préjudice de l'État.

Les rois veulent être absolus, et de loin on leur crie que le meilleur moyen de l'être est de se faire aimer de leurs peuples. Cette maxime est très belle, et même très vraie à certains égards. Malheureusement on s'en moquera toujours dans les cours. La puissance qui vient de l'amour des peuples est sans doute la plus grande ; mais elle est précaire et conditionnelle, jamais les princes ne s'en contenteront. Les meilleurs rois veulent pouvoir être méchants s'il leur plaît, sans cesser d'être les maîtres : Un sermonneur politique aura beau leur dire que, la force du peuple étant la leur, leur plus grand intérêt est que le peuple soit florissant, nombreux, redoutable : ils savent très bien que cela n'est pas vrai. Leur intérêt personnel est premièrement que le peuple soit faible, misérable, et qu'il ne puisse jamais leur résister. J'avoue que, supposant les sujets toujours parfaitement soumis, l'intérêt du prince serait alors que le peuple fût puissant, afin que cette puissance étant la sienne le rendît redoutable à ses voisins; mais comme cet intérêt n'est que secondaire et subordonné, et que les deux suppositions sont incompatibles, il est naturel que les princes donnent toujours la préférence à la maxime qui leur est le plus immédiatement utile. C'est ce que Samuel représentait fortement aux Hébreux; c'est ce que Machiavel a fait voir avec évidence. En feignant de donner des leçons aux rois il en a donné de grandes aux peuples. *Le Prince* de Machiavel est le livre des républicains[1].

Nous avons trouvé par les rapports généraux que la monarchie n'est convenable qu'aux grands États, et nous le trouvons encore en l'examinant en elle-même. Plus l'administration publique est nombreuse, plus le rapport du prince aux sujets diminue et s'approche de l'égalité, en sorte que ce rapport est un ou l'égalité même dans la démocratie. Ce même rapport augmente à mesure que le gouvernement se resserre, et il est dans son *maximum* quand le gouvernement est dans les mains d'un seul. Alors il se trouve une trop grande distance entre le prince et le peuple, et l'État manque de liaison. Pour la former il faut donc des ordres intermédiaires : Il faut des princes, des grands, de la noblesse pour les remplir. Or rien de tout cela ne convient à un petit État, que ruinent tous ces degrés.

Mais s'il est difficile qu'un grand État soit bien gouverné, il l'est beaucoup plus qu'il soit bien gouverné par un seul homme, et chacun sait ce qu'il arrive quand le Roi se donne des substituts.

Un défaut essentiel et inévitable, qui mettra toujours

1. Note ajoutée dans l'édition de 1782 : « Machiavel était un honnête homme et un bon citoyen : mais attaché à la maison de Médicis il était forcé dans l'oppression de sa patrie de déguiser son amour pour la liberté. Le choix seul de son exécrable héros manifeste assez son intention secrète et l'opposition des maximes de son livre du *Prince* à celles de ses discours sur Tite-Live et de son histoire de Florence démontre que ce profond politique n'a eu jusqu'ici que des lecteurs superficiels ou corrompus. La cour de Rome a sévèrement défendu son livre, je le crois bien : c'est elle qu'il dépeint le plus clairement. »

le gouvernement monarchique au-dessous du républicain, est que dans celui-ci la voix publique n'élève presque jamais aux premières places que des hommes éclairés et capables, qui les remplissent avec honneur : au lieu que ceux qui parviennent dans les monarchies ne sont le plus souvent que de petits brouillons, de petits fripons, de petits intrigants, à qui les petits talents, qui font dans les cours parvenir aux grandes places, ne servent qu'à montrer au public leur ineptie aussitôt qu'ils y sont parvenus. Le peuple se trompe bien moins sur ce choix que le prince, et un homme d'un vrai mérite est presque aussi rare dans le ministère qu'un sot à la tête d'un gouvernement républicain. Aussi, quand par quelque heureux hasard un de ces hommes nés pour gouverner prend le timon des affaires dans une monarchie presque abîmée par ces tas de jolis régisseurs, on est tout surpris des ressources qu'il trouve, et cela fait époque dans un pays.

Pour qu'un État monarchique pût être bien gouverné, il faudrait que sa grandeur ou son étendue fût mesurée aux facultés de celui qui gouverne. Il est plus aisé de conquérir que de régir. Avec un levier suffisant, d'un doigt on peut ébranler le monde, mais pour le soutenir il faut les épaules d'Hercule. Pour peu qu'un État soit grand, le prince est presque toujours trop petit. Quand au contraire il arrive que l'État est trop petit pour son chef, ce qui est très rare, il est encore mal gouverné, parce que le chef, suivant toujours la grandeur de ses vues, oublie les intérêts des peuples, et ne les rend pas moins malheureux par l'abus des talents qu'il a de trop, qu'un chef borné par le défaut de ceux qui lui manquent. Il faudrait, pour ainsi dire, qu'un royaume s'étendît ou se resserrât à chaque règne selon la portée du prince ; au lieu que les talents d'un Sénat ayant des mesures plus fixes, l'État peut avoir des bornes constantes et l'administration n'aller pas moins bien.

Le plus sensible inconvénient du gouvernement d'un seul est le défaut de cette succession continuelle qui forme dans les deux autres une liaison non interrompue. Un roi mort, il en faut un autre ; les élections laissent des intervalles dangereux, elles sont orageuses, et à moins que les citoyens ne soient d'un désintéressement, d'une intégrité que ce gouvernement ne comporte guère, la brigue et la corruption s'en mêlent. Il est difficile que celui à qui l'État s'est vendu ne le vende pas à son tour, et ne se dédommage pas sur les faibles de l'argent que les puissants lui ont extorqué. Tôt ou tard tout devient vénal sous une pareille administration, et la paix dont on jouit alors sous les rois est pire que le désordre des interrègnes.

Qu'a-t-on fait pour prévenir ces maux ? On a rendu les couronnes héréditaires dans certaines familles, et l'on a établi un ordre de succession qui prévient toute dispute à la mort des rois. C'est-à-dire que, substituant l'inconvénient des régences à celui des élections, on a préféré une apparente tranquillité à une administration sage, et qu'on a mieux aimé risquer d'avoir pour chefs des enfants, des monstres, des imbéciles, que d'avoir à disputer sur le choix des bons rois ; on n'a pas considéré qu'en s'exposant ainsi aux risques de l'alternative on met presque toutes les chances contre soi. C'était un mot très sensé que celui du jeune Denis, à qui son père en lui reprochant une action honteuse disait : T'en ai-je donné l'exemple ? Ah ! répondit le fils, votre père n'était pas roi !

Tout concourt à priver de justice et de raison un homme élevé pour commander aux autres. On prend beaucoup de peine, à ce qu'on dit, pour enseigner aux jeunes princes l'art de régner ; il ne paraît pas que cette éducation leur profite. On ferait mieux de commencer par leur enseigner l'art d'obéir. Les plus grands rois qu'ait célébrés l'histoire n'ont point été élevés pour régner ; c'est une science qu'on ne possède jamais moins qu'après l'avoir trop apprise, et qu'on acquiert mieux en obéissant qu'en commandant. *Nam utilissimus idem ac brevissimus bonarum malarumque rerum delectus, cogitare quid aut nolueris sub alio Principe aut volueris**.

Une suite de ce défaut de cohérence est l'inconstance du gouvernement royal qui, se réglant tantôt sur un plan et tantôt sur un autre selon le caractère du prince qui règne ou des gens qui règnent pour lui, ne peut avoir

* Tacite : *Hist.*, L.I.

longtemps un objet fixe ni une conduite conséquente : variation qui rend toujours l'État flottant de maxime en maxime, de projet en projet, et qui n'a pas lieu dans les autres gouvernements où le prince est toujours le même. Aussi voit-on qu'en général, s'il y a plus de ruse dans une cour, il y a plus de sagesse dans un Sénat, et que les républiques vont à leurs fins par des vues plus constantes et mieux suivies, au lieu que chaque révolution dans le ministère en produit une dans l'État; la maxime commune à tous les ministres, et presque à tous les rois, étant de prendre en toute chose le contrepied de leur prédécesseur.

De cette même incohérence se tire encore la solution d'un sophisme très familier aux politiques royaux; c'est, non seulement de comparer le gouvernement civil au gouvernement domestique et le prince au père de famille, erreur déjà réfutée, mais encore de donner libéralement à ce magistrat toutes les vertus dont il aurait besoin, et de supposer toujours que le prince est ce qu'il devrait être : supposition à l'aide de laquelle le gouvernement royal est évidemment préférable à tout autre, parce qu'il est incontestablement le plus fort, et que pour être aussi le meilleur il ne lui manque qu'une volonté de corps plus conforme à la volonté générale.

Mais si selon Platon* le Roi par nature est un personnage si rare, combien de fois la nature et la fortune concourront-elles à le couronner, et si l'éducation royale corrompt nécessairement ceux qui la reçoivent, que doit-on espérer d'une suite d'hommes élevés pour régner? C'est donc bien vouloir s'abuser que de confondre le gouvernement royal avec celui d'un bon roi. Pour voir ce qu'est ce gouvernement en lui-même, il faut le considérer sous des princes bornés ou méchants; car ils arriveront tels au trône, ou le trône les rendra tels.

Ces difficultés n'ont pas échappé à nos auteurs, mais ils n'en sont point embarrassés. Le remède est, disent-ils, d'obéir sans murmure. Dieu donne les mauvais rois dans sa colère, et il les faut supporter comme des châtiments du Ciel. Ce discours est édifiant, sans doute; mais je ne

* *In Civili.*

sais s'il ne conviendrait pas mieux en chaire que dans un livre de politique. Que dire d'un médecin qui promet des miracles, et dont tout l'art est d'exhorter son malade à la patience ? On sait bien qu'il faut souffrir un mauvais gouvernement quand on l'a ; la question serait d'en trouver un bon.

CHAPITRE VII

DES GOUVERNEMENTS MIXTES

A proprement parler il n'y a point de gouvernement simple. Il faut qu'un chef unique ait des magistrats subalternes ; il faut qu'un gouvernement populaire ait un chef. Ainsi dans le partage de la puissance exécutive il y a toujours gradation du grand nombre au moindre, avec cette différence que tantôt le grand nombre dépend du petit, et tantôt le petit du grand.

Quelquefois il y a partage égal ; soit quand les parties constitutives sont dans une dépendance mutuelle, comme dans le gouvernement d'Angleterre ; soit quand l'autorité de chaque partie est indépendante mais imparfaite, comme en Pologne. Cette dernière forme est mauvaise, parce qu'il n'y a point d'unité dans le gouvernement, et que l'État manque de liaison.

Lequel vaut le mieux, d'un gouvernement simple ou d'un gouvernement mixte ? Question fort agitée chez les politiques, et à laquelle il faut faire la même réponse que j'ai faite ci-devant sur toute forme de gouvernement.

Le gouvernement simple est le meilleur en soi, par cela seul qu'il est simple. Mais quand la puissance exécutive ne dépend pas assez de la législative, c'est-à-dire quand il y a plus de rapport du prince au souverain que du peuple au prince, il faut remédier à ce défaut de proportion en divisant le gouvernement ; car alors toutes ses parties n'ont pas moins d'autorité sur les sujets, et leur division les rend toutes ensemble moins fortes contre le souverain.

On prévient encore le même inconvénient en établissant des magistrats intermédiaires, qui, laissant le gouvernement en son entier, servent seulement à balancer les deux puissances et à maintenir leurs droits respectifs. Alors le gouvernement n'est pas mixte, il est tempéré.

On peut remédier par des moyens semblables à l'inconvénient opposé, et quand le gouvernement est trop lâche, ériger des tribunaux pour le concentrer. Cela se pratique dans toutes les démocraties. Dans le premier cas on divise le gouvernement pour l'affaiblir, et dans le second pour le renforcer; car les *maximum* de force et de faiblesse se trouvent également dans les gouvernements simples, au lieu que les formes mixtes donnent une force moyenne.

CHAPITRE VIII

QUE TOUTE FORME DE GOUVERNEMENT N'EST PAS PROPRE À TOUT PAYS

La liberté n'étant pas un fruit de tous les climats n'est pas à la portée de tous les peuples. Plus on médite ce principe établi par Montesquieu, plus on en sent la vérité. Plus on le conteste, plus on donne occasion de l'établir par de nouvelles preuves.

Dans tous les gouvernements du monde la personne publique consomme et ne produit rien. D'où lui vient donc la substance consommée? Du travail de ses membres. C'est le superflu des particuliers qui produit le nécessaire du public. D'où il suit que l'état civil ne peut subsister qu'autant que le travail des hommes rend au-delà de leurs besoins.

Or cet excédent n'est pas le même dans tous les pays du monde. Dans plusieurs il est considérable, dans d'autres médiocre, dans d'autres nul, dans d'autres négatif. Ce rapport dépend de la fertilité du climat, de la sorte de travail que la terre exige, de la nature de ses productions, de la force de ses habitants, de la plus ou moins grande consommation qui leur est nécessaire, et de plusieurs autres rapports semblables desquels il est composé.

D'autre part, tous les gouvernements ne sont pas de même nature; il y en a de plus ou moins dévorants, et les différences sont fondées sur cet autre principe que, plus les contributions publiques s'éloignent de leur source, et plus elles sont onéreuses. Ce n'est pas sur la quantité des impositions qu'il faut mesurer cette charge, mais sur le chemin qu'elles ont à faire pour retourner dans les mains dont elles sont sorties; quand cette circulation est prompte et bien établie, qu'on paye peu ou beaucoup, il n'importe; le peuple est toujours riche et les finances vont toujours bien. Au contraire, quelque peu que le peuple donne, quand ce peu ne lui revient point, en donnant toujours bientôt il s'épuise; l'État n'est jamais riche, et le peuple est toujours gueux.

Il suit de là que plus la distance du peuple au gouvernement augmente, et plus les tributs deviennent onéreux : ainsi dans la démocratie le peuple est le moins chargé, dans l'aristocratie il l'est davantage, dans la monarchie il porte le plus grand poids. La monarchie ne convient donc qu'aux nations opulentes, l'aristocratie aux États médiocres en richesse ainsi qu'en grandeur, la démocratie au États petits et pauvres.

En effet, plus on y réfléchit, plus on trouve en ceci de différence entre les États libres et les monarchiques; dans les premiers tout s'emploie à l'utilité commune; dans les autres, les forces publiques et particulières sont réciproques, et l'une s'augmente par l'affaiblissement de l'autre. Enfin au lieu de gouverner les sujets pour les rendre heureux, le despotisme les rend misérables pour les gouverner.

Voilà donc dans chaque climat des causes naturelles sur lesquelles on peut assigner la forme de gouvernement à laquelle la force du climat l'entraîne, et dire même quelle espèce d'habitants il doit avoir. Les lieux ingrats et stériles où le produit ne vaut pas le travail doivent rester incultes et déserts, ou seulement peuplés de sauvages. Les lieux où le travail des hommes ne rend exactement que le nécessaire doivent être habités par des peuples barbares, toute politie y serait impossible : les lieux où l'excès du produit sur le travail est médiocre conviennent aux peuples libres ; ceux où le terroir abondant et fertile donne beaucoup de produit pour peu de travail veulent être gouvernés monarchiquement, pour consumer par le luxe du prince l'excès du superflu des sujets ; car il vaut mieux que cet excès soit absorbé par le gouvernement que dissipé par les particuliers. Il y a des exceptions, je le sais ; mais ces exceptions mêmes confirment la règle, en ce qu'elles produisent tôt ou tard des révolutions qui ramènent les choses dans l'ordre de la nature.

Distinguons toujours les lois générales des causes particulières qui peuvent en modifier l'effet. Quand tout le Midi serait couvert de républiques et tout le Nord d'États despotiques il n'en serait pas moins vrai que par l'effet du climat le despotisme convient aux pays chauds, la barbarie aux pays froids, et la bonne politie aux régions intermédiaires. Je vois encore qu'en accordant le principe on pourra disputer sur l'application : on pourra dire qu'il y a des pays froids très fertiles et des méridionaux très ingrats. Mais cette difficulté n'en est une que pour ceux qui n'examinent pas la chose dans tous ses rapports. Il faut, comme je l'ai déjà dit, compter ceux des travaux, des forces, de la consommation, etc.

Supposons que de deux terrains égaux l'un rapporte cinq et l'autre dix. Si les habitants du premier consomment quatre et ceux du dernier neuf, l'excès du premier produit sera 1/5 et celui du second 1/10. Le rapport de ces deux excès étant donc inverse de celui des produits, le terrain qui ne produira que cinq donnera un superflu double de celui du terrain qui produira dix.

Mais il n'est pas question d'un produit double, et je ne crois pas que personne ose mettre en général la fertilité des pays froids en égalité même avec celle des pays chauds. Toutefois supposons cette égalité ; laissons, si l'on veut, en balance l'Angleterre avec la Sicile, et la Pologne avec l'Égypte. Plus au midi nous aurons l'Afrique et les Indes, plus au nord nous n'aurons plus rien. Pour cette égalité de produit, quelle différence dans la culture ? En Sicile il ne faut que gratter la terre ; en

Angleterre que de soins pour la labourer ! Or, là où il faut plus de bras pour donner le même produit, le superflu doit être nécessairement moindre.

Considérez, outre cela, que la même quantité d'hommes consomme beaucoup moins dans les pays chauds. Le climat demande qu'on y soit sobre pour se porter bien : les Européens qui veulent y vivre comme chez eux périssent tous de dysenterie et d'indigestions. *Nous sommes*, dit Chardin, *des bêtes carnassières, des loups, en comparaison des Asiatiques. Quelques-uns attribuent la sobriété des Persans à ce que leur pays est moins cultivé, et moi je crois au contraire que leur pays abonde moins en denrées parce qu'il en faut moins aux habitants. Si leur frugalité*, continue-t-il, *était un effet de la disette du pays, il n'y aurait que les pauvres qui mangeraient peu, au lieu que c'est généralement tout le monde, et on mangerait plus ou moins en chaque province selon la fertilité du pays, au lieu que la même sobriété se trouve par tout le royaume. Ils se louent fort de leur manière de vivre, disant qu'il ne faut que regarder leur teint pour reconnaître combien elle est plus excellente que celle des chrétiens. En effet le teint des Persans est uni ; ils ont la peau belle, fine et polie, au lieu que le teint des Arméniens, leurs sujets qui vivent à l'européenne, est rude, couperosé, et que leurs corps sont gros et pesants.*

Plus on approche de la ligne, plus les peuples vivent de peu. Ils ne mangent presque pas de viande ; le riz, le maïs, le cuzcuz, le mil, la cassave, sont leurs aliments ordinaires. Il y a aux Indes des millions d'hommes dont la nourriture ne coûte pas un sol par jour. Nous voyons en Europe même des différences sensibles pour l'appétit entre les peuples du Nord et ceux du Midi. Un Espagnol vivra huit jours du dîner d'un Allemand. Dans les pays où les hommes sont plus voraces le luxe se tourne aussi vers les choses de consommation. En Angleterre, il se montre sur une table chargée de viandes ; en Italie on vous régale de sucre et de fleurs.

Le luxe des vêtements offre encore de semblables différences. Dans les climats où les changements des saisons sont prompts et violents, on a des habits meilleurs et plus simples, dans ceux où l'on ne s'habille que pour la parure on y cherche plus d'éclat que d'utilité, les habits eux-mêmes y sont un luxe. A Naples vous verrez tous les jours se promener au Pausilippe des hommes en veste dorée et point de bas. C'est la même chose pour les bâtiments ; on donne tout à la magnificence quand on n'a rien à craindre des injures de l'air. A Paris, à Londres, on veut être logé chaudement et commodément. A Madrid on a des salons superbes, mais point de fenêtres qui ferment, et l'on couche dans des nids à rats.

Les aliments sont beaucoup plus substantiels et succulents dans les pays chauds ; c'est une troisième différence qui ne peut manquer d'influer sur la seconde. Pourquoi mange-t-on tant de légumes en Italie ? parce qu'ils y sont bons, nourrissants, d'excellent goût. En France où ils ne sont nourris que d'eau ils ne nourrissent point, et sont presque comptés pour rien sur les tables. Ils n'occupent pourtant pas moins de terrain et coûtent du moins autant de peine à cultiver. C'est une expérience faite que les blés de Barbarie, d'ailleurs inférieurs à ceux de France, rendent beaucoup plus en farine, et que ceux de France à leur tour rendent plus que les blés du Nord. D'où l'on peut inférer qu'une gradation semblable s'observe généralement dans la même direction de la ligne au pôle. Or n'est-ce pas un désavantage visible d'avoir dans un produit égal une moindre quantité d'aliment ?

A toutes ces différentes considérations j'en puis ajouter une qui en découle et qui les fortifie ; c'est que les pays chauds ont moins besoin d'habitants que les pays froids, et pourraient en nourrir davantage ; ce qui produit un double superflu toujours à l'avantage du despotisme. Plus le même nombre d'habitants occupe une grande surface, plus les révoltes deviennent difficiles ; parce qu'on ne peut se concerter ni promptement ni secrètement, et qu'il est toujours facile au gouvernement d'éventer les projets et de couper les communications : mais plus un peuple nombreux se rapproche, moins le gouvernement peut usurper sur le souverain ; les chefs délibèrent aussi sûrement dans leurs chambres que le prince dans son conseil, et la foule s'assemble aussitôt dans les places que les troupes dans leurs quartiers.

L'avantage d'un gouvernement tyrannique est donc en ceci d'agir à grandes distances. A l'aide des points d'appui qu'il se donne sa force augmente au loin comme celle des leviers *. Celle du peuple au contraire n'agit que concentrée, elle s'évapore et se perd en s'étendant, comme l'effet de la poudre éparse à terre et qui ne prend feu que grain à grain. Les pays les moins peuplés sont ainsi les plus propres à la tyrannie : les bêtes féroces ne règnent que dans les déserts.

CHAPITRE IX

DES SIGNES D'UN BON GOUVERNEMENT

Quand donc on demande absolument quel est le meilleur gouvernement, on fait une question insoluble comme indéterminée; ou si l'on veut, elle a autant de bonnes solutions qu'il y a de combinaisons possibles dans les positions absolues et relatives des peuples.

Mais si l'on demandait à quel signe on peut connaître qu'un peuple donné est bien ou mal gouverné, ce serait autre chose, et la question de fait pourrait se résoudre.

Cependant on ne la résout point, parce que chacun veut la résoudre à sa manière. Les sujets vantent la tranquillité publique, les citoyens la liberté des particuliers; l'un préfère la sûreté des possessions, et l'autre celle des personnes; l'un veut que le meilleur gouvernement soit le plus sévère, l'autre soutient que c'est le plus doux; celui-ci veut qu'on punisse les crimes, et celui-là qu'on les prévienne; l'un trouve beau qu'on soit craint

* Ceci ne contredit pas ce que j'ai dit ci-devant, L. II, chap. IX, sur les inconvénients des grands États : car il s'agissait là de l'autorité du gouvernement sur ses membres, et il s'agit ici de sa force contre les sujets. Ses membres épars lui servent de points d'appui pour agir au loin sur le peuple, mais il n'a nul point d'appui pour agir directement sur ces membres mêmes. Ainsi dans l'un des cas la longueur du levier en fait la faiblesse, et la force dans l'autre cas.

des voisins, l'autre aime mieux qu'on en soit ignoré; l'un est content quand l'argent circule, l'autre exige que le peuple ait du pain. Quand même on conviendrait sur ces points et d'autres semblables, en serait-on plus avancé? Les quantités morales manquant de mesure précise, fût-on d'accord sur le signe, comment l'être sur l'estimation?

Pour moi, je m'étonne toujours qu'on méconnaisse un signe aussi simple, ou qu'on ait la mauvaise foi de n'en pas convenir. Quelle est la fin de l'association politique? C'est la conservation et la prospérité de ses membres. Et quel est le signe le plus sûr qu'ils se conservent et prospèrent? C'est leur nombre et leur population. N'allez donc pas chercher ailleurs ce signe si disputé. Toutes choses d'ailleurs égales, le gouvernement sous lequel, sans moyens étrangers, sans naturalisations, sans colonies, les citoyens peuplent et multiplient davantage est infailliblement le meilleur: celui sous lequel un peuple diminue et dépérit est le pire. Calculateurs, c'est maintenant votre affaire; comptez, mesurez, comparez*.

* On doit juger sur le même principe des siècles qui méritent la préférence pour la prospérité du genre humain. On a trop admiré ceux où l'on a vu fleurir les lettres et les arts, sans pénétrer l'objet secret de leur culture, sans en considérer le funeste effet, *idque apud imperitos humanitas vocabatur, cum pars servitutis esset.* Ne verrons-nous jamais dans les maximes des livres l'intérêt grossier qui fait parler les auteurs? Non, quoi qu'ils en puissent dire, quand malgré son éclat un pays se dépeuple, il n'est pas vrai que tout aille bien, et il ne suffit pas qu'un poète ait cent mille livres de rente pour que son siècle soit le meilleur de tous. Il faut moins regarder au repos apparent, et à la tranquillité des chefs, qu'au bien-être des nations entières et surtout des États les plus nombreux. La grêle désole quelques cantons, mais elle fait rarement disette. Les émeutes, les guerres civiles effarouchent beaucoup les chefs, mais elles ne font pas les vrais malheurs des peuples, qui peuvent même avoir du relâche tandis qu'on dispute à qui les tyrannisera. C'est de leur état permanent que naissent leurs prospérités ou leurs calamités réelles; quand tout reste écrasé sous le joug, c'est alors que tout dépérit; c'est alors que les chefs les détruisant à leur aise, *ubi solitudinem faciunt, pacem appellant.* Quand les tracasseries des grands agitaient le royaume de France, et que le coadjuteur de Paris portait au parlement un poignard dans sa poche, cela n'empêchait pas que le peuple français ne vécût heureux et nombreux dans une honnête et libre aisance. Autrefois la Grèce fleurissait au sein des plus cruelles guerres; le

CHAPITRE X

DE L'ABUS DU GOUVERNEMENT ET DE SA PENTE À DÉGÉNÉRER

Comme la volonté particulière agit sans cesse contre la volonté générale, ainsi le gouvernement fait un effort continuel contre la souveraineté. Plus cet effort augmente, plus la constitution s'altère, et comme il n'y a point ici d'autre volonté de corps qui résistant à celle du prince fasse équilibre avec elle, il doit arriver tôt ou tard que le prince opprime enfin le souverain et rompe le traité social. C'est là le vice inhérent et inévitable qui dès la naissance du corps politique tend sans relâche à le détruire, de même que la vieillesse et la mort détruisent le corps de l'homme.

Il y a deux voies générales par lesquelles un gouvernement dégénère; savoir, quand il se resserre, ou quand l'État se dissout.

Le gouvernement se resserre quand il passe du grand nombre au petit, c'est-à-dire de la démocratie à l'aristocratie, et de l'aristocratie à la royauté. C'est là son inclinaison naturelle*. S'il rétrogradait du petit nombre au

sang y coulait à flots, et tout le pays était couvert d'hommes. Il semblait, dit Machiavel, qu'au milieu des meurtres, des proscriptions, des guerres civiles, notre république en devînt plus puissante; la vertu de ses citoyens, leurs mœurs, leur indépendance avaient plus d'effet pour la renforcer que toutes ses dissensions n'en avaient pour l'affaiblir. Un peu d'agitation donne du ressort aux âmes, et ce qui fait vraiment prospérer l'espèce est moins la paix que la liberté.

* La formation lente et le progrès de la république de Venise dans ses lagunes offre un exemple notable de cette succession; et il est bien étonnant que depuis plus de douze cents ans les Vénitiens semblent n'en être encore qu'au second terme, lequel commença au *Serrar di Consiglio* en 1198. Quant aux anciens ducs qu'on leur reproche, quoi qu'en puisse dire le *squitinio della libertà veneta*, il est prouvé qu'ils n'ont point été leurs souverains.

On ne manquera pas de m'objecter la République romaine qui suivit, dira-t-on, un progrès tout contraire, passant de la monarchie à l'aristocratie, et de l'aristocratie à la démocratie. Je suis bien éloigné d'en penser ainsi.

Le premier établissement de Romulus fut un gouvernement mixte qui dégénéra promptement en despotisme. Par des causes particulières l'État périt avant le temps, comme on voit mourir un

grand, on pourrait dire qu'il se relâche, mais ce progrès inverse est impossible.

En effet, jamais le gouvernement ne change de forme que quand son ressort usé le laisse trop affaibli pour pouvoir conserver la sienne. Or s'il se relâchait encore en s'étendant, sa force deviendrait tout à fait nulle, et il subsisterait encore moins. Il faut donc remonter et serrer le ressort à mesure qu'il cède, autrement l'État qu'il soutient tomberait en ruine.

Le cas de la dissolution de l'État peut arriver de deux manières.

Premièrement quand le prince n'administre plus l'État selon les lois et qu'il usurpe le pouvoir souverain. Alors il se fait un changement remarquable ; c'est que, non pas le gouvernement, mais l'État se resserre ; je veux dire que le grand État se dissout et qu'il s'en forme un autre dans

nouveau-né avant d'avoir atteint l'âge d'homme. L'expulsion des Tarquins fut la véritable époque de la naissance de la République. Mais elle ne prit pas d'abord une forme constante, parce qu'on ne fit que la moitié de l'ouvrage en n'abolissant pas le patriciat. Car de cette manière l'aristocratie héréditaire, qui est la pire des administrations légitimes, restant en conflit avec la démocratie, la forme du gouvernement toujours incertaine et flottante ne fut fixée, comme l'a prouvé Machiavel, qu'à l'établissement des tribuns ; alors seulement il y eut un vrai gouvernement et une véritable démocratie. En effet le peuple alors n'était pas seulement souverain mais aussi magistrat et juge, le Sénat n'était qu'un tribunal en sous-ordre pour tempérer ou concentrer le gouvernement, et les consuls eux-mêmes, bien que patriciens, bien que premiers magistrats, bien que généraux absolus à la guerre, n'étaient à Rome que les présidents du peuple.

Dès lors on vit aussi le gouvernement prendre sa pente naturelle et tendre fortement à l'aristocratie. Le patriciat s'abolissant comme de lui-même, l'aristocratie n'était plus dans le corps des patriciens comme elle est à Venise et à Gênes, mais dans le corps du Sénat composé de patriciens et de plébéiens, même dans le corps des tribuns quand ils commencèrent d'usurper une puissance active : car les mots ne font rien aux choses, et quand le peuple a des chefs qui gouvernent pour lui, quelque nom que portent ces chefs, c'est toujours une aristocratie.

De l'abus de l'aristocratie naquirent les guerres civiles et le triumvirat. Sylla, Jules César, Auguste devinrent dans le fait de véritables monarques, et enfin sous le despotisme de Tibère l'État fut dissous. L'histoire romaine ne dément donc pas mon principe ; elle le confirme.

celui-là, composé seulement des membres du gouvernement et qui n'est plus rien au reste du peuple que son maître et son tyran. De sorte qu'à l'instant que le gouvernement usurpe la souveraineté, le pacte social est rompu, et tous les simples citoyens, rentrés de droit dans leur liberté naturelle, sont forcés mais non pas obligés d'obéir.

Le même cas arrive aussi quand les membres du gouvernement usurpent séparément le pouvoir qu'ils ne doivent exercer qu'en corps ; ce qui n'est pas une moindre infraction des lois, et produit encore un plus grand désordre. Alors on a, pour ainsi dire, autant de princes que de magistrats, et l'État, non moins divisé que le gouvernement, périt ou change de forme.

Quand l'État se dissout, l'abus du gouvernement quel qu'il soit prend le nom commun d'*anarchie*. En distinguant, la démocratie dégénère en *ochlocratie*, l'aristocratie en *oligarchie* ; j'ajouterais que la royauté dégénère en *tyrannie*, mais ce dernier mot est équivoque et demande explication.

Dans le sens vulgaire un tyran est un roi qui gouverne avec violence et sans égard à la justice et aux lois. Dans le sens précis un tyran est un particulier qui s'arroge l'autorité royale sans y avoir droit. C'est ainsi que les Grecs entendaient ce mot de *tyran*. Ils le donnaient indifféremment aux bons et aux mauvais princes dont l'autorité n'était pas légitime*. Ainsi *tyran* et *usurpateur* sont deux mots parfaitement synonymes.

Pour donner différents noms à différentes choses, j'appelle *tyran* l'usurpateur de l'autorité royale, et *despote* l'usurpateur du pouvoir souverain. Le tyran est celui qui

* *Omnes enim et habentur et dicuntur Tyranni qui potestate utuntur perpetua, in ea Civitate quae libertate usa est*. Corn. Nep., *in Miltiad*. Il est vrai qu'Aristote, *Mor. de Nicom*., L. VIII, c. 10 distingue le tyran du roi, en ce que le premier gouverne pour sa propre utilité et le second seulement pour l'utilité de ses sujets; mais outre que généralement tous les auteurs grecs ont pris le mot *tyran* dans un autre sens, comme il paraît surtout par le *Hiéron* de Xénophon, il s'ensuivrait de la distinction d'Aristote que depuis le commencement du monde il n'aurait pas encore existé un seul roi.

s'ingère contre les lois à gouverner selon les lois ; le despote est celui qui se met au-dessus des lois mêmes. Ainsi le tyran peut n'être pas despote, mais le despote est toujours tyran.

CHAPITRE XI

DE LA MORT DU CORPS POLITIQUE

Telle est la pente naturelle et inévitable des gouvernements les mieux constitués. Si Sparte et Rome ont péri, quel État peut espérer de durer toujours ? Si nous voulons former un établissement durable, ne songeons donc point à le rendre éternel. Pour réussir il ne faut pas tenter l'impossible, ni se flatter de donner à l'ouvrage des hommes une solidité que les choses humaines ne comportent pas.

Le corps politique, aussi bien que le corps de l'homme, commence à mourir dès sa naissance et porte en lui-même les causes de sa destruction. Mais l'un et l'autre peut avoir une constitution plus ou moins robuste et propre à le conserver plus ou moins longtemps. La constitution de l'homme est l'ouvrage de la nature, celle de l'État est l'ouvrage de l'art. Il ne dépend pas des hommes de prolonger leur vie, il dépend d'eux de prolonger celle de l'État aussi loin qu'il est possible, en lui donnant la meilleure constitution qu'il puisse avoir. Le mieux constitué finira, mais plus tard qu'un autre, si nul accident imprévu n'amène sa perte avant le temps.

Le principe de la vie politique est dans l'autorité souveraine. La puissance législative est le cœur de l'État, la puissance exécutive en est le cerveau, qui donne le mouvement à toutes les parties. Le cerveau peut tomber en paralysie et l'individu vivre encore. Un homme reste imbécile et vit : mais sitôt que le cœur a cessé ses fonctions, l'animal est mort.

Ce n'est point par les lois que l'État subsiste, c'est par

le pouvoir législatif. La loi d'hier n'oblige pas aujourd'hui, mais le consentement tacite est présumé du silence, et le souverain est censé confirmer incessamment les lois qu'il n'abroge pas, pouvant le faire. Tout ce qu'il a déclaré vouloir une fois, il le veut toujours, à moins qu'il ne le révoque.

Pourquoi donc porte-t-on tant de respect aux anciennes lois ? C'est pour cela même. On doit croire qu'il n'y a que l'excellence des volontés antiques qui les ait pu conserver si longtemps ; si le souverain ne les eût reconnues constamment salutaires il les eût mille fois révoquées. Voilà pourquoi loin de s'affaiblir les lois acquièrent sans cesse une force nouvelle dans tout État bien constitué ; le préjugé de l'antiquité les rend chaque jour plus vénérables ; au lieu que partout où les lois s'affaiblissent en vieillissant, cela prouve qu'il n'y a plus de pouvoir législatif, et que l'État ne vit plus.

CHAPITRE XII

COMMENT SE MAINTIENT L'AUTORITÉ SOUVERAINE

Le souverain n'ayant d'autre force que la puissance législative n'agit que par des lois, et les lois n'étant que des actes authentiques de la volonté générale, le souverain ne saurait agir que quand le peuple est assemblé. Le peuple assemblé, dira-t-on ! Quelle chimère ! C'est une chimère aujourd'hui, mais ce n'en était pas une il y a deux mille ans. Les hommes ont-ils changé de nature ?

Les bornes du possible dans les choses morales sont moins étroites que nous ne pensons. Ce sont nos faiblesses, nos vices, nos préjugés qui les rétrécissent. Les âmes basses ne croient point aux grands hommes : de vils esclaves sourient d'un air moqueur à ce mot de liberté.

Par ce qui s'est fait considérons ce qui se peut faire ; je ne parlerai pas des anciennes républiques de la Grèce, mais la République romaine était, ce me semble, un grand État, et la ville de Rome une grande ville. Le dernier cens donna dans Rome quatre cent mille citoyens portant armes, et le dernier dénombrement de l'Empire plus de quatre millions de citoyens sans compter les sujets, les étrangers, les femmes, les enfants, les esclaves.

Quelle difficulté n'imaginerait-on pas d'assembler fréquemment le peuple immense de cette capitale et de ses environs ? Cependant il se passait peu de semaines que le peuple romain ne fût assemblé, et même plusieurs fois. Non seulement il exerçait les droits de la souveraineté, mais une partie de ceux du gouvernement. Il traitait certaines affaires, il jugeait certaines causes, et tout ce peuple était sur la place publique presque aussi souvent magistrat que citoyen.

En remontant aux premiers temps des nations on trouverait que la plupart des anciens gouvernements, même monarchiques tels que ceux des Macédoniens et des Francs, avaient de semblables conseils. Quoi qu'il en soit, ce seul fait incontestable répond à toutes les difficultés. De l'existant au possible la conséquence me paraît bonne.

CHAPITRE XIII

SUITE

Il ne suffit pas que le peuple assemblé ait une fois fixé la constitution de l'État en donnant la sanction à un corps de lois : il ne suffit pas qu'il ait établi un gouvernement perpétuel ou qu'il ait pourvu une fois pour toutes à l'élection des magistrats. Outre les assemblées extraordinaires que des cas imprévus peuvent exiger, il faut qu'il y en ait de fixes et de périodiques que rien ne puisse abolir ni proroger, tellement qu'au jour marqué le peuple soit légitimement convoqué par la loi, sans qu'il soit besoin pour cela d'aucune autre convocation formelle.

Mais hors de ces assemblées juridiques par leur seule

date, toute assemblée du peuple qui n'aura pas été convoquée par les magistrats préposés à cet effet et selon les formes prescrites doit être tenue pour illégitime et tout ce qui s'y fait pour nul ; parce que l'ordre même de s'assembler doit émaner de la loi.

Quant aux retours plus ou moins fréquents des assemblées légitimes, ils dépendent de tant de considérations qu'on ne saurait donner là-dessus de règles précises. Seulement on peut dire en général que plus le gouvernement a de force, plus le souverain doit se montrer fréquemment.

Ceci, me dira-t-on, peut être bon pour une seule ville ; mais que faire quand l'État en comprend plusieurs ? Partagera-t-on l'autorité souveraine, ou bien doit-on la concentrer dans une seule ville et assujettir tout le reste ?

Je réponds qu'on ne doit faire ni l'un ni l'autre. Premièrement l'autorité souveraine est simple et une, et l'on ne peut la diviser sans la détruire. En second lieu, une ville non plus qu'une nation ne peut être légitimement sujette d'une autre, parce que l'essence du corps politique est dans l'accord de l'obéissance et de la liberté, et que ces mots de *sujet* et de *souverain* sont des corrélations identiques dont l'idée se réunit sous le seul mot de *citoyen*.

Je réponds encore que c'est toujours un mal d'unir plusieurs villes en une seule cité, et que, voulant faire cette union, l'on ne doit pas se flatter d'en éviter les inconvénients naturels. Il ne faut point objecter l'abus des grands États à celui qui n'en veut que de petits : mais comment donner aux petits États assez de force pour résister aux grands ? Comme jadis les villes grecques résistèrent au grand Roi, et comme plus récemment la Hollande et la Suisse ont résisté à la maison d'Autriche.

Toutefois si l'on ne peut réduire l'État à de justes bornes, il reste encore une ressource ; c'est de n'y point souffrir de capitale, de faire siéger le gouvernement alternativement dans chaque ville, et d'y rassembler aussi tour à tour les États du pays.

Peuplez également le territoire, étendez-y partout les mêmes droits, portez-y partout l'abondance et la vie, c'est ainsi que l'État deviendra tout à la fois le plus fort et le mieux gouverné qu'il soit possible. Souvenez-vous que les murs des villes ne se forment que du débris des maisons des champs. A chaque palais que je vois élever dans la capitale, je crois voir mettre en masures tout un pays.

CHAPITRE XIV

SUITE

A l'instant que le peuple est légitimement assemblé en corps souverain, toute juridiction du gouvernement cesse, la puissance exécutive est suspendue, et la personne du dernier citoyen est aussi sacrée et inviolable que celle du premier magistrat, parce qu'où se trouve le représenté, il n'y a plus de représentant. La plupart des tumultes qui s'élevèrent à Rome dans les comices vinrent d'avoir ignoré ou négligé cette règle. Les consuls alors n'étaient que les présidents du peuple, les tribuns de simples orateurs*, le Sénat n'était rien du tout.

Ces intervalles de suspension où le prince reconnaît ou doit reconnaître un supérieur actuel, lui ont toujours été redoutables, et ces assemblées du peuple, qui sont l'égide du corps politique et le frein du gouvernement, ont été de tous temps l'horreur des chefs : aussi n'épargnent-ils jamais ni soins, ni objections, ni difficultés, ni promesses, pour en rebuter les citoyens. Quand ceux-ci sont avares, lâches, pusillanimes, plus amoureux du repos que de la liberté, ils ne tiennent pas longtemps contre les efforts redoublés du gouvernement; c'est ainsi que la force résistante augmentant sans cesse, l'autorité souveraine s'évanouit à la fin, et que la plupart des cités tombent et périssent avant le temps.

* A peu près selon le sens qu'on donne à ce nom dans le parlement d'Angleterre. La ressemblance de ces emplois eût mis en conflit les consuls et les tribuns, quand même toute juridiction eût été suspendue.

Mais entre l'autorité souveraine et le gouvernement arbitraire, il s'introduit quelquefois un pouvoir moyen dont il faut parler.

CHAPITRE XV

DES DÉPUTÉS OU REPRÉSENTANTS

Sitôt que le service public cesse d'être la principale affaire des citoyens, et qu'ils aiment mieux servir de leur bourse que de leur personne, l'État est déjà près de sa ruine. Faut-il marcher au combat ? ils payent des troupes et restent chez eux ; faut-il aller au conseil ? ils nomment des députés et restent chez eux. A force de paresse et d'argent ils ont enfin des soldats pour asservir la patrie et des représentants pour la vendre.

C'est le tracas du commerce et des arts, c'est l'avide intérêt du gain, c'est la mollesse et l'amour des commodités, qui changent les services personnels en argent. On cède une partie de son profit pour l'augmenter à son aise. Donnez de l'argent, et bientôt vous aurez des fers. Ce mot de *finance* est un mot d'esclave ; il est inconnu dans la cité. Dans un État vraiment libre les citoyens font tout avec leurs bras et rien avec de l'argent. Loin de payer pour s'exempter de leurs devoirs, ils paieraient pour les remplir eux-mêmes. Je suis bien loin des idées communes ; je crois les corvées moins contraires à la liberté que les taxes.

Mieux l'État est constitué, plus les affaires publiques l'emportent sur les privées dans l'esprit des citoyens. Il y a même beaucoup moins d'affaires privées, parce que la somme du bonheur commun fournissant une portion plus considérable à celui de chaque individu, il lui en reste moins à chercher dans les soins particuliers. Dans une cité bien conduite chacun vole aux assemblées ; sous un mauvais gouvernement nul n'aime à faire un pas pour s'y rendre ; parce que nul ne prend intérêt à ce qui s'y fait, qu'on prévoit que la volonté générale n'y dominera pas, et qu'enfin les soins domestiques absorbent tout. Les bonnes lois en font faire de meilleures, les mauvaises en amènent de pires. Sitôt que quelqu'un dit des affaires de l'État : *Que m'importe ?* on doit compter que l'État est perdu.

L'attiédissement de l'amour de la patrie, l'activité de l'intérêt privé, l'immensité des États, les conquêtes, l'abus du gouvernement ont fait imaginer la voie des députés ou représentants du peuple dans les assemblées de la nation. C'est ce qu'en certains pays on ose appeler le tiers État. Ainsi l'intérêt particulier de deux ordres est mis au premier et au second rang, l'intérêt public n'est qu'au troisième.

La souveraineté ne peut être représentée, par la même raison qu'elle ne peut être aliénée; elle consiste essentiellement dans la volonté générale, et la volonté ne se représente point : elle est la même, ou elle est autre; il n'y a point de milieu. Les députés du peuple ne sont donc ni ne peuvent être ses représentants, ils ne sont que ses commissaires; ils ne peuvent rien conclure définitivement. Toute loi que le peuple en personne n'a pas ratifiée est nulle; ce n'est point une loi. Le peuple anglais pense être libre; il se trompe fort, il ne l'est que durant l'élection des membres du parlement; sitôt qu'ils sont élus, il est esclave, il n'est rien. Dans les courts moments de sa liberté, l'usage qu'il en fait mérite bien qu'il la perde.

L'idée des représentants est moderne : elle nous vient du gouvernement féodal, de cet inique et absurde gouvernement dans lequel l'espèce humaine est dégradée, et où le nom d'homme est en déshonneur. Dans les anciennes républiques et même dans les monarchies, jamais le peuple n'eut de représentants; on ne connaissait pas ce mot-là. Il est très singulier qu'à Rome où les tribuns étaient si sacrés on n'ait pas même imaginé qu'ils pussent usurper les fonctions du peuple, et qu'au milieu d'une si grande multitude ils n'aient jamais tenté de passer de leur chef un seul plébiscite. Qu'on juge cependant de l'embarras que causait quelquefois la foule, par ce qui arriva du temps des Gracques, où une partie des citoyens donnait son suffrage de dessus les toits.

Où le droit et la liberté sont toutes choses, les inconvénients ne sont rien. Chez ce sage peuple tout était mis à sa juste mesure : il laissait faire à ses licteurs ce que ses tribuns n'eussent osé faire ; il ne craignait pas que ses licteurs voulussent le représenter.

Pour expliquer cependant comment les tribuns le représentaient quelquefois, il suffit de concevoir comment le gouvernement représente le souverain. La loi n'étant que la déclaration de la volonté générale, il est clair que dans la puissance législative le peuple ne peut être représenté ; mais il peut et doit l'être dans la puissance exécutive, qui n'est que la force appliquée à la loi. Ceci fait voir qu'en examinant bien les choses on trouverait que très peu de nations ont des lois. Quoi qu'il en soit, il est sûr que les tribuns, n'ayant aucune partie du pouvoir exécutif, ne purent jamais représenter le peuple romain par les droits de leurs charges, mais seulement en usurpant sur ceux du Sénat.

Chez les Grecs tout ce que le peuple avait à faire il le faisait par lui-même ; il était sans cesse assemblé sur la place. Il habitait un climat doux, il n'était point avide, des esclaves faisaient ses travaux, sa grande affaire était sa liberté. N'ayant plus les mêmes avantages, comment conserver les mêmes droits ? Vos climats plus durs vous donnent plus de besoins*, six mois de l'année la place publique n'est pas tenable, vos langues sourdes ne peuvent se faire entendre en plein air, vous donnez plus à votre gain qu'à votre liberté, et vous craignez bien moins l'esclavage que la misère.

Quoi ! la liberté ne se maintient qu'à l'appui de la servitude ? Peut-être. Les deux excès se touchent. Tout ce qui n'est point dans la nature a ses inconvénients, et la société civile plus que tout le reste. Il y a de telles positions malheureuses où l'on ne peut conserver sa liberté qu'aux dépens de celle d'autrui, et où le citoyen ne peut être parfaitement libre que l'esclave ne soit extrêmement esclave. Telle était la position de Sparte. Pour vous,

* Adopter dans les pays froids le luxe et la mollesse des Orientaux, c'est vouloir se donner leurs chaînes ; c'est s'y soumettre encore plus nécessairement qu'eux.

peuples modernes, vous n'avez point d'esclaves, mais vous l'êtes; vous payez leur liberté de la vôtre. Vous avez beau vanter cette préférence; j'y trouve plus de lâcheté que d'humanité.

Je n'entends point par tout cela qu'il faille avoir des esclaves ni que le droit d'esclavage soit légitime, puisque j'ai prouvé le contraire. Je dis seulement les raisons pour quoi les peuples modernes qui se croient libres ont des représentants, et pour quoi les peuples anciens n'en avaient pas. Quoi qu'il en soit, à l'instant qu'un peuple se donne des représentants, il n'est plus libre; il n'est plus.

Tout bien examiné, je ne vois pas qu'il soit désormais possible au souverain de conserver parmi nous l'exercice de ses droits si la cité n'est très petite. Mais si elle est très petite elle sera subjuguée? Non. Je ferai voir ci-après* comment on peut réunir la puissance extérieure d'un grand peuple avec la police aisée et le bon ordre d'un petit État.

CHAPITRE XVI

QUE L'INSTITUTION DU GOUVERNEMENT N'EST POINT UN CONTRAT

Le pouvoir législatif une fois bien établi, il s'agit d'établir de même le pouvoir exécutif; car ce dernier, qui n'opère que par des actes particuliers, n'étant pas de l'essence de l'autre, en est naturellement séparé. S'il était possible que le souverain, considéré comme tel, eût la puissance exécutive, le droit et le fait seraient tellement confondus qu'on ne saurait plus ce qui est loi et ce qui ne l'est pas, et le corps politique ainsi dénaturé serait bientôt en proie à la violence contre laquelle il fut institué.

* C'est ce que je m'étais proposé de faire dans la suite de cet ouvrage, lorsqu'en traitant des relations externes j'en serais venu aux confédérations. Matière toute neuve et où les principes sont encore à établir.

Les citoyens étant tous égaux par le contrat social, ce que tous doivent faire tous peuvent le prescrire, au lieu que nul n'a droit d'exiger qu'un autre fasse ce qu'il ne fait pas lui-même. Or c'est proprement ce droit, indispensable pour faire vivre et mouvoir le corps politique, que le souverain donne au prince en instituant le gouvernement.

Plusieurs ont prétendu que l'acte de cet établissement était un contrat entre le peuple et les chefs qu'il se donne; contrat par lequel on stipulait entre les deux parties les conditions sous lesquelles l'une s'obligeait à commander et l'autre à obéir. On conviendra, je m'assure, que voilà une étrange manière de contracter! Mais voyons si cette opinion est soutenable.

Premièrement, l'autorité suprême ne peut pas plus se modifier que s'aliéner; la limiter, c'est la détruire. Il est absurde et contradictoire que le souverain se donne un supérieur; s'obliger d'obéir à un maître c'est se remettre en pleine liberté.

De plus, il est évident que ce contrat du peuple avec telles ou telles personnes serait un acte particulier. D'où il suit que ce contrat ne saurait être une loi ni un acte de souveraineté, et que par conséquent il serait illégitime.

On voit encore que les parties contractantes seraient entre elles sous la seule loi de nature et sans aucun garant de leurs engagements réciproques, ce qui répugne de toute manière à l'état civil. Celui qui a la force en main étant toujours le maître de l'exécution, autant vaudrait donner le nom de contrat à l'acte d'un homme qui dirait à un autre : Je vous donne tout mon bien, à condition que vous m'en rendrez ce qu'il vous plaira.

Il n'y a qu'un contrat dans l'État, c'est celui de l'association; et celui-là seul en exclut tout autre. On ne saurait imaginer aucun contrat public qui ne fût une violation du premier.

CHAPITRE XVII

DE L'INSTITUTION DU GOUVERNEMENT

Sous quelle idée faut-il donc concevoir l'acte par lequel le gouvernement est institué? Je remarquerai d'abord que cet acte est complexe ou composé de deux autres, savoir l'établissement de la loi et l'exécution de la loi.

Par le premier, le souverain statue qu'il y aura un corps de gouvernement établi sous telle ou telle forme; et il est clair que cet acte est une loi.

Par le second, le peuple nomme les chefs qui seront chargés du gouvernement établi. Or cette nomination étant un acte particulier n'est pas une seconde loi, mais seulement une suite de la première et une fonction du gouvernement.

La difficulté est d'entendre comment on peut avoir un acte de gouvernement avant que le gouvernement existe, et comment le peuple, qui n'est que souverain ou sujet, peut devenir prince ou magistrat dans certaines circonstances.

C'est encore ici que se découvre une de ces étonnantes propriétés du corps politique, par lesquelles il concilie des opérations contradictoires en apparence. Car celle-ci se fait par une conversion subite de la souveraineté en démocratie; en sorte que, sans aucun changement sensible, et seulement par une nouvelle relation de tous à tous, les citoyens devenus magistrats passent des actes généraux aux actes particuliers, et de la loi à l'exécution.

Ce changement de relation n'est point une subtilité de spéculation sans exemple dans la pratique : il a lieu tous les jours dans le parlement d'Angleterre, où la chambre basse en certaines occasions se tourne en grand comité, pour mieux discuter les affaires, et devient ainsi simple commission, de cour souveraine qu'elle était l'instant précédent; en telle sorte qu'elle se fait ensuite rapport à elle-même comme chambre des Communes de ce qu'elle vient de régler en grand comité, et délibère de nouveau sous un titre de ce qu'elle a déjà résolu sous un autre.

Tel est l'avantage propre au gouvernement démocratique de pouvoir être établi dans le fait par un simple acte de la volonté générale. Après quoi, ce gouvernement provisionnel reste en possession si telle est la forme adoptée, ou établit au nom du souverain le gouvernement prescrit par la loi, et tout se trouve ainsi dans la règle. Il n'est pas possible d'instituer le gouvernement d'aucune autre manière légitime, et sans renoncer aux principes ci-devant établis.

CHAPITRE XVIII

MOYEN DE PRÉVENIR LES USURPATIONS DU GOUVERNEMENT

De ces éclaircissements il résulte en confirmation du chapitre XVI que l'acte qui institue le gouvernement n'est point un contrat mais une loi, que les dépositaires de la puissance exécutive ne sont point les maîtres du peuple mais ses officiers, qu'il peut les établir et les destituer quand il lui plaît, qu'il n'est point question pour eux de contracter mais d'obéir et qu'en se chargeant des fonctions que l'État leur impose ils ne font que remplir leur devoir de citoyens, sans avoir en aucune sorte le droit de disputer sur les conditions.

Quand donc il arrive que le peuple institue un gouvernement héréditaire, soit monarchique dans une famille, soit aristocratique dans un ordre de citoyens, ce n'est point un engagement qu'il prend; c'est une forme provisionnelle qu'il donne à l'administration, jusqu'à ce qu'il lui plaise d'en ordonner autrement.

Il est vrai que ces changements sont toujours dangereux, et qu'il ne faut jamais toucher au gouvernement établi que lors qu'il devient incompatible avec le bien public; mais cette circonspection est une maxime de politique et non pas une règle de droit, et l'État n'est pas plus tenu de laisser l'autorité civile à ses chefs que l'autorité militaire à ses généraux.

Il est vrai encore qu'on ne saurait en pareil cas observer avec trop de soin toutes les formalités requises pour distinguer un acte régulier et légitime d'un tumulte séditieux, et la volonté de tout un peuple des clameurs d'une faction. C'est ici surtout qu'il ne faut donner au cas odieux que ce qu'on ne peut lui refuser dans toute la rigueur du droit, et c'est aussi de cette obligation que le prince tire un grand avantage pour conserver sa puissance malgré le peuple, sans qu'on puisse dire qu'il l'ait usurpée. Car en paraissant n'user que de ses droits il lui est fort aisé de les étendre, et d'empêcher sous le prétexte du repos public les assemblées destinées à rétablir le bon ordre; de sorte qu'il se prévaut d'un silence qu'il empêche de rompre, ou des irrégularités qu'il fait commettre, pour supposer en sa faveur l'aveu de ceux que la crainte fait taire, et pour punir ceux qui osent parler. C'est ainsi que les décemvirs ayant été d'abord élus pour un an, puis continués pour une autre année, tentèrent de retenir à perpétuité leur pouvoir, en ne permettant plus aux comices de s'assembler; et c'est par ce facile moyen que tous les gouvernements du monde, une fois revêtus de la force publique, usurpent tôt ou tard l'autorité souveraine.

Les assemblées périodiques dont j'ai parlé ci-devant sont propres à prévenir ou différer ce malheur, surtout quand elles n'ont pas besoin de convocation formelle : car alors le prince ne saurait les empêcher sans se déclarer ouvertement infracteur des lois et ennemi de l'État.

L'ouverture de ces assemblées, qui n'ont pour objet que le maintien du traité social, doit toujours se faire par deux propositions qu'on ne puisse jamais supprimer, et qui passent séparément par les suffrages.

La première : *S'il plaît au souverain de conserver la présente forme de gouvernement.*

La seconde : *S'il plaît au peuple d'en laisser l'administration à ceux qui en sont actuellement chargés.*

Je suppose ici ce que je crois avoir démontré, savoir qu'il n'y a dans l'État aucune loi fondamentale qui ne se puisse révoquer, non pas même le pacte social; car si tous les citoyens s'assemblaient pour rompre ce pacte d'un commun accord, on ne peut douter qu'il ne fût très légitimement rompu. Grotius pense même que chacun peut renoncer à l'État dont il est membre, et reprendre sa liberté naturelle et ses biens en sortant du pays *. Or il serait absurde que tous les citoyens réunis ne pussent pas ce que peut séparément chacun d'eux.

Fin du Livre troisième

* Bien entendu qu'on ne quitte pas pour éluder son devoir et se dispenser de servir la patrie au moment qu'elle a besoin de nous. La fuite alors serait criminelle et punissable; ce ne serait plus retraite, mais désertion.

LIVRE IV

CHAPITRE PREMIER

QUE LA VOLONTÉ GÉNÉRALE EST INDESTRUCTIBLE

Tant que plusieurs hommes réunis se considèrent comme un seul corps, ils n'ont qu'une seule volonté, qui se rapporte à la commune conservation, et au bien-être général. Alors tous les ressorts de l'État sont vigoureux et simples, ses maximes sont claires et lumineuses, il n'a point d'intérêts embrouillés, contradictoires, le bien commun se montre partout avec évidence, et ne demande que du bon sens pour être aperçu. La paix, l'union, l'égalité sont ennemies des subtilités politiques. Les hommes droits et simples sont difficiles à tromper à cause de leur simplicité, les leurres, les prétextes raffinés ne leur en imposent point; ils ne sont pas même assez fins pour être dupes. Quand on voit chez le plus heureux peuple du monde des troupes de paysans régler les affaires de l'État sous un chêne et se conduire toujours sagement, peut-on s'empêcher de mépriser les raffinements des autres nations, qui se rendent illustres et misérables avec tant d'art et de mystères?

Un État ainsi gouverné a besoin de très peu de lois, et à mesure qu'il devient nécessaire d'en promulguer de nouvelles, cette nécessité se voit universellement. Le premier qui les propose ne fait que dire ce que tous ont déjà senti, et il n'est question ni de brigues ni d'éloquence pour faire passer en loi ce que chacun a déjà résolu de faire, sitôt qu'il sera sûr que les autres le feront comme lui.

Ce qui trompe les raisonneurs c'est que ne voyant que des États mal constitués dès leur origine, ils sont frappés de l'impossibilité d'y maintenir une semblable police. Ils rient d'imaginer toutes les sottises qu'un fourbe adroit, un parleur insinuant pourrait persuader au peuple de Paris ou de Londres. Ils ne savent pas que Cromwell eût été mis aux sonnettes par le peuple de Berne, et le duc de Beaufort à la discipline par les Genevois.

Mais quand le nœud social commence à se relâcher et l'État à s'affaiblir, quand les intérêts particuliers commencent à se faire sentir et les petites sociétés à influer sur la grande, l'intérêt commun s'altère et trouve des opposants, l'unanimité ne règne plus dans les voix, la volonté générale n'est plus la volonté de tous, il s'élève des contradictions, des débats, et le meilleur avis ne passe point sans disputes.

Enfin quand l'État près de sa ruine ne subsiste plus que par une forme illusoire et vaine, que le lien social est rompu dans tous les cœurs, que le plus vil intérêt se pare effrontément du nom sacré du bien public; alors la volonté générale devient muette, tous guidés par des motifs secrets n'opinent pas plus comme citoyens que si l'État n'eût jamais existé, et l'on fait passer faussement sous le nom de lois des décrets iniques qui n'ont pour but que l'intérêt particulier

S'ensuit-il de là que la volonté générale soit anéantie ou corrompue? Non, elle est toujours constante, inaltérable et pure; mais elle est subordonnée à d'autres qui l'emportent sur elle. Chacun, détachant son intérêt de l'intérêt commun, voit bien qu'il ne peut l'en séparer tout à fait, mais sa part du mal public ne lui paraît rien, auprès du bien exclusif qu'il prétend s'approprier. Ce bien particulier excepté, il veut le bien général pour son propre intérêt tout aussi fortement qu'aucun autre. Même en vendant son suffrage à prix d'argent il n'éteint pas en lui la volonté générale, il l'élude. La faute qu'il commet est de changer l'état de la question et de répondre autre chose que ce qu'on lui demande : en sorte qu'au lieu de dire par son suffrage : *Il est avantageux à l'État*, il dit : *Il est avantageux à tel homme ou à tel parti que tel ou tel avis passe*. Ainsi la loi de l'ordre public dans les assemblées n'est pas tant d'y maintenir la volonté générale que de faire qu'elle soit toujours interrogée et qu'elle réponde toujours.

J'aurais ici bien des réflexions à faire sur le simple droit de voter dans tout acte de souveraineté; droit que rien ne peut ôter aux citoyens; et sur celui d'opiner, de proposer, de diviser, de discuter, que le gouvernement a toujours grand soin de ne laisser qu'à ses membres; mais cette importante matière demanderait un traité à part, et je ne puis tout dire dans celui-ci.

CHAPITRE II

DES SUFFRAGES

On voit par le chapitre précédent que la manière dont se traitent les affaires générales peut donner un indice assez sûr de l'état actuel des mœurs, et de la santé du corps politique. Plus le concert règne dans les assemblées, c'est-à-dire plus les avis approchent de l'unanimité, plus aussi la volonté générale est dominante; mais les longs débats, les dissensions, le tumulte, annoncent l'ascendant des intérêts particuliers et le déclin de l'État.

Ceci paraît moins évident quand deux ou plusieurs ordres entrent dans sa constitution, comme à Rome les patriciens et les plébéiens, dont les querelles troublèrent souvent les comices, même dans les plus beaux temps de la République; mais cette exception est plus apparente que réelle; car alors par le vice inhérent au corps politique on a, pour ainsi dire, deux États en un; ce qui n'est pas vrai des deux ensemble est vrai de chacun séparément. Et en effet dans les temps même les plus orageux les plébiscites du peuple, quand le Sénat ne s'en mêlait pas, passaient toujours tranquillement et à la grande pluralité des suffrages. Les citoyens n'ayant qu'un intérêt, le peuple n'avait qu'une volonté.

A l'autre extrémité du cercle l'unanimité revient. C'est quand les citoyens tombés dans la servitude n'ont plus ni liberté ni volonté. Alors la crainte et la flatterie changent en acclamations les suffrages; on ne délibère plus, on adore ou l'on maudit. Telle était la vile manière d'opiner du Sénat sous les Empereurs. Quelquefois cela se faisait avec des précautions ridicules : Tacite observe que sous Othon les sénateurs, accablant Vitellius d'exécrations, affectaient de faire en même temps un bruit épouvantable, afin que, si par hasard il devenait le maître, il ne pût savoir ce que chacun d'eux avait dit.

De ces diverses considérations naissent les maximes sur lesquelles on doit régler la manière de compter les voix et de comparer les avis, selon que la volonté générale est plus ou moins facile à connaître, et l'État plus ou moins déclinant.

Il n'y a qu'une seule loi qui par sa nature exige un consentement unanime. C'est le pacte social : car l'association civile est l'acte du monde le plus volontaire ; tout homme étant né libre et maître de lui-même, nul ne peut, sous quelque prétexte que ce puisse être, l'assujettir sans son aveu. Décider que le fils d'une esclave naît esclave, c'est décider qu'il ne naît pas homme.

Si donc lors du pacte social il s'y trouve des opposants, leur opposition n'invalide pas le contrat, elle empêche seulement qu'ils n'y soient compris ; ce sont des étrangers parmi les citoyens. Quand l'État est institué le consentement est dans la résidence ; habiter le territoire c'est se soumettre à la souveraineté*.

Hors ce contrat primitif, la voix du plus grand nombre oblige toujours tous les autres ; c'est une suite du contrat même. Mais on demande comment un homme peut être libre, et forcé de se conformer à des volontés qui ne sont pas les siennes. Comment les opposants sont-ils libres et soumis à des lois auxquelles ils n'ont pas consenti ?

Je réponds que la question est mal posée. Le citoyen consent à toutes les lois, même à celles qu'on passe malgré lui, et même à celles qui le punissent quand il ose en violer quelqu'une. La volonté constante de tous les membres de l'État est la volonté générale ; c'est par elle

* Ceci doit toujours s'entendre d'un État libre ; car d'ailleurs la famille, les biens, le défaut d'asile, la nécessité, la violence, peuvent retenir un habitant dans le pays malgré lui, et alors son séjour seul ne suppose plus son consentement au contrat ou à la violation du contrat.

qu'ils sont citoyens et libres*. Quand on propose une loi dans l'assemblée du peuple, ce qu'on leur demande n'est pas précisément s'ils approuvent la proposition ou s'ils la rejettent, mais si elle est conforme ou non à la volonté générale qui est la leur; chacun en donnant son suffrage dit son avis là-dessus, et du calcul des voix se tire la déclaration de la volonté générale. Quand donc l'avis contraire au mien l'emporte, cela ne prouve autre chose sinon que je m'étais trompé, et que ce que j'estimais être la volonté générale ne l'était pas. Si mon avis particulier l'eût emporté, j'aurais fait autre chose que ce que j'avais voulu, c'est alors que je n'aurais pas été libre.

Ceci suppose, il est vrai, que tous les caractères de la volonté générale sont encore dans la pluralité : quand ils cessent d'y être, quelque parti qu'on prenne il n'y a plus de liberté.

En montrant ci-devant comment on substituait des volontés particulières à la volonté générale dans les délibérations publiques, j'ai suffisamment indiqué les moyens praticables de prévenir cet abus; j'en parlerai encore ci-après. A l'égard du nombre proportionnel des suffrages pour déclarer cette volonté, j'ai aussi donné les principes sur lesquels on peut le déterminer. La différence d'une seule voix rompt l'égalité, un seul opposant rompt l'unanimité; mais entre l'unanimité et l'égalité il y a plusieurs partages inégaux, à chacun desquels on peut fixer ce nombre selon l'état et les besoins du corps politique.

Deux maximes générales peuvent servir à régler ces rapports : l'une, que plus les délibérations sont importantes et graves, plus l'avis qui l'emporte doit approcher de l'unanimité : l'autre, que plus l'affaire agitée exige de célérité, plus on doit resserrer la différence prescrite dans le partage des avis; dans les délibérations qu'il faut terminer sur-le-champ, l'excédent d'une seule voix doit

* A Gênes on lit au-devant des prisons et sur les fers des galériens ce mot *Libertas*. Cette application de la devise est belle et juste. En effet il n'y a que les malfaiteurs de tous états qui empêchent le citoyen d'être libre. Dans un pays où tous ces gens-là seraient aux galères, on jouirait de la plus parfaite liberté.

suffire. La première de ces maximes paraît plus convenable aux lois, et la seconde aux affaires. Quoi qu'il en soit, c'est sur leur combinaison que s'établissent les meilleurs rapports qu'on peut donner à la pluralité pour prononcer.

CHAPITRE III

DES ÉLECTIONS

A l'égard des élections du prince et des magistrats, qui sont, comme je l'ai dit, des actes complexes, il y a deux voies pour y procéder; savoir, le choix et le sort. L'une et l'autre ont été employées en diverses républiques, et l'on voit encore actuellement un mélange très compliqué des deux dans l'élection du doge de Venise.

Le suffrage par le sort, dit Montesquieu, *est de la nature de la démocratie*. J'en conviens, mais comment cela? *Le sort, continue-t-il, est une façon d'élire qui n'afflige personne; il laisse à chaque citoyen une espérance raisonnable de servir la patrie*. Ce ne sont pas là des raisons.

Si l'on fait attention que l'élection des chefs est une fonction du gouvernement et non de la souveraineté, on verra pourquoi la voie du sort est plus dans la nature de la démocratie, où l'administration est d'autant meilleure que les actes en sont moins multipliés.

Dans toute véritable démocratie la magistrature n'est pas un avantage mais une charge onéreuse, qu'on ne peut justement imposer à un particulier plutôt qu'à un autre. La loi seule peut imposer cette charge à celui sur qui le sort tombera. Car alors la condition étant égale pour tous, et le choix ne dépendant d'aucune volonté humaine, il n'y a point d'application particulière qui altère l'universalité de la loi.

Dans l'aristocratie le prince choisit le prince, le gouvernement se conserve par lui-même, et c'est là que les suffrages sont bien placés.

L'exemple de l'élection du doge de Venise confirme

cette distinction, loin de la détruire. Cette forme mêlée convient dans un gouvernement mixte. Car c'est une erreur de prendre le gouvernement de Venise pour une véritable aristocratie. Si le peuple n'y a nulle part au gouvernement, la noblesse y est peuple elle-même. Une multitude de pauvres Barnabotes n'approcha jamais d'aucune magistrature, et n'a de sa noblesse que le vain titre d'Excellence et le droit d'assister au grand conseil. Ce grand conseil étant aussi nombreux que notre conseil général à Genève, ses illustres membres n'ont pas plus de privilèges que nos simples citoyens. Il est certain qu'ôtant l'extrême disparité des deux républiques, la bourgeoisie de Genève représente exactement le patriciat vénitien, nos natifs et habitants représentent les citadins et le peuple de Venise, nos paysans représentent les sujets de terre ferme : enfin de quelque manière que l'on considère cette république, abstraction faite de sa grandeur, son gouvernement n'est pas plus aristocratique que le nôtre. Toute la différence est que n'ayant aucun chef à vie nous n'avons pas le même besoin du sort.

Les élections par sort auraient peu d'inconvénient dans une véritable démocratie où tout étant égal, aussi bien par les mœurs et par les talents que par les maximes et par la fortune, le choix deviendrait presque indifférent. Mais j'ai déjà dit qu'il n'y avait point de véritable démocratie.

Quand le choix et le sort se trouvent mêlés, le premier doit remplir les places qui demandent des talents propres, telles que les emplois militaires; l'autre convient à celles où suffisent le bon sens, la justice, l'intégrité, telles que les charges de judicature; parce que dans un État bien constitué ces qualités sont communes à tous les citoyens.

Le sort ni les suffrages n'ont aucun lieu dans le gouvernement monarchique. Le monarque étant de droit seul prince et magistrat unique, le choix de ses lieutenants n'appartient qu'à lui. Quand l'abbé de Saint-Pierre proposait de multiplier les conseils du Roi de France et d'en élire les membres par scrutin, il ne voyait pas qu'il proposait de changer la forme du gouvernement.

Il me resterait à parler de la manière de donner et de recueillir les voix dans l'assemblée du peuple; mais peut-être l'historique de la police romaine à cet égard expliquera-t-il plus sensiblement toutes les maximes que je pourrais établir. Il n'est pas indigne d'un lecteur judicieux de voir un peu en détail comment se traitaient les affaires publiques et particulières dans un conseil de deux cent mille hommes.

CHAPITRE IV

DES COMICES ROMAINS

Nous n'avons nuls monuments bien assurés des premiers temps de Rome; il y a même grande apparence que la plupart des choses qu'on en débite sont des fables*; et en général la partie la plus instructive des annales des peuples, qui est l'histoire de leur établissement, est celle qui nous manque le plus. L'expérience nous apprend tous les jours de quelles causes naissent les révolutions des empires; mais comme il ne se forme plus de peuples, nous n'avons guère que des conjectures pour expliquer comment ils se sont formés.

Les usages qu'on trouve établis attestent au moins qu'il y eut une origine à ces usages. Des traditions qui remontent à ces origines, celles qu'appuient les plus grandes autorités et que de plus fortes raisons confirment doivent passer pour les plus certaines. Voilà les maximes que j'ai tâché de suivre en recherchant comment le plus libre et le plus puissant peuple de la terre exerçait son pouvoir suprême.

Après la fondation de Rome la République naissante, c'est-à-dire l'armée du fondateur, composée d'Albains,

* Le nom de *Rome* qu'on prétend venir de *Romulus* est grec, et signifie *force*; le nom de *Numa* est grec aussi, et signifie *Loi*. Quelle apparence que les deux premiers rois de cette ville aient porté d'avance des noms si bien relatifs à ce qu'ils ont fait?

de Sabins, et d'étrangers, fut divisée en trois classes, qui de cette division prirent le nom de *tribus*. Chacune de ces tribus fut subdivisée en dix curies, et chaque curie en décuries, à la tête desquelles on mit des chefs appelés *curions* et *décurions*.

Outre cela on tira de chaque tribu un corps de cent cavaliers ou chevaliers, appelé centurie : par où l'on voit que ces divisions, peu nécessaires dans un bourg, n'étaient d'abord que militaires. Mais il semble qu'un instinct de grandeur portait la petite ville de Rome à se donner d'avance une police convenable à la capitale du monde.

De ce premier partage résulta bientôt un inconvénient. C'est que la tribu des Albains* et celle des Sabins** restant toujours au même état, tandis que celle des étrangers*** croissait sans cesse par le concours perpétuel de ceux-ci, cette dernière ne tarda pas à surpasser les deux autres. Le remède que Servius trouva à ce dangereux abus fut de changer la division, et à celle des races, qu'il abolit, d'en substituer une autre tirée des lieux de la ville occupés par chaque tribu. Au lieu de trois tribus il en fit quatre; chacune desquelles occupait une des collines de Rome et en portait le nom. Ainsi remédiant à l'inégalité présente il la prévint encore pour l'avenir; et afin que cette division ne fût pas seulement de lieux mais d'hommes, il défendit aux habitants d'un quartier de passer dans un autre, ce qui empêcha les races de se confondre.

Il doubla aussi les trois anciennes centuries de cavalerie et y en ajouta douze autres, mais toujours sous les anciens noms; moyen simple et judicieux par lequel il acheva de distinguer le corps des chevaliers de celui du peuple, sans faire murmurer ce dernier.

A ces quatre tribus urbaines Servius en ajouta quinze autres appelées tribus rustiques, parce qu'elles étaient formées des habitants de la campagne, partagés en autant de cantons. Dans la suite on en fit autant de nou-

* *Ramnenses*.
** *Tatienses*.
*** *Luceres*.

velles, et le peuple romain se trouva enfin divisé en trente-cinq tribus; nombre auquel elles restèrent fixées jusqu'à la fin de la République.

De cette distinction des tribus de la ville et des tribus de la campagne résulta un effet digne d'être observé, parce qu'il n'y en a point d'autre exemple, et que Rome lui dut à la fois la conservation de ses mœurs et l'accroissement de son empire. On croirait que les tribus urbaines s'arrogèrent bientôt la puissance et les honneurs, et ne tardèrent pas d'avilir les tribus rustiques; ce fut tout le contraire. On connaît le goût des premiers Romains pour la vie champêtre. Ce goût leur venait du sage instituteur qui unit à la liberté les travaux rustiques et militaires, et relégua pour ainsi dire à la ville les arts, les métiers, l'intrigue, la fortune et l'esclavage.

Ainsi tout ce que Rome avait d'illustre vivant aux champs et cultivant les terres, on s'accoutuma à ne chercher que là les soutiens de la République. Cet état étant celui des plus dignes patriciens fut honoré de tout le monde : la vie simple et laborieuse des villageois fut préférée à la vie oisive et lâche des bourgeois de Rome, et tel n'eût été qu'un malheureux prolétaire à la ville, qui, laboureur aux champs, devint un citoyen respecté. Ce n'est pas sans raison, disait Varron, que nos magnanimes ancêtres établirent au village la pépinière de ces robustes et vaillants hommes qui les défendaient en temps de guerre et les nourrissaient en temps de paix. Pline dit positivement que les tribus des champs étaient honorées à cause des hommes qui les composaient; au lieu qu'on transférait par ignominie dans celles de la ville les lâches qu'on voulait avilir. Le Sabin Appius Claudius étant venu s'établir à Rome y fut comblé d'honneurs et inscrit dans une tribu rustique qui prit dans la suite le nom de sa famille. Enfin les affranchis entraient tous dans les tribus urbaines, jamais dans les rurales; et il n'y a pas durant toute la République un seul exemple d'aucun de ces affranchis parvenu à aucune magistrature, quoique devenu citoyen.

Cette maxime était excellente; mais elle fut poussée si loin qu'il en résulta enfin un changement et certainement un abus dans la police.

Premièrement, les censeurs, après s'être arrogé longtemps le droit de transférer arbitrairement les citoyens d'une tribu à l'autre, permirent à la plupart de se faire inscrire dans celle qui leur plaisait; permission qui sûrement n'était bonne à rien, et ôtait un des grands ressorts de la censure. De plus, les grands et les puissants se faisant tous inscrire dans les tribus de la campagne, et les affranchis devenus citoyens restant avec la populace dans celles de la ville, les tribus en général n'eurent plus de lieu ni de territoire; mais toutes se trouvèrent tellement mêlées qu'on ne pouvait plus discerner les membres de chacune que par les registres, en sorte que l'idée du mot *tribu* passa ainsi du réel au personnel ou, plutôt, devint presque une chimère.

Il arriva encore que les tribus de la ville, étant plus à portée, se trouvèrent souvent les plus fortes dans les comices, et vendirent l'État à ceux qui daignaient acheter les suffrages de la canaille qui les composait.

A l'égard des curies, l'instituteur en ayant fait dix en chaque tribu, tout le peuple romain alors renfermé dans les murs de la ville se trouva composé de trente curies, dont chacune avait ses temples, ses dieux, ses officiers, ses prêtres, et ses fêtes appelées *compitalia*, semblables aux *paganalia* qu'eurent dans la suite les tribus rustiques.

Au nouveau partage de Servius ce nombre de trente ne pouvant se répartir également dans ses quatre tribus, il n'y voulut point toucher, et les curies indépendantes des tribus devinrent une autre division des habitants de Rome. Mais il ne fut point question de curies ni dans les tribus rustiques ni dans le peuple qui les composait, parce que les tribus étant devenues un établissement purement civil, et une autre police ayant été introduite pour la levée des troupes, les divisions militaires de Romulus se trouvèrent superflues. Ainsi, quoique tout citoyen fût inscrit dans une tribu, il s'en fallait beaucoup que chacun ne le fût dans une curie.

Servius fit encore une troisième division qui n'avait aucun rapport aux deux précédentes, et devint par ses effets la plus importante de toutes. Il distribua tout le peuple romain en six classes, qu'il ne distingua ni par le lieu ni par les hommes, mais par les biens. En sorte que les premières classes étaient remplies par les riches, les dernières par les pauvres, et les moyennes par ceux qui jouissaient d'une fortune médiocre. Ces six classes étaient subdivisées en cent quatre-vingt-treize autres corps appelés centuries, et ces corps étaient tellement distribués que la première classe en comprenait seule plus de la moitié, et la dernière n'en formait qu'un seul. Il se trouva ainsi que la classe la moins nombreuse en hommes l'était le plus en centuries, et que la dernière classe entière n'était comptée que pour une subdivision, bien qu'elle contînt seule plus de la moitié des habitants de Rome.

Afin que le peuple pénétrât moins les conséquences de cette dernière forme, Servius affecta de lui donner un air militaire : il inséra dans la seconde classe deux centuries d'armuriers, et deux d'instruments de guerre dans la quatrième. Dans chaque classe, excepté la dernière, il distingua les jeunes et les vieux, c'est-à-dire ceux qui étaient obligés de porter les armes, et ceux que leur âge en exemptait par les lois; distinction qui plus que celle des biens produisit la nécessité de recommencer souvent le cens ou dénombrement. Enfin il voulut que l'assemblée se tînt au champ de Mars, et que tous ceux qui étaient en âge de servir y vinssent avec leurs armes.

La raison pour laquelle il ne suivit pas dans la dernière classe cette même division des jeunes et des vieux, c'est qu'on n'accordait point à la populace dont elle était composée l'honneur de porter les armes pour la patrie; il fallait avoir des foyers pour obtenir le droit de les défendre, et de ces innombrables troupes de gueux dont brillent aujourd'hui les armées des rois, il n'y en a pas un, peut-être, qui n'eût été chassé avec dédain d'une cohorte romaine, quand les soldats étaient les défenseurs de la liberté.

On distingua pourtant encore dans la dernière classe les *prolétaires* de ceux qu'on appelait *capite censi*. Les premiers, non tout à fait réduits à rien, donnaient au moins des citoyens à l'État, quelquefois même des soldats dans les besoins pressants. Pour ceux qui n'avaient rien du tout et qu'on ne pouvait dénombrer que par leurs têtes, ils étaient tout à fait regardés comme nuls, et Marius fut le premier qui daigna les enrôler.

Sans décider ici si ce troisième dénombrement était bon ou mauvais en lui-même, je crois pouvoir affirmer qu'il n'y a que les mœurs simples des premiers Romains, leur désintéressement, leur goût pour l'agriculture, leur mépris pour le commerce et pour l'ardeur du gain, qui pussent le rendre praticable. Où est le peuple moderne chez lequel la dévorante avidité, l'esprit inquiet, l'intrigue, les déplacements continuels, les perpétuelles révolutions des fortunes pussent laisser durer vingt ans un pareil établissement sans bouleverser tout l'État? Il faut même bien remarquer que les mœurs et la censure plus fortes que cette institution en corrigèrent le vice à Rome, et que tel riche se vit relégué dans la classe des pauvres, pour avoir trop étalé sa richesse.

De tout ceci l'on peut comprendre aisément pourquoi il n'est presque jamais fait mention que de cinq classes, quoiqu'il y en eût réellement six. La sixième, ne fournissant ni soldats à l'armée ni votants au champ de Mars* et n'étant presque d'aucun usage dans la République, était rarement comptée pour quelque chose.

Telles furent les différentes divisions du peuple romain. Voyons à présent l'effet qu'elles produisaient dans les assemblées. Ces assemblées légitimement convoquées s'appelaient *comices*; elles se tenaient ordinairement dans la place de Rome ou au champ de Mars, et se distinguaient en comices par curies, comices par centuries, et comices par tribus, selon celle de ces trois formes sur laquelle elles étaient ordonnées : les comices par curies étaient de l'institution de Romulus, ceux par centuries de Servius, ceux par tribus des tribuns du peuple. Aucune loi ne recevait la sanction, aucun magistrat n'était élu que dans les comices, et comme il n'y avait aucun citoyen qui ne fût inscrit dans une curie, dans une centurie, ou dans une tribu, il s'ensuit

* Je dis, au *champ de Mars*, parce que c'était là que s'assemblaient les comices par centuries; dans les deux autres formes le peuple s'assemblait au *forum* ou ailleurs, et alors les *capite censi* avaient autant d'influence et d'autorité que les premiers citoyens.

qu'aucun citoyen n'était exclu du droit de suffrage, et que le peuple romain était véritablement souverain de droit et de fait.

Pour que les comices fussent légitimement assemblés et que ce qui s'y faisait eût force de loi il fallait trois conditions : la première que le corps ou le magistrat qui les convoquait fût revêtu pour cela de l'autorité nécessaire; la seconde que l'assemblée se fît un des jours permis par la loi; la troisième que les augures fussent favorables.

La raison du premier règlement n'a pas besoin d'être expliquée. Le second est une affaire de police; ainsi il n'était pas permis de tenir les comices les jours de féerie et de marché, où les gens de la campagne venant à Rome pour leurs affaires n'avaient pas le temps de passer la journée dans la place publique. Par le troisième le Sénat tenait en bride un peuple fier et remuant, et tempérait à propos l'ardeur des tribuns séditieux; mais ceux-ci trouvèrent plus d'un moyen de se délivrer de cette gêne.

Les lois et l'élection des chefs n'étaient pas les seuls points soumis au jugement des comices. Le peuple romain ayant usurpé les plus importantes fonctions du gouvernement, on peut dire que le sort de l'Europe était réglé dans ses assemblées. Cette variété d'objets donnait lieu aux diverses formes que prenaient ces assemblées selon les matières sur lesquelles il avait à prononcer.

Pour juger de ces diverses formes il suffit de les comparer. Romulus en instituant les curies avait en vue de contenir le Sénat par le peuple et le peuple par le Sénat, en dominant également sur tous. Il donna donc au peuple par cette forme toute l'autorité du nombre pour balancer celle de la puissance et des richesses qu'il laissait aux patriciens. Mais selon l'esprit de la monarchie, il laissa cependant plus d'avantage aux patriciens par l'influence de leurs clients sur la pluralité des suffrages. Cette admirable institution des patrons et des clients fut un chef-d'œuvre de politique et d'humanité, sans lequel le patriciat, si contraire à l'esprit de la République, n'eût pu subsister. Rome seule a eu l'honneur de donner au monde ce bel exemple, duquel il ne résulta jamais d'abus, et qui pourtant n'a jamais été suivi.

Cette même forme des curies ayant subsisté sous les rois jusqu'à Servius, et le règne du dernier Tarquin n'étant point compté pour légitime, cela fit distinguer généralement les lois royales par le nom de *leges curiatae.*

Sous la République les curies, toujours bornées aux quatre tribus urbaines, et ne contenant plus que la populace de Rome, ne pouvaient convenir ni au Sénat qui était à la tête des patriciens, ni aux tribuns qui, quoique plébéiens, étaient à la tête des citoyens aisés. Elles tombèrent donc dans le discrédit, et leur avilissement fut tel que leurs trente licteurs assemblés faisaient ce que les comices par curies auraient dû faire.

La division par centuries était si favorable à l'aristocratie qu'on ne voit pas d'abord comment le Sénat ne l'emportait pas toujours dans les comices qui portaient ce nom, et par lesquels étaient élus les consuls, les censeurs, et les autres magistrats curules. En effet des cent quatre-vingt-treize centuries qui formaient les six classes de tout le peuple romain, la première classe en comprenant quatre-vingt-dix-huit, et les voix ne se comptant que par centuries, cette seule première classe l'emportait en nombre de voix sur toutes les autres. Quand toutes ses centuries étaient d'accord on ne continuait pas même à recueillir les suffrages; ce qu'avait décidé le plus petit nombre passait pour une décision de la multitude, et l'on peut dire que dans les comices par centuries les affaires se réglaient à la pluralité des écus bien plus qu'à celle des voix.

Mais cette extrême autorité se tempérait par deux moyens. Premièrement les tribuns pour l'ordinaire, et toujours un grand nombre de plébéiens, étant dans la classe des riches balançaient le crédit des patriciens dans cette première classe.

Le second moyen consistait en ceci, qu'au lieu de faire d'abord voter les centuries selon leur ordre, ce qui aurait toujours fait commencer par la première, on en tirait une au sort, et celle-là* procédait seule à l'élection;

* Cette centurie ainsi tirée au sort s'appelait *prae rogativa*, à cause qu'elle était la première à qui l'on demandait son suffrage, et c'est de là qu'est venu le mot de *prérogative*.

après quoi toutes les centuries appelées un autre jour selon leur rang répétaient la même élection et la confirmaient ordinairement. On ôtait ainsi l'autorité de l'exemple au rang pour la donner au sort selon le principe de la démocratie.

Il résultait de cet usage un autre avantage encore ; c'est que les citoyens de la campagne avaient le temps entre les deux élections de s'informer du mérite du candidat provisionnellement nommé, afin de ne donner leur voix qu'avec connaissance de cause. Mais sous prétexte de célérité l'on vint à bout d'abolir cet usage, et les deux élections se firent le même jour.

Les comices par tribus étaient proprement le conseil du peuple romain. Ils ne se convoquaient que par les tribuns ; les tribuns y étaient élus et y passaient leurs plébiscites. Non seulement le Sénat n'y avait point de rang, il n'avait pas même le droit d'y assister, et forcés d'obéir à des lois sur lesquelles ils n'avaient pu voter, les sénateurs à cet égard étaient moins libres que les derniers citoyens. Cette injustice était tout à fait mal entendue, et suffisait seule pour invalider les décrets d'un corps où tous ses membres n'étaient pas admis. Quand tous les patriciens eussent assisté à ces comices selon le droit qu'ils en avaient comme citoyens, devenus alors simples particuliers ils n'eussent guère influé sur une forme de suffrages qui se recueillaient par tête, et où le moindre prolétaire pouvait autant que le prince du Sénat.

On voit donc qu'outre l'ordre qui résultait de ces diverses distributions pour le recueillement des suffrages d'un si grand peuple, ces distributions ne se réduisaient pas à des formes indifférentes en elles-mêmes, mais que chacune avait des effets relatifs aux vues qui la faisaient préférer.

Sans entrer là-dessus en de plus longs détails, il résulte des éclaircissements précédents que les comices par tribus étaient les plus favorables au gouvernement populaire, et les comices par centuries à l'aristocratie. A l'égard des comices par curies où la seule populace de Rome formait la pluralité, comme ils n'étaient bons qu'à favoriser la tyrannie et les mauvais desseins, ils durent tomber dans le décri, les séditieux eux-mêmes s'abstenant d'un moyen qui mettait trop à découvert leurs projets. Il est certain que toute la majesté du peuple romain ne se trouvait que dans les comices par centuries, qui seuls étaient complets; attendu que dans les comices par curies manquaient les tribus rustiques, et dans les comices par tribus le Sénat et les patriciens.

Quant à la manière de recueillir les suffrages, elle était chez les premiers Romains aussi simple que leurs mœurs, quoique moins simple encore qu'à Sparte. Chacun donnait son suffrage à haute voix, un greffier les écrivait à mesure; pluralité de voix dans chaque tribu déterminait le suffrage de la tribu, pluralité de voix entre les tribus déterminait le suffrage du peuple, et ainsi des curies et des centuries. Cet usage était bon tant que l'honnêteté régnait entre les citoyens et que chacun avait honte de donner publiquement son suffrage à un avis injuste ou à un sujet indigne; mais quand le peuple se corrompit et qu'on acheta les voix, il convint qu'elles se donnassent en secret pour contenir les acheteurs par la défiance, et fournir aux fripons le moyen de n'être pas des traîtres.

Je sais que Cicéron blâme ce changement et lui attribue en partie la ruine de la République. Mais quoique je sente le poids que doit avoir ici l'autorité de Cicéron, je ne puis être de son avis. Je pense, au contraire, que pour n'avoir pas fait assez de changements semblables on accéléra la perte de l'État. Comme le régime des gens sains n'est pas propre aux malades, il ne faut pas vouloir gouverner un peuple corrompu par les mêmes lois qui conviennent à un bon peuple. Rien ne prouve mieux cette maxime que la durée de la République de Venise, dont le simulacre existe encore, uniquement parce que ses lois ne conviennent qu'à de méchants hommes.

On distribua donc aux citoyens des tablettes par lesquelles chacun pouvait voter sans qu'on sût quel était son avis. On établit aussi de nouvelles formalités pour le recueillement des tablettes, le compte des voix, la comparaison des nombres, etc. Ce qui n'empêcha pas que la fidélité des officiers chargés de ces fonctions* ne

* *Custodes, Distributores* [Éd. de 1782 : *Diribitores*], *Rogatores suffragiorum*.

fût souvent suspectée. On fit enfin, pour empêcher la brigue et le trafic des suffrages, des édits dont la multitude montre l'inutilité.

Vers les derniers temps, on était souvent contraint de recourir à des expédients extraordinaires pour suppléer à l'insuffisance des lois. Tantôt on supposait des prodiges; mais ce moyen qui pouvait en imposer au peuple n'en imposait pas à ceux qui le gouvernaient; tantôt on convoquait brusquement une assemblée avant que les candidats eussent eu le temps de faire leurs brigues; tantôt on consumait toute une séance à parler quand on voyait le peuple gagné prêt à prendre un mauvais parti. Mais enfin l'ambition éluda tout; et ce qu'il y a d'incroyable, c'est qu'au milieu de tant d'abus ce peuple immense, à la faveur de ses anciens règlements, ne laissait pas d'élire les magistrats, de passer les lois, de juger les causes, d'expédier les affaires particulières et publiques, presque avec autant de facilité qu'eût pu faire le Sénat lui-même.

CHAPITRE V

DU TRIBUNAT

Quand on ne peut établir une exacte proportion entre les parties constitutives de l'État, ou que des causes indestructibles en altèrent sans cesse les rapports, alors on institue une magistrature particulière qui ne fait point corps avec les autres, qui replace chaque terme dans son vrai rapport, et qui fait une liaison ou un moyen terme soit entre le prince et le peuple, soit entre le prince et le souverain, soit à la fois des deux côtés s'il est nécessaire.

Ce corps, que j'appellerai *tribunat*, est le conservateur des lois et du pouvoir législatif. Il sert quelquefois à protéger le souverain contre le gouvernement, comme faisaient à Rome les tribuns du peuple, quelquefois à soutenir le gouvernement contre le peuple, comme fait maintenant à Venise le conseil des Dix, et quelquefois à maintenir l'équilibre de part et d'autre, comme faisaient les éphores à Sparte.

Le tribunat n'est point une partie constitutive de la cité, et ne doit avoir aucune portion de la puissance législative ni de l'exécutive, mais c'est en cela même que la sienne est plus grande : car ne pouvant rien faire il peut tout empêcher. Il est plus sacré et plus révéré comme défenseur des lois que le prince qui les exécute et que le souverain qui les donne. C'est ce qu'on vit bien clairement à Rome quand ces fiers patriciens, qui méprisèrent toujours le peuple entier, furent forcés de fléchir devant un simple officier du peuple, qui n'avait ni auspices ni juridiction.

Le tribunat sagement tempéré est le plus ferme appui d'une bonne constitution; mais pour peu de force qu'il ait de trop il renverse tout. A l'égard de la faiblesse, elle n'est pas dans sa nature, et pourvu qu'il soit quelque chose, il n'est jamais moins qu'il ne faut.

Il dégénère en tyrannie quand il usurpe la puissance exécutive dont il n'est que le modérateur, et qu'il veut dispenser les lois qu'il ne doit que protéger. L'énorme pouvoir des éphores, qui fut sans danger tant que Sparte conserva ses mœurs, en accéléra la corruption commencée. Le sang d'Agis égorgé par ces tyrans fut vengé par son successeur : le crime et le châtiment des éphores hâtèrent également la perte de la République, et après Cléomène Sparte ne fut plus rien. Rome périt encore par la même voie, et le pouvoir excessif des tribuns usurpé par degrés servit enfin, à l'aide des lois faites pour la liberté, de sauvegarde aux empereurs qui la détruisirent. Quant au conseil des Dix à Venise, c'est un tribunal de sang, horrible également aux patriciens et au peuple, et qui, loin de protéger hautement les lois, ne sert plus, après leur avilissement, qu'à porter dans les ténèbres des coups qu'on n'ose apercevoir.

Le tribunat s'affaiblit comme le gouvernement par la multiplication de ses membres. Quand les tribuns du peuple romain, d'abord au nombre de deux, puis de cinq, voulurent doubler ce nombre, le Sénat les laissa faire, bien sûr de contenir les uns par les autres; ce qui ne manqua pas d'arriver.

Le meilleur moyen de prévenir les usurpations d'un si redoutable corps, moyen dont nul gouvernement ne s'est avisé jusqu'ici, serait de ne pas rendre ce corps permanent, mais de régler des intervalles durant lesquels il resterait supprimé. Ces intervalles, qui ne doivent pas être assez grands pour laisser aux abus le temps de s'affermir, peuvent être fixés par la loi, de manière qu'il soit aisé de les abréger au besoin par des commissions extraordinaires.

Ce moyen me paraît sans inconvénient, parce que, comme je l'ai dit, le tribunat ne faisant point partie de la constitution peut être ôté sans qu'elle en souffre; et il me paraît efficace, parce qu'un magistrat nouvellement rétabli ne part point du pouvoir qu'avait son prédécesseur, mais de celui que la loi lui donne.

CHAPITRE VI

DE LA DICTATURE

L'inflexibilité des lois, qui les empêche de se plier aux événements, peut en certains cas les rendre pernicieuses, et causer par elles la perte de l'État dans sa crise. L'ordre et la lenteur des formes demandent un espace de temps que les circonstances refusent quelquefois. Il peut se présenter mille cas auxquels le législateur n'a point pourvu, et c'est une prévoyance très nécessaire de sentir qu'on ne peut tout prévoir.

Il ne faut donc pas vouloir affermir les institutions politiques jusqu'à s'ôter le pouvoir d'en suspendre l'effet. Sparte elle-même a laissé dormir ses lois.

Mais il n'y a que les plus grands dangers qui puissent balancer celui d'altérer l'ordre public, et l'on ne doit jamais arrêter le pouvoir sacré des lois que quand il s'agit du salut de la patrie. Dans ces cas rares et manifestes on pourvoit à la sûreté publique par un acte particulier qui en remet la charge au plus digne. Cette commission peut se donner de deux manières selon l'espèce du danger.

Si pour y remédier il suffit d'augmenter l'activité du gouvernement, on le concentre dans un ou deux de ses membres. Ainsi ce n'est pas l'autorité des lois qu'on altère mais seulement la forme de leur administration. Que si le péril est tel que l'appareil des lois soit un obstacle à s'en garantir, alors on nomme un chef suprême qui fasse taire toutes les lois et suspende un moment l'autorité souveraine; en pareil cas la volonté générale n'est pas douteuse, et il est évident que la première intention du peuple est que l'État ne périsse pas. De cette manière la suspension de l'autorité législative ne l'abolit point; le magistrat qui la fait taire ne peut la faire parler, il la domine sans pouvoir la représenter; il peut tout faire, excepté des lois.

Le premier moyen s'employait par le Sénat romain quand il chargeait les consuls par une formule consacrée de pourvoir au salut de la République; le second avait lieu quand un des deux consuls nommait un dictateur*; usage dont Albe avait donné l'exemple à Rome.

Dans les commencements de la République on eut très souvent recours à la dictature, parce que l'État n'avait pas encore une assiette assez fixe pour pouvoir se soutenir par la force de sa constitution. Les mœurs rendant alors superflues bien des précautions qui eussent été nécessaires dans un autre temps, on ne craignait ni qu'un dictateur abusât de son autorité, ni qu'il tentât de la garder au-delà du terme. Il semblait, au contraire, qu'un si grand pouvoir fût à charge à celui qui en était revêtu, tant il se hâtait de s'en défaire; comme si c'eût été un poste trop pénible et trop périlleux de tenir la place des lois!

Aussi n'est-ce pas le danger de l'abus mais celui de l'avilissement qui fait blâmer l'usage indiscret de cette suprême magistrature dans les premiers temps. Car tandis qu'on la prodiguait à des élections, à des dédicaces, à des choses de pure formalité, il était à craindre qu'elle ne devînt moins redoutable au besoin, et qu'on ne s'accoutumât à regarder comme un vain titre celui qu'on n'employait qu'à de vaines cérémonies.

* Cette nomination se faisait de nuit et en secret, comme si l'on avait eu honte de mettre un homme au-dessus des lois.

Vers la fin de la République, les Romains, devenus plus circonspects, ménagèrent la dictature avec aussi peu de raison qu'ils l'avaient prodiguée autrefois. Il était aisé de voir que leur crainte était mal fondée, que la faiblesse de la capitale faisait alors sa sûreté contre les magistrats qu'elle avait dans son sein, qu'un dictateur pouvait en certains cas défendre la liberté publique sans jamais y pouvoir attenter, et que les fers de Rome ne seraient point forgés dans Rome même, mais dans ses armées : le peu de résistance que firent Marius à Sylla, et Pompée à César, montra bien ce qu'on pouvait attendre de l'autorité du dedans contre la force du dehors.

Cette erreur leur fit faire de grandes fautes. Telle, par exemple, fut celle de n'avoir pas nommé un dictateur dans l'affaire de Catilina; car comme il n'était question que du dedans de la ville, et, tout au plus, de quelque province d'Italie, avec l'autorité sans bornes que les lois donnaient au dictateur il eût facilement dissipé la conjuration, qui ne fut étouffée que par un concours d'heureux hasards que jamais la prudence humaine ne devait attendre.

Au lieu de cela, le Sénat se contenta de remettre tout son pouvoir aux consuls; d'où il arriva que Cicéron, pour agir efficacement, fut contraint de passer ce pouvoir dans un point capital, et que, si les premiers transports de joie firent approuver sa conduite, ce fut avec justice que dans la suite on lui demanda compte du sang des citoyens versé contre les lois; reproche qu'on n'eût pu faire à un dictateur. Mais l'éloquence du consul entraîna tout; et lui-même, quoique Romain, aimant mieux sa gloire que sa patrie, ne cherchait pas tant le moyen le plus légitime et le plus sûr de sauver l'État que celui d'avoir tout l'honneur de cette affaire*. Aussi fut-il honoré justement comme libérateur de Rome, et justement puni comme infracteur des lois. Quelque brillant qu'ait été son rappel, il est certain que ce fut une grâce.

Au reste, de quelque manière que cette importante

* C'est ce dont il ne pouvait se répondre en proposant un dictateur, n'osant se nommer lui-même et ne pouvant s'assurer que son collègue le nommerait.

commission soit conférée, il importe d'en fixer la durée à un terme très court qui jamais ne puisse être prolongé; dans les crises qui la font établir l'État est bientôt détruit ou sauvé, et, passé le besoin pressant; la dictature devient tyrannique ou vaine. A Rome les dictateurs ne l'étant que pour six mois, la plupart abdiquèrent avant ce terme. Si le terme eût été plus long, peut-être eussent-ils été tentés de le prolonger encore, comme firent les décemvirs celui d'une année. Le dictateur n'avait que le temps de pourvoir au besoin qui l'avait fait élire, il n'avait pas celui de songer à d'autres projets.

CHAPITRE VII

DE LA CENSURE

De même que la déclaration de la volonté générale se fait par la loi, la déclaration du jugement public se fait par la censure; l'opinion publique est l'espèce de loi dont le censeur est le ministre, et qu'il ne fait qu'appliquer aux cas particuliers, à l'exemple du prince.

Loin donc que le tribunal censorial soit l'arbitre de l'opinion du peuple, il n'en est que le déclarateur, et sitôt qu'il s'en écarte, ses décisions sont vaines et sans effet.

Il est inutile de distinguer les mœurs d'une nation des objets de son estime; car tout cela tient au même principe et se confond nécessairement. Chez tous les peuples du monde, ce n'est point la nature mais l'opinion qui décide du choix de leurs plaisirs. Redressez les opinions des hommes et leurs mœurs s'épureront d'elles-mêmes, on aime toujours ce qui est beau ou ce qu'on trouve tel, mais c'est sur ce jugement qu'on se trompe; c'est donc ce jugement qu'il s'agit de régler. Qui juge des mœurs juge de l'honneur, et qui juge de l'honneur prend sa loi de l'opinion.

Les opinions d'un peuple naissent de sa constitution; quoique la loi ne règle pas les mœurs, c'est la législation qui les fait naître; quand la législation s'affaiblit les mœurs dégénèrent, mais alors le jugement des censeurs ne fera pas ce que la force des lois n'aura pas fait.

Il suit de là que la censure peut être utile pour conserver les mœurs, jamais pour les rétablir. Établissez des censeurs durant la vigueur des lois; sitôt qu'elles l'ont perdue, tout est désespéré; rien de légitime n'a plus de force lorsque les lois n'en ont plus.

La censure maintient les mœurs en empêchant les opinions de se corrompre, en conservant leur droiture par de sages applications, quelquefois même en les fixant lorsqu'elles sont encore incertaines. L'usage des seconds dans les duels, porté jusqu'à la fureur dans le royaume de France, y fut aboli par ces seuls mots d'un édit du Roi : *Quant à ceux qui ont la lâcheté d'appeler des seconds*. Ce jugement prévenant celui du public le détermina tout d'un coup. Mais quand les mêmes édits voulurent prononcer que c'était aussi une lâcheté de se battre en duel, ce qui est très vrai, mais contraire à l'opinion commune, le public se moqua de cette décision sur laquelle son jugement était déjà porté.

J'ai dit ailleurs* que l'opinion publique n'étant point soumise à la contrainte, il n'en fallait aucun vestige dans le tribunal établi pour la représenter. On ne peut trop admirer avec quel art ce ressort, entièrement perdu chez les modernes, était mis en œuvre chez les Romains et mieux chez les Lacédémoniens.

Un homme de mauvaises mœurs ayant ouvert un bon avis dans le conseil de Sparte, les éphores sans en tenir compte firent proposer le même avis par un citoyen vertueux. Quel honneur pour l'un, quelle honte pour l'autre, sans avoir donné ni louange ni blâme à aucun des deux! Certains ivrognes de Samos[1] souillèrent le tribunal des éphores : le lendemain par édit public il fut permis aux Samiens d'être des vilains. Un vrai châtiment eût été moins sévère qu'une pareille impunité. Quand Sparte a

* Je ne fais qu'indiquer dans ce chapitre ce que j'ai traité plus au long dans la *Lettre à M. d'Alembert*.

1. Note ajoutée dans l'édition de 1782 : « Ils étaient d'une autre île [*Chio*], que la délicatesse de notre langue défend de nommer dans cette occasion. »

prononcé sur ce qui est ou n'est pas honnête, la Grèce n'appelle pas de ses jugements.

CHAPITRE VIII

DE LA RELIGION CIVILE

Les hommes n'eurent point d'abord d'autres rois que les dieux, ni d'autre gouvernement que le théocratique. Ils firent le raisonnement de Caligula, et alors ils raisonnaient juste. Il faut une longue altération de sentiments et d'idées pour qu'on puisse se résoudre à prendre son semblable pour maître, et se flatter qu'on s'en trouvera bien.

De cela seul qu'on mettait Dieu à la tête de chaque société politique, il s'ensuivit qu'il y eut autant de dieux que de peuples. Deux peuples étrangers l'un à l'autre, et presque toujours ennemis, ne purent longtemps reconnaître un même maître : deux armées se livrant bataille ne sauraient obéir au même chef. Ainsi des divisions nationales résulta le polythéisme, et de là l'intolérance théologique et civile qui naturellement est la même, comme il sera dit ci-après.

La fantaisie qu'eurent les Grecs de retrouver leurs dieux chez les peuples barbares vint de celle qu'ils avaient aussi de se regarder comme les souverains naturels de ces peuples. Mais c'est de nos jours une érudition bien ridicule que celle qui roule sur l'identité des dieux de diverses nations; comme si Moloch, Saturne et Chronos pouvaient être le même dieu; comme si le Baal des Phéniciens, le Zeus des Grecs et le Jupiter des Latins pouvaient être le même; comme s'il pouvait rester quelque chose commune à des êtres chimériques portant des noms différents!

Que si l'on demande comment dans le paganisme où chaque État avait son culte et ses dieux il n'y avait point de guerres de religion? Je réponds que c'était par cela même que chaque État, ayant son culte propre aussi bien que son gouvernement, ne distinguait point ses dieux de ses lois. La guerre politique était aussi théologique : les départements des dieux étaient, pour ainsi dire, fixés par les bornes des nations. Le dieu d'un peuple n'avait aucun droit sur les autres peuples. Les dieux des païens n'étaient point des dieux jaloux ; ils partageaient entre eux l'empire du monde : Moïse même et le peuple hébreu se prêtaient quelquefois à cette idée en parlant du Dieu d'Israël. Ils regardaient, il est vrai, comme nuls les dieux des Chananéens, peuples proscrits, voués à la destruction, et dont ils devaient occuper la place ; mais voyez comment ils parlaient des divinités des peuples voisins qu'il leur était défendu d'attaquer ! *La possession de ce qui appartient à Chamos votre Dieu*, disait Jephté aux Ammonites, *ne vous est-elle pas légitimement due ? Nous possédons au même titre les terres que notre Dieu vainqueur s'est acquises* *. C'était là, ce me semble, une parité bien reconnue entre les droits de Chamos et ceux du Dieu d'Israël.

Mais quand les Juifs, soumis aux rois de Babylone et dans la suite aux rois de Syrie, voulurent s'obstiner à ne reconnaître aucun autre dieu que le leur, ce refus, regardé comme une rébellion contre le vainqueur, leur attira les persécutions qu'on lit dans leur histoire, et dont on ne voit aucun autre exemple avant le christianisme **.

Chaque religion étant donc uniquement attachée aux lois de l'État qui la prescrivait, il n'y avait point d'autre manière de convertir un peuple que de l'asservir, ni d'autres missionnaires que les conquérants et, l'obligation de changer de culte étant la loi des vaincus, il fallait

* *Nonne ea quae possidet Chamos deus tuus tibi jure debentur ?* Tel est le texte de la Vulgate. Le Père de Carrières a traduit : *Ne croyez-vous pas avoir droit de posséder ce qui appartient à Chamos votre Dieu ?* J'ignore la force du texte hébreu ; mais je vois que dans la Vulgate Jephté reconnaît positivement le droit du dieu Chamos, et que le traducteur français affaiblit cette reconnaissance par un *selon vous* qui n'est pas dans le latin.

** Il est de la dernière évidence que la guerre des Phociens appelée guerre sacrée n'était point une guerre de religion. Elle avait pour objet de punir des sacrilèges et non de soumettre des mécréants.

commencer par vaincre avant d'en parler. Loin que les hommes combattissent pour les dieux, c'étaient, comme dans Homère, les dieux qui combattaient pour les hommes; chacun demandait au sien la victoire, et la payait par de nouveaux autels. Les Romains, avant de prendre une place, sommaient ses dieux de l'abandonner, et quand ils laissaient aux Tarentins leurs dieux irrités, c'est qu'ils regardaient alors ces dieux comme soumis aux leurs et forcés de leur faire hommage : Ils laissaient aux vaincus leurs dieux comme ils leur laissaient leurs lois. Une couronne au Jupiter du Capitole était souvent le seul tribut qu'ils imposaient.

Enfin les Romains ayant étendu avec leur empire leur culte et leurs dieux, et ayant souvent eux-mêmes adopté ceux des vaincus en accordant aux uns et aux autres le droit de cité, les peuples de ce vaste empire se trouvèrent insensiblement avoir des multitudes de dieux et de cultes, à peu près les mêmes partout; et voilà comment le paganisme ne fut enfin dans le monde connu qu'une seule et même religion.

Ce fut dans ces circonstances que Jésus vint établir sur la terre un royaume spirituel; ce qui, séparant le système théologique du système politique, fit que l'État cessa d'être un, et causa les divisions intestines qui n'ont jamais cessé d'agiter les peuples chrétiens. Or cette idée nouvelle d'un royaume de l'autre monde n'ayant pu jamais entrer dans la tête des païens, ils regardèrent toujours les chrétiens comme de vrais rebelles qui, sous une hypocrite soumission, ne cherchaient que le moment de se rendre indépendants et maîtres, et d'usurper adroitement l'autorité qu'ils feignaient de respecter dans leur faiblesse. Telle fut la cause des persécutions.

Ce que les païens avaient craint est arrivé; alors tout a changé de face, les humbles chrétiens ont changé de langage, et bientôt on a vu ce prétendu royaume de l'autre monde devenir sous un chef visible le plus violent despotisme dans celui-ci.

Cependant, comme il y a toujours eu un prince et des lois civiles, il a résulté de cette double puissance un perpétuel conflit de juridiction qui a rendu toute bonne politie impossible dans les États chrétiens, et l'on n'a jamais pu venir à bout de savoir auquel du maître ou du prêtre on était obligé d'obéir.

Plusieurs peuples cependant, même dans l'Europe ou à son voisinage, ont voulu conserver ou rétablir l'ancien système, mais sans succès; l'esprit du christianisme a tout gagné. Le culte sacré est toujours resté ou redevenu indépendant du souverain, et sans liaison nécessaire avec le corps de l'État. Mahomet eut des vues très saines, il lia bien son système politique, et tant que la forme de son gouvernement subsista sous les califes ses successeurs, ce gouvernement fut exactement un, et bon en cela. Mais les Arabes devenus florissants, lettrés, polis, mous et lâches, furent subjugués par des barbares; alors la division entre les deux puissances recommença; quoiqu'elle soit moins apparente chez les mahométans que chez les chrétiens, elle y est pourtant, surtout dans la secte d'Ali, et il y a des États, tels que la Perse, où elle ne cesse de se faire sentir.

Parmi nous, les rois d'Angleterre se sont établis chefs de l'Église, autant en ont fait les czars; mais par ce titre ils s'en sont moins rendus les maîtres que les ministres; ils ont moins acquis le droit de la changer que le pouvoir de la maintenir. Ils n'y sont pas législateurs, ils n'y sont que princes. Partout où le clergé fait un corps* il est maître et législateur dans sa partie. Il y a donc deux puissances, deux souverains, en Angleterre et en Russie, tout comme ailleurs.

De tous les auteurs chrétiens le philosophe Hobbes est le seul qui ait bien vu le mal et le remède, qui ait osé proposer de réunir les deux têtes de l'aigle, et de tout ramener à l'unité politique, sans laquelle jamais État ni gouvernement ne sera bien constitué. Mais il a dû voir que

* Il faut bien remarquer que ce ne sont pas tant des assemblées formelles, comme celles de France, qui lient le clergé en un corps, que la communion des Églises. La communion et l'excommunication sont le pacte social du clergé, pacte avec lequel il sera toujours le maître des peuples et des rois. Tous les prêtres qui communiquent ensemble sont concitoyens, fussent-ils des deux bouts du monde. Cette invention est un chef-d'œuvre en politique. Il n'y avait rien de semblable parmi les prêtres païens; aussi n'ont-ils jamais fait un corps de clergé.

l'esprit dominateur du christianisme était incompatible avec son système, et que l'intérêt du prêtre serait toujours plus fort que celui de l'État. Ce n'est pas tant ce qu'il y a d'horrible et de faux dans sa politique que ce qu'il y a de juste et de vrai qui l'a rendue odieuse*.

Je crois qu'en développant sous ce point de vue les faits historiques on réfuterait aisément les sentiments opposés de Bayle et de Warburton, dont l'un prétend que nulle religion n'est utile au corps politique, et dont l'autre soutient au contraire que le christianisme en est le plus ferme appui. On prouverait au premier que jamais État ne fut fondé que la religion ne lui servît de base, et au second que la loi chrétienne est au fond plus nuisible qu'utile à la forte constitution de l'État. Pour achever de me faire entendre, il ne faut que donner un peu plus de précision aux idées trop vagues de religion relatives à mon sujet.

La religion considérée par rapport à la société, qui est ou générale ou particulière, peut aussi se diviser en deux espèces, savoir la religion de l'homme et celle du citoyen. La première, sans temples, sans autels, sans rites, bornée au culte purement intérieur du dieu suprême et aux devoirs éternels de la morale, est la pure et simple religion de l'Évangile, le vrai théisme, et ce qu'on peut appeler le droit divin naturel. L'autre, inscrite dans un seul pays, lui donne ses dieux, ses patrons propres et tutélaires : elle a ses dogmes, ses rites, son culte extérieur prescrit par des lois ; hors la seule nation qui la suit, tout est pour elle infidèle, étranger, barbare ; elle n'étend les devoirs et les droits de l'homme qu'aussi loin que ses autels. Telles furent toutes les religions des premiers peuples, auxquelles on peut donner le nom de droit divin civil ou positif.

Il y a une troisième sorte de religion plus bizarre, qui donnant aux hommes deux législations, deux chefs,

* Voyez entre autres dans une lettre de Grotius à son frère du 11 avril 1643 ce que ce savant homme approuve et ce qu'il blâme dans le livre de *Cive*. Il est vrai que, porté à l'indulgence, il paraît pardonner à l'auteur le bien en faveur du mal ; mais tout le monde n'est pas si clément.

deux parties, les soumet à des devoirs contradictoires et les empêche de pouvoir être à la fois dévots et citoyens. Telle est la religion des lamas, telle est celle des Japonais, tel est le christianisme romain. On peut appeler celle-ci la religion du Prêtre. Il en résulte une sorte du droit mixte et insociable qui n'a point de nom.

A considérer politiquement ces trois sortes de religions, elles ont toutes leurs défauts. La troisième est si évidemment mauvaise que c'est perdre le temps de s'amuser à le démontrer. Tout ce qui rompt l'unité sociale ne vaut rien. Toutes les institutions qui mettent l'homme en contradiction avec lui-même ne valent rien.

La seconde est bonne en ce qu'elle réunit le culte divin et l'amour des lois, et que faisant de la partie l'objet de l'adoration des citoyens, elle leur apprend que servir l'État c'est en servir le dieu tutélaire. C'est une espèce de théocratie, dans laquelle on ne doit point avoir d'autre pontife que le prince, ni d'autres prêtres que les magistrats. Alors mourir pour son pays c'est aller au martyre, violer les lois c'est être impie, et soumettre un coupable à l'exécration publique c'est le dévouer au courroux des dieux; *sacer estod.*

Mais elle est mauvaise en ce qu'étant fondée sur l'erreur et sur le mensonge elle trompe les hommes, les rend crédules, superstitieux, et noie le vrai culte de la divinité dans un vain cérémonial. Elle est mauvaise encore quand, devenant exclusive et tyrannique, elle rend un peuple sanguinaire et intolérant; en sorte qu'il ne respire que meurtre et massacre, et croit faire une action sainte en tuant quiconque n'admet pas ses dieux. Cela met un tel peuple dans un état naturel de guerre avec tous les autres, très nuisible à sa propre sûreté.

Reste donc la religion de l'homme ou le christianisme, non pas celui d'aujourd'hui, mais celui de l'Évangile, qui en est tout à fait différent. Par cette religion sainte, sublime, véritable, les hommes, enfants du même Dieu, se reconnaissent tous pour frères, et la société qui les unit ne se dissout pas même à la mort.

Mais cette religion n'ayant nulle relation particulière avec le corps politique laisse aux lois la seule force qu'elles tirent d'elles-mêmes sans leur en ajouter aucune autre, et par là un des grands liens de la société particulière reste sans effet. Bien plus; loin d'attacher les cœurs des citoyens à l'État, elle les en détache comme de toutes les choses de la terre : je ne connais rien de plus contraire à l'esprit social.

On nous dit qu'un peuple de vrais chrétiens formerait la plus parfaite société que l'on puisse imaginer. Je ne vois à cette supposition qu'une grande difficulté; c'est qu'une société de vrais chrétiens ne serait plus une société d'hommes.

Je dis même que cette société supposée ne serait avec toute sa perfection ni la plus forte ni la plus durable. A force d'être parfaite, elle manquerait de liaison; son vice destructeur serait dans sa perfection même.

Chacun remplirait son devoir; le peuple serait soumis aux lois, les chefs seraient justes et modérés, les magistrats intègres, incorruptibles, les soldats mépriseraient la mort, il n'y aurait ni vanité ni luxe; tout cela est fort bien, mais voyons plus loin.

Le christianisme est une religion toute spirituelle, occupée uniquement des choses du Ciel : la partie du chrétien n'est pas de ce monde. Il fait son devoir, il est vrai, mais il le fait avec une profonde indifférence sur le bon ou mauvais succès de ses soins. Pourvu qu'il n'ait rien à se reprocher, peu lui importe que tout aille bien ou mal ici-bas. Si l'État est florissant, à peine ose-t-il jouir de la félicité publique, il craint de s'enorgueillir de la gloire de son pays; si l'État dépérit, il bénit la main de Dieu qui s'appesantit sur son peuple.

Pour que la société fût paisible et que l'harmonie se maintînt, il faudrait que tous les citoyens sans exception fussent également bons chrétiens. Mais si malheureusement il s'y trouve un seul ambitieux, un seul hypocrite, un Catilina, par exemple, un Cromwell, celui-là très certainement aura bon marché de ses pieux compatriotes. La charité chrétienne ne permet pas aisément de penser mal de son prochain. Dès qu'il aura trouvé par quelque ruse l'art de leur en imposer et de s'emparer d'une partie de l'autorité publique, voilà un homme constitué en dignité; Dieu veut qu'on le respecte; bientôt voilà une puissance; Dieu veut qu'on lui obéisse; le dépositaire de cette puissance en abuse-t-il? c'est la verge dont Dieu punit ses enfants. On se ferait conscience de chasser l'usurpateur; il faudrait troubler le repos public, user de violence, verser du sang; tout cela s'accorde mal avec la douceur du chrétien; et après tout, qu'importe qu'on soit libre ou serf dans cette vallée de misères? l'essentiel est d'aller en paradis, et la résignation n'est qu'un moyen de plus pour cela.

Survient-il quelque guerre étrangère? Les citoyens marchent sans peine au combat; nul d'entre eux ne songe à fuir; ils font leur devoir, mais sans passion pour la victoire; ils savent plutôt mourir que vaincre. Qu'ils soient vainqueurs ou vaincus, qu'importe? La providence ne sait-elle pas mieux qu'eux ce qu'il leur faut? Qu'on imagine quel parti un ennemi fier, impétueux, passionné peut tirer de leur stoïcisme! Mettez vis-à-vis d'eux ces peuples généreux que dévorait l'ardent amour de la gloire et de la patrie, supposez votre république chrétienne vis-à-vis de Sparte ou de Rome; les pieux chrétiens seront battus, écrasés, détruits avant d'avoir eu le temps de se reconnaître, ou ne devront leur salut qu'au mépris que leur ennemi concevra pour eux. C'était un beau serment à mon gré que celui des soldats de Fabius; ils ne jurèrent pas de mourir ou de vaincre, ils jurèrent de revenir vainqueurs, et tinrent leur serment: Jamais des chrétiens n'en eussent fait un pareil; ils auraient cru tenter Dieu.

Mais je me trompe en disant une république chrétienne; chacun de ces deux mots exclut l'autre. Le christianisme ne prêche que servitude et dépendance. Son esprit est trop favorable à la tyrannie pour qu'elle n'en profite pas toujours. Les vrais chrétiens sont faits pour être esclaves; ils le savent et ne s'en émeuvent guère; cette courte vie a trop peu de prix à leurs yeux.

Les troupes chrétiennes sont excellentes, nous dit-on. Je le nie. Qu'on m'en montre de telles? Quant à moi, je ne connais point de troupes chrétiennes. On me citera les croisades. Sans disputer sur la valeur des Croisés, je remarquerai que bien loin d'être des chrétiens, c'étaient des soldats du prêtre, c'étaient des citoyens de l'Église; ils se battaient pour son pays spirituel, qu'elle avait rendu temporel on ne sait comment. A le bien prendre, ceci rentre sous le paganisme; comme l'Évangile n'établit point une religion nationale, toute guerre sacrée est impossible parmi les chrétiens.

Sous les empereurs païens les soldats chrétiens étaient braves; tous les auteurs chrétiens l'assurent, et je le crois : c'était une émulation d'honneur contre les troupes païennes. Dès que les empereurs furent chrétiens cette émulation ne subsista plus, et quand la croix eut chassé l'aigle, toute la valeur romaine disparut.

Mais laissant à part les considérations politiques, revenons au droit, et fixons les principes sur ce point important. Le droit que le pacte social donne au souverain sur les sujets ne passe point, comme je l'ai dit, les bornes de l'utilité publique*. Les sujets ne doivent donc compte au souverain de leurs opinions qu'autant que ces opinions importent à la communauté. Or il importe bien à l'État que chaque citoyen ait une religion qui lui fasse aimer ses devoirs; mais les dogmes de cette religion n'intéressent ni l'État ni ses membres qu'autant que ces dogmes se rapportent à la morale, et aux devoirs que celui qui la professe est tenu de remplir envers autrui. Chacun peut avoir au surplus telles opinions qu'il lui plaît, sans qu'il appartienne au souverain d'en connaître. Car comme il n'a point de compétence dans l'autre monde, quel que soit le sort des sujets dans la vie à venir ce n'est pas son affaire, pourvu qu'ils soient bons citoyens dans celle-ci.

Il y a donc une profession de foi purement civile dont il appartient au souverain de fixer les articles, non pas précisément comme dogmes de religion, mais comme sentiments de sociabilité, sans lesquels il est impossible d'être bon citoyen ni sujet fidèle**. Sans pouvoir obliger

* *Dans la République*, dit le M[arquis] d'A[rgenson], *chacun est parfaitement libre en ce qui ne nuit pas aux autres*. Voilà la borne invariable; on ne peut la poser plus exactement. Je n'ai pu me refuser au plaisir de citer quelquefois ce manuscrit quoique non connu du public, pour rendre honneur à la mémoire d'un homme illustre et respectable, qui avait conservé jusque dans le ministère le cœur d'un vrai citoyen, et des vues droites et saines sur le gouvernement de son pays.

** César plaidant pour Catilina tâchait d'établir le dogme de la mortalité de l'âme; Caton et Cicéron pour le réfuter ne s'amusè-

personne à les croire, il peut bannir de l'État quiconque ne les croit pas; il peut le bannir, non comme impie, mais comme insociable, comme incapable d'aimer sincèrement les lois, la justice, et d'immoler au besoin sa vie à son devoir. Que si quelqu'un, après avoir reconnu publiquement ces mêmes dogmes, se conduit comme ne les croyant pas, qu'il soit puni de mort; il a commis le plus grand des crimes, il a menti devant les lois.

Les dogmes de la religion civile doivent être simples, en petit nombre, énoncés avec précision sans explications ni commentaires. L'existence de la divinité puissante, intelligente, bienfaisante, prévoyante et pourvoyante, la vie à venir, le bonheur des justes, le châtiment des méchants, la sainteté du contrat social et des lois, voilà les dogmes positifs. Quant aux dogmes négatifs, je les borne à un seul; c'est l'intolérance: elle rentre dans les cultes que nous avons exclus.

Ceux qui distinguent l'intolérance civile et l'intolérance théologique se trompent, à mon avis. Ces deux intolérances sont inséparables. Il est impossible de vivre en paix avec des gens qu'on croit damnés; les aimer serait haïr Dieu qui les punit; il faut absolument qu'on les ramène ou qu'on les tourmente. Partout où l'intolérance théologique est admise, il est impossible qu'elle n'ait pas quelque effet civil*; et sitôt qu'elle en a, le sou-

rent point à philosopher: ils se contentèrent de montrer que César parlait en mauvais citoyen et avançait une doctrine pernicieuse à l'État. En effet voilà de quoi devait juger le Sénat de Rome, et non d'une question de théologie.

* Le mariage, par exemple, étant un contrat civil, a des effets civils sans lesquels il est même impossible que la société subsiste. Supposons donc qu'un clergé vienne à bout de s'attribuer à lui seul le droit de passer cet acte; droit qu'il doit nécessairement usurper dans toute religion intolérante. Alors n'est-il pas clair qu'en faisant valoir à propos l'autorité de l'Église il rendra vaine celle du prince qui n'aura plus de sujets que ceux que le clergé voudra bien lui donner. Maître de marier ou de ne pas marier les gens selon qu'ils auront ou n'auront pas telle ou telle doctrine, selon qu'ils admettront ou rejetteront tel ou tel formulaire, selon qu'ils lui seront plus ou moins dévoués, en se conduisant prudemment et tenant ferme, n'est-il pas clair qu'il disposera seul des héritages, des charges, des citoyens, de l'État même, qui ne saurait subsister n'étant plus composé que des bâtards? Mais, dira-t-on, l'on appellera comme d'abus, on ajournera, décrétera, saisira

verain n'est plus souverain, même au temporel : dès lors les prêtres sont les vrais maîtres ; les rois ne sont que leurs officiers.

Maintenant qu'il n'y a plus et qu'il ne peut plus y avoir de religion nationale exclusive, on doit tolérer toutes celles qui tolèrent les autres, autant que leurs dogmes n'ont rien de contraire aux devoirs du citoyen. Mais quiconque ose dire : *Hors de l'Église point de salut*, doit être chassé de l'État ; à moins que l'État ne soit l'Église, et que le prince ne soit le pontife. Un tel dogme n'est bon que dans un gouvernement théocratique, dans toute autre il est pernicieux. La raison sur laquelle on dit qu'Henri IV embrassa la religion romaine la devrait faire quitter à tout honnête homme, et surtout à tout prince qui saurait raisonner.

CHAPITRE IX

CONCLUSION

Après avoir posé les vrais principes du droit politique et tâché de fonder l'État sur sa base, il resterait à l'appuyer par ses relations externes ; ce qui comprendrait le droit des gens, le commerce, le droit de la guerre et les conquêtes, le droit public, les ligues, les négociations, les traités, etc. Mais tout cela forme un nouvel objet trop vaste pour ma courte vue ; j'aurais dû la fixer toujours plus près de moi.

FIN

le temporel. Quelle pitié ! Le clergé, pour peu qu'il ait, je ne dis pas de courage, mais de bon sens, laissera faire et ira son train ; il laissera tranquillement appeler, ajourner, décréter, saisir, et finira par être le maître. Ce n'est pas, ce me semble, un grand sacrifice d'abandonner une partie quand on est sûr de s'emparer du tout[1].

1. Cette note ne figure que dans quelques exemplaires de l'édition originale. Rousseau en avait demandé la suppression à son éditeur alors que le tirage de son ouvrage était déjà commencé. Elle reparut dans l'édition de 1782. (Note des éditeurs.)

[DISCOURS SUR L'ORIGINE ET LES FONDEMENTS DE L'INÉGALITÉ PARMI LES HOMMES]

À LA RÉPUBLIQUE DE GENÈVE.

MAGNIFIQUES, TRÈS HONORÉS, ET SOUVERAINS SEIGNEURS,

Convaincu qu'il n'appartient qu'au citoyen vertueux de rendre à sa patrie des honneurs qu'elle puisse avouer, il y a trente ans que je travaille à mériter de vous offrir un hommage public; et cette heureuse occasion suppléant en partie à ce que mes efforts n'ont pu faire, j'ai cru qu'il me serait permis de consulter ici le zèle qui m'anime, plus que le droit qui devrait m'autoriser. Ayant eu le bonheur de naître parmi vous, comment pourrais-je méditer sur l'égalité que la nature a mise entre les hommes et sur l'inégalité qu'ils ont instituée, sans penser à la profonde sagesse avec laquelle l'une et l'autre, heureusement combinées dans cet État, concourent de la manière la plus approchante de la loi naturelle et la plus favorable à la société, au maintien de l'ordre public et au bonheur des particuliers? En recherchant les meilleures maximes que le bon sens puisse dicter sur la constitution d'un gouvernement, j'ai été si frappé de les voir toutes en exécution dans le vôtre que même sans être né dans vos murs, j'aurais cru ne pouvoir me dispenser d'offrir ce tableau de la société humaine à celui de tous les peuples qui me paraît en posséder les plus grands avantages, et en avoir le mieux prévenu les abus.

Si j'avais eu à choisir le lieu de ma naissance, j'aurais choisi une société d'une grandeur bornée par l'étendue des facultés humaines, c'est-à-dire par la possibilité d'être bien gouvernée, et où chacun suffisant à son emploi, nul n'eût été contraint de commettre à d'autres les fonctions dont il était chargé: un État où tous les particuliers se connaissant entre eux, les manœuvres *obscures* du vice ni la modestie de la vertu n'eussent pu se dérober aux regards et au jugement du public, et où cette douce habitude de se voir et de se connaître, fît de l'amour de la patrie l'amour des citoyens plutôt que celui de la terre.

J'aurais voulu naître dans un pays où le souverain et le peuple ne pussent avoir qu'un seul et même intérêt, afin que tous les mouvements de la machine ne tendissent jamais qu'au bonheur commun ; ce qui ne pouvant se faire à moins que le peuple et le souverain ne soient une même personne, il s'ensuit que j'aurais voulu naître sous un gouvernement démocratique, sagement tempéré.

J'aurais voulu vivre et mourir libre, c'est-à-dire tellement soumis aux lois que ni moi ni personne n'en pût secouer l'honorable joug ; ce joug salutaire et doux, que les têtes les plus fières portent d'autant plus docilement qu'elles sont faites pour n'en porter aucun autre.

J'aurais donc voulu que personne dans l'État n'eût pu se dire au-dessus de la loi, et que personne au-dehors n'en pût imposer que l'État fût obligé de reconnaître. Car quelle que puisse être la constitution d'un gouvernement, s'il s'y trouve un seul homme qui ne soit pas soumis à la loi, tous les autres sont nécessairement à la dis crétion de celui-là[1] ; et s'il y a un chef national, et un

1. Hérodote raconte qu'après le meurtre du faux Smerdis, les sept libérateurs de la Perse s'étant assemblés pour délibérer sur la forme de gouvernement qu'ils donneraient à l'État, Otanès opina fortement pour la république ; avis d'autant plus extraordinaire dans la bouche d'un satrape qu'outre la prétention qu'il pouvait avoir à l'empire, les Grands craignent plus que la mort une sorte de gouvernement qui les force à respecter les hommes. Otanès, comme on peut bien croire, ne fut point écouté et, voyant qu'on allait procéder à l'élection d'un monarque, lui qui ne voulait ni obéir ni commander, céda volontairement aux autres concurrents son droit à la couronne, demandant pour tout dédommagement d'être libre et indépendant, lui et sa postérité, ce qui lui fut accordé. Quand Hérodote ne nous apprendrait pas la restriction qui fut mise à ce privilège, il faudrait nécessairement la supposer ; autrement Otanès, ne reconnaissant aucune sorte de loi et n'ayant de compte à rendre à personne, aurait été tout-puissant dans l'État et plus puissant que le roi même. Mais il n'y avait guère d'apparence qu'un homme capable de se contenter en pareil cas d'un tel privilège fût capable d'en abuser. En effet, on ne voit pas

autre chef étranger, quelque partage d'autorité qu'ils puissent faire, il est impossible que l'un et l'autre soient bien obéis et que l'État soit bien gouverné.

Je n'aurais point voulu habiter une République de nouvelle institution, quelques bonnes lois qu'elle pût avoir ; de peur que le gouvernement autrement constitué peut-être qu'il ne faudrait pour le moment, ne convenant pas aux nouveaux citoyens, ou les citoyens au nouveau gouvernement, l'État ne fût sujet à être ébranlé et détruit presque dès sa naissance. Car il en est de la liberté comme de ces aliments solides et succulents, ou de ces vins généreux, propres à nourrir et fortifier les tempéraments robustes qui en ont l'habitude, mais qui accablent, ruinent et enivrent les faibles et délicats qui n'y sont point faits. Les peuples une fois accoutumés à des maîtres ne sont plus en état de s'en passer. S'ils tentent de secouer le joug, ils s'éloignent d'autant plus de la liberté que prenant pour elle une licence effrénée qui lui est opposée, leurs révolutions les livrent presque toujours à des séducteurs qui ne font qu'aggraver leurs chaînes. Le peuple romain lui-même, ce modèle de tous les peuples libres, ne fut point en état de se gouverner en sortant de l'oppression des tarquins. Avili par l'esclavage et les travaux ignominieux qu'ils lui avaient imposés, ce n'était d'abord qu'une stupide populace qu'il fallut ménager et gouverner avec la plus grande sagesse, afin que s'accoutumant peu à peu à respirer l'air salutaire de la liberté, ces âmes énervées ou plutôt abruties sous la tyrannie, acquissent par degrés cette sévérité de mœurs et cette fierté de courage qui en firent enfin le plus respectable de tous les peuples. J'aurais donc cherché pour ma patrie une heureuse et tranquille république dont l'ancienneté se perdît en quelque sorte dans la nuit des temps ; qui n'eût éprouvé que des atteintes propres à manifester et affermir dans ses habitants le courage et l'amour de la patrie, et où les citoyens, accoutumés de longue main à une sage indépendance, fussent, non seulement libres, mais dignes de l'être.

que ce droit ait jamais causé le moindre trouble dans le royaume, ni par le sage Otanès, ni par aucun de ses descendants.

J'aurais voulu me choisir une patrie, détournée par une heureuse impuissance du féroce amour des conquêtes, et garantie par une position encore plus heureuse de la crainte de devenir elle-même la conquête d'un autre État : une ville libre placée entre plusieurs peuples dont aucun n'eût intérêt à l'envahir, et dont chacun eût intérêt d'empêcher les autres de l'envahir eux-mêmes, une république, en un mot, qui ne tentât point l'ambition de ses voisins et qui pût raisonnablement compter sur leur secours au besoin. Il s'ensuit que dans une position si heureuse, elle n'aurait rien eu à craindre que d'elle-même, et que si ses citoyens s'étaient exercés aux armes, c'eût été plutôt pour entretenir chez eux cette ardeur guerrière et cette fierté de courage qui sied si bien à la liberté et qui en nourrit le goût que par la nécessité de pourvoir à leur propre défense.

J'aurais cherché un pays où le droit de législation fût commun à tous les citoyens; car qui peut mieux savoir qu'eux sous quelles conditions il leur convient de vivre ensemble dans une même société? Mais je n'aurais pas approuvé des plébiscites semblables à ceux des Romains où les chefs de l'État et les plus intéressés à sa conservation étaient exclus des délibérations dont souvent dépendait son salut, et où par une absurde inconséquence les magistrats étaient privés des droits dont jouissaient les simples citoyens.

Au contraire, j'aurais désiré que pour arrêter les projets intéressés et mal conçus, et les innovations dangereuses qui perdirent enfin les Athéniens, chacun n'eût pas le pouvoir de proposer de nouvelles lois à sa fantaisie; que ce droit appartînt aux seuls magistrats; qu'ils en usassent même avec tant de circonspection, que le peuple de son côté fût si réservé à donner son consentement à ces lois, et que la promulgation ne pût s'en faire qu'avec tant de solennité, qu'avant que la constitution fût ébranlée on eût le temps de se convaincre que c'est surtout la grande antiquité des lois qui les rend saintes et vénérables, que le peuple méprise bientôt celles qu'il voit changer tous les jours, et qu'en s'accoutumant à négliger les anciens usages sous prétexte de faire mieux, on introduit souvent de grands maux pour en corriger de moindres.

J'aurais fui surtout, comme nécessairement mal gouvernée, une république où le peuple, croyant pouvoir se passer de ses magistrats ou ne leur laisser qu'une autorité précaire, aurait imprudemment gardé l'administration des affaires civiles et l'exécution de ses propres lois ; telle dut être la grossière constitution des premiers gouvernements sortant immédiatement de l'état de nature, et tel fut encore un des vices qui perdirent la république d'Athènes.

Mais j'aurais choisi celle où les particuliers se contentant de donner la sanction aux lois, et de décider en corps et sur le rapport des chefs les plus importantes affaires publiques, établiraient des tribunaux respectés, en distingueraient avec soin les divers départements ; éliraient d'année en année les plus capables et les plus intègres de leurs concitoyens pour administrer la justice et gouverner l'État ; et où la vertu des magistrats portant ainsi témoignage de la sagesse du peuple, les uns et les autres s'honoreraient mutuellement. De sorte que si jamais de funestes malentendus venaient à troubler la concorde publique, ces temps mêmes d'aveuglement et d'erreurs fussent marqués par des témoignages de modération, d'estime réciproque, et d'un commun respect pour les lois ; présages et garants d'une réconciliation sincère et perpétuelle.

Tels sont, MAGNIFIQUES, TRÈS HONORÉS, ET SOUVERAINS SEIGNEURS, les avantages que j'aurais recherchés dans la patrie que je me serais choisie. Que si la providence y avait ajouté de plus une situation charmante, un climat tempéré, un pays fertile, et l'aspect le plus délicieux qui soit sous le ciel, je n'aurais désiré pour combler mon bonheur que de jouir de tous ces biens dans le sein de cette heureuse patrie, vivant paisiblement dans une douce société avec mes concitoyens, exerçant envers eux, et à leur exemple, l'humanité, l'amitié et toutes les vertus, et laissant après moi l'honorable mémoire d'un homme de bien, et d'un honnête et vertueux patriote.

Si, moins heureux ou trop tard sage, je m'étais vu réduit à finir en d'autres climats une infirme et languissante carrière, regrettant inutilement le repos et la paix dont une jeunesse imprudente m'aurait privé ; j'aurais du moins nourri dans mon âme ces mêmes sentiments dont je n'aurais pu faire usage dans mon pays, et pénétré d'une affection tendre et désintéressée pour mes concitoyens éloignés, je leur aurais adressé du fond de mon cœur à peu près le discours suivant.

Mes chers concitoyens ou plutôt mes frères, puisque les liens du sang ainsi que les lois nous unissent presque tous, il m'est doux de ne pouvoir penser à vous, sans penser en même temps à tous les biens dont vous jouissez et dont nul de vous peut-être ne sent mieux le prix que moi qui les ai perdus. Plus je réfléchis sur votre situation politique et civile, et moins je puis imaginer que la nature des choses humaines puisse en comporter une meilleure. Dans tous les autres gouvernements, quand il est question d'assurer le plus grand bien de l'État, tout se borne toujours à des projets en idées, et tout au plus à de simples possibilités. Pour vous, votre bonheur est tout fait, il ne faut qu'en jouir, et vous n'avez plus besoin pour devenir parfaitement heureux que de savoir vous contenter de l'être. Votre souveraineté acquise ou recouvrée à la pointe de l'épée, et conservée durant deux siècles à force de valeur et de sagesse, est enfin pleinement et universellement reconnue. Des traités honorables fixent vos limites, assurent vos droits, et affermissent votre repos. Votre constitution est excellente, dictée par la plus sublime raison, et garantie par des puissances amies et respectables ; votre Étrroire, ne fut pointat est tranquille, vous n'avez ni guerres ni conquérants à craindre ; vous n'avez point d'autres maîtres que de sages lois que vous avez faites, administrées par des magistrats intègres qui sont de votre choix ; vous n'êtes ni assez riches pour vous énerver par la mollesse et perdre dans de vaines délices le goût du vrai bonheur et des solides vertus, ni assez pauvres pour avoir besoin de plus de secours étrangers que ne vous en procure votre industrie ; et cette liberté précieuse qu'on ne maintient chez les grandes nations qu'avec des impôts exorbitants, ne vous coûte presque rien à conserver.

Puisse durer toujours pour le bonheur de ses citoyens et l'exemple des peuples une république si sagement et si heureusement constituée! Voilà le seul vœu qui vous reste à faire, et le seul soin qui vous reste à prendre. C'est à vous seuls désormais, non à faire votre bonheur, vos ancêtres vous en ont évité la peine, mais à le rendre durable par la sagesse d'en bien user. C'est de votre union perpétuelle, de votre obéissance aux lois; de votre respect pour leurs ministres que dépend votre conservation. S'il reste parmi vous le moindre germe d'aigreur ou de défiance, hâtez-vous de le détruire comme un levain funeste d'où résulteraient tôt ou tard vos malheurs et la ruine de l'État. Je vous conjure de rentrer tous au fond de votre cœur et de consulter la voix secrète de votre conscience. Quelqu'un parmi vous connaît-il dans l'univers un corps plus intègre, plus éclairé, plus respectable que celui de votre magistrature? Tous ses membres ne vous donnent-ils pas l'exemple de la modération, de la simplicité de mœurs, du respect pour les lois et de la plus sincère réconciliation : rendez donc sans réserve à de si sages chefs cette salutaire confiance que la raison doit à la vertu; songez qu'ils sont de votre choix, qu'ils le justifient, et que les honneurs dus à ceux que vous avez constitués en dignité retombent nécessairement sur vous-mêmes. Nul de vous n'est assez peu éclairé pour ignorer qu'où cessent la vigueur des lois et l'autorité de leurs défenseurs, il ne peut y avoir ni sûreté ni liberté pour personne. De quoi s'agit-il donc entre vous que de faire de bon cœur et avec une juste confiance ce que vous seriez toujours obligés de faire par un véritable intérêt, par devoir, et pour la raison? Qu'une coupable et funeste indifférence pour le maintien de la constitution, ne vous fasse jamais négliger au besoin les sages avis des plus éclairés et des plus zélés d'entre vous. Mais que l'équité, la modération, la plus respectueuse fermeté, continuent de régler toutes vos démarches et de montrer en vous à tout l'univers l'exemple d'un peuple fier et modeste, aussi jaloux de sa gloire que de sa liberté. Gardez-vous, surtout et ce sera mon dernier conseil, d'écouter jamais des interprétations sinistres et des discours envenimés dont les motifs secrets sont souvent plus dangereux que les actions qui en sont l'objet. Toute une maison s'éveille et se tient en alarmes aux premiers cris d'un bon et fidèle gardien qui n'aboie jamais qu'à l'approche des voleurs; mais on hait l'importunité de ces animaux bruyants qui troublent sans cesse le repos public, et dont les avertissements continuels et déplacés ne se font pas même écouter au moment qu'ils sont nécessaires.

Et vous MAGNIFIQUES ET TRÈS HONORÉS SEIGNEURS; vous dignes et respectables magistrats d'un peuple libre; permettez-moi de vous offrir en particulier mes hommages et mes devoirs. S'il y a dans le monde un rang propre à illustrer ceux qui l'occupent, c'est sans doute celui que donnent les talents et la vertu, celui dont vous vous êtes rendus dignes, et auquel vos concitoyens vous ont élevés. Leur propre mérite ajoute encore au vôtre un nouvel éclat, et choisis par des hommes capables d'en gouverner d'autres, pour les gouverner eux-mêmes, je vous trouve autant au-dessus des autres magistrats qu'un peuple libre, et surtout celui que vous avez l'honneur de conduire, est par ses lumières et par sa raison au-dessus de la populace des autres États.

Qu'il me soit permis de citer un exemple dont il devrait rester de meilleures traces, et qui sera toujours présent à mon cœur. Je ne me rappelle point sans la plus douce émotion la mémoire du vertueux citoyen de qui j'ai reçu le jour, et qui souvent entretint mon enfance du respect qui vous était dû. Je le vois encore vivant du travail de ses mains, et nourrissant son âme des vérités les plus sublimes. Je vois Tacite, Plutarque et Grotius, mêlés devant lui avec les instruments de son métier. Je vois à ses côtés un fils chéri recevant avec trop peu de fruit les tendres instructions du meilleur des pères. Mais si les égarements d'une folle jeunesse me firent oublier durant un temps de si sages leçons, j'ai le bonheur d'éprouver enfin que, quelque penchant qu'on ait vers le vice, il est difficile qu'une éducation dont le cœur se mêle reste perdue pour toujours.

Tels sont, MAGNIFIQUES ET TRÈS HONORÉS SEIGNEURS, les citoyens et même les simples habitants nés dans l'État que vous gouvernez; tels sont ces hommes instruits et sensés dont, sous le nom d'ouvriers et de peuple, on a chez les autres nations des idées si basses et si fausses. Mon père, je l'avoue avec joie, n'était point distingué parmi ses concitoyens; il n'était que ce qu'ils sont tous, et tel qu'il était, il n'y a point de pays où sa société n'eût été recherchée, cultivée, et même avec fruit, par les plus honnêtes gens. Il ne m'appartient pas, et grâce au ciel, il n'est pas nécessaire de vous parler des égards que peuvent attendre de vous des hommes de cette trempe, vos égaux par l'éducation, ainsi que par les droits de la nature et de la naissance; vos inférieurs par leur volonté, par la préférence qu'ils devaient à votre mérite, qu'ils lui ont accordée, et pour laquelle vous leur devez à votre tour une sorte de reconnaissance. J'apprends avec une vive satisfaction de combien de douceur et de condescendance vous tempérez avec eux la gravité convenable aux ministres des lois, co[illegible] vous leur rendez en estime et en attentions ce qu'il[illegible] doivent d'obéissance et de respects; conduite ple[illegible] justice et de sagesse, propre à éloigner de plus en [illegible] mémoire des événements malheureux qu'il faut [illegible] pour ne les revoir jamais : conduite d'autant plus judicieuse que ce peuple équitable et généreux se fait un plaisir de son devoir, qu'il aime naturellement à vous honorer, et que les plus ardents à soutenir leurs droits sont les plus portés à respecter les vôtres.

Il ne doit pas être étonnant que les chefs d'une société civile en aiment la gloire et le bonheur, mais il l'est trop pour le repos des hommes que ceux qui se regardent comme les magistrats, ou plutôt comme les maîtres d'une patrie plus sainte et plus sublime, témoignent quelque amour pour la patrie terrestre qui les nourrit. Qu'il m'est doux de pouvoir faire en notre faveur une exception si rare, et placer au rang de nos meilleurs citoyens ces zélés, dépositaires des dogmes sacrés autorisés par les lois, ces vénérables pasteurs des âmes, dont la vive et douce éloquence porte d'autant mieux dans les cœurs les maximes de l'Évangile qu'ils commencent toujours par les pratiquer eux-mêmes ! Tout le monde sait avec quel succès le grand art de la chaire est cultivé à Genève; mais, trop accoutumés à voir dire d'une manière et faire d'une autre, peu de gens savent jusqu'à quel point l'esprit du christianisme, la sainteté des mœurs, la sévérité pour soi-même et la douceur pour autrui, règnent dans le corps de nos ministres. Peut-être appartient-il à la seule ville de Genève de montrer l'exemple édifiant d'une aussi parfaite union entre une société de théologiens et de gens de lettres. C'est en grande partie sur leur sagesse et leur modération reconnues, c'est sur leur zèle pour la prospérité de l'État que je fonde l'espoir de son éternelle tranquillité ; et je remarque avec un plaisir mêlé d'étonnement et de respect combien ils ont horreur pour les affreuses maximes de ces hommes sacrés et barbares dont l'Histoire fournit plus d'un exemple, et qui, pour soutenir les prétendus droits de Dieu, c'est-à-dire leurs intérêts, étaient d'autant moins avares du sang humain qu'ils se flattaient que le leur serait toujours respecté.

Pourrais-je oublier cette précieuse moitié de la république qui fait le bonheur de l'autre, et dont la douceur et la sagesse y maintiennent la paix et les bonnes mœurs ? Aimables et vertueuses citoyennes, le sort de votre sexe sera toujours de gouverner le nôtre. Heureux ! quand votre chaste pouvoir, exercé seulement dans l'union conjugale, ne se fait sentir que pour la gloire de l'État et le bonheur public. C'est ainsi que les femmes commandaient à Sparte, et c'est ainsi que vous méritez de commander à Genève. Quel homme barbare pourrait résister à la voix de l'honneur et de la raison dans la bouche d'une tendre épouse ; et qui ne mépriserait un vain luxe, en voyant votre simple et modeste parure, qui par l'éclat qu'elle tient de vous semble être la plus favorable à la beauté ? C'est à vous de maintenir toujours par votre aimable et innocent empire et par votre esprit insinuant l'amour des lois dans l'État et la concorde parmi les citoyens ; de réunir par d'heureux mariages les familles divisées ; et surtout de corriger par la persuasive douceur de vos leçons et par les grâces modestes de votre entretien, les travers que nos jeunes gens vont prendre en d'autres pays, d'où, au lieu de tant de choses utiles dont ils pourraient profiter, ils ne rapportent, avec un ton puéril et des airs ridicules pris parmi des femmes perdues, que l'admiration de je ne sais quelles prétendues grandeurs, frivoles dédommagements de la servitude, qui ne vaudront jamais l'auguste liberté. Soyez donc toujours ce que vous êtes, les chastes gardiennes des mœurs et les doux liens de la paix, et continuez de faire valoir en toute occasion les droits du cœur et de la nature au profit du devoir et de la vertu.

Je me flatte de n'être point démenti par l'événement, en fondant sur de tels garants l'espoir du bonheur commun des citoyens et de la gloire de la république. J'avoue qu'avec tous ces avantages, elle ne brillera pas de cet éclat dont la plupart des veux sont éblouis et dont le puéril et funeste goût est le plus mortel ennemi du bonheur et de la liberté. Qu'une jeunesse dissolue aille chercher ailleurs des plaisirs faciles et de longs repentirs. Que les prétendus gens de goût admirent en d'autres lieux la grandeur des palais, la beauté des équipages, les superbes ameublements, la pompe des spectacles, et tous les raffinements de la mollesse et du luxe. A Genève, on ne trouvera que des hommes, mais pourtant un tel spectacle a bien son prix, et ceux qui le rechercheront vaudront bien les admirateurs du reste.

Daignez MAGNIFIQUES, TRÈS HONORÉS et SOUVERAINS SEIGNEURS, recevoir tous avec la même bonté les respectueux témoignages de l'intérêt que je prends à votre prospérité commune. Si j'étais assez malheureux pour être coupable de quelque transport indiscret dans cette vive effusion de mon cœur, je vous supplie de le pardonner à la tendre affection d'un vrai patriote, et au zèle ardent et légitime d'un homme qui n'envisage point de plus grand bonheur pour lui-même que celui de vous voir tous heureux.

Je suis avec le plus profond respect

MAGNIFIQUES, TRÈS HONORÉS ET SOUVERAINS SEIGNEURS,

Votre très humble et très obéissant serviteur et concitoyen.

A Chambéry, le 12 juin 1754.

JEAN-JACQUES ROUSSEAU.

PRÉFACE

La plus utile et la moins avancée de toutes les connaissances humaines me paraît être celle de l'homme[1] et j'ose dire que la seule inscription du temple de Delphes contenait un précepte plus important et plus difficile que tous les gros livres des moralistes. Aussi je regarde le sujet de ce Discours comme une des questions les plus intéressantes que la philosophie puisse proposer, et malheureusement pour nous

1. Dès mon premier pas je m'appuie avec confiance sur une de ces autorités respectables pour les philosophes, parce qu'elles viennent d'une raison solide et sublime qu'eux seuls savent trouver et sentir.

« Quelque intérêt que nous ayons à nous connaître nous-« mêmes, je ne sais si nous ne connaissons pas mieux tout ce qui « n'est pas nous. Pourvus par la nature d'organes uniquement des-« tinés à notre conservation, nous ne les employons qu'à recevoir « les impressions étrangères, nous ne cherchons qu'à nous « répandre au-dehors, et à exister hors de nous; trop occupés à « multiplier les fonctions de nos sens et à augmenter l'étendue « extérieure de notre être, rarement faisons-nous usage de ce sens « intérieur qui nous réduit à nos vraies dimensions et qui sépare « de nous tout ce qui n'en est pas. C'est cependant de ce sens dont « il faut nous servir, si nous voulons nous connaître; c'est le seul « par lequel nous puissions nous juger. Mais comment donner à « ce sens son activité et toute son étendue? Comment dégager « notre âme, dans laquelle il réside, de toutes les illusions de notre « esprit? Nous avons perdu l'habitude de l'employer, elle est « demeurée sans exercice au milieu du tumulte de nos sensations « corporelles, elle s'est desséchée par le feu de nos passions; le « cœur, l'esprit, le sens, tout a travaillé contre elle. » *Hist. Nat.* T. 4, p. 151, *De la Nat. de l'homme.*

comme une des plus épineuses que les philosophes puissent résoudre. Car comment connaître la source de l'inégalité parmi les hommes, si l'on ne commence par les connaître eux-mêmes ? et comment l'homme viendra-t-il à bout de se voir tel que l'a formé la nature, à travers tous les changements que la succession des temps et des choses a dû produire dans sa constitution originelle, et de démêler ce qu'il tient de son propre fonds d'avec ce que les circonstances et ses progrès ont ajouté ou changé à son état primitif. Semblable à la statue de Glaucus que le temps, la mer et les orages avaient tellement défigurée qu'elle ressemblait moins à un dieu qu'à une bête féroce, l'âme humaine altérée au sein de la société par mille causes sans cesse renaissantes, par l'acquisition d'une multitude de connaissances et d'erreurs, par les changements arrivés à la constitution des corps, et par le choc continuel des passions, a, pour ainsi dire, changé d'apparence au point d'être presque méconnaissable ; et l'on n'y retrouve plus, au lieu d'un être agissant toujours par des principes certains et invariables, au lieu de cette céleste et majestueuse simplicité dont son auteur l'avait empreinte, que le difforme contraste de la passion qui croit raisonner et de l'entendement en délire.

Ce qu'il y a de plus cruel encore, c'est que tous les progrès de l'espèce humaine l'éloignant sans cesse de son état primitif, plus nous accumulons de nouvelles connaissances, et plus nous nous ôtons les moyens d'acquérir la plus importante de toutes, et que c'est en un sens à force d'étudier l'homme que nous nous sommes mis hors d'état de le connaître.

Il est aisé de voir que c'est dans ces changements successifs de la constitution humaine qu'il faut chercher la première origine des différences qui distinguent les hommes, lesquels d'un commun aveu sont naturellement aussi égaux entre eux que l'étaient les animaux de chaque espèce, avant que diverses causes physiques eussent introduit dans quelques-unes les variétés que nous y remarquons. En effet, il n'est pas concevable que ces premiers changements, par quelque moyen qu'ils soient arrivés, aient altéré tout à la fois et de la même manière tous les individus de l'espèce ; mais les uns s'étant perfectionnés ou détériorés, et ayant acquis diverses qualités bonnes ou mauvaises qui n'étaient point inhérentes à leur nature, les autres restèrent plus longtemps dans leur état originel ; et telle fut parmi les hommes la première source de l'inégalité, qu'il est plus aisé de démontrer ainsi en général que d'en assigner avec précision les véritables causes.

Que mes lecteurs ne s'imaginent donc pas que j'ose me flatter d'avoir vu ce qui me paraît si difficile à voir. J'ai commencé quelques raisonnements ; j'ai hasardé quelques conjectures, moins dans l'espoir de résoudre la question que dans l'intention de l'éclaircir et de la réduire à son véritable état. D'autres pourront aisément aller plus loin dans la même route, sans qu'il soit facile à personne d'arriver au terme. Car ce n'est pas une légère entreprise de démêler ce qu'il y a d'originaire et d'artificiel dans la nature actuelle de l'homme, et de bien connaître un état qui n'existe plus, qui n'a peut-être point existé, qui probablement n'existera jamais, et dont il est pourtant nécessaire d'avoir des notions justes pour bien juger de notre état présent. Il faudrait même plus de philosophie qu'on ne pense à celui qui entreprendrait de déterminer exactement les précautions à prendre pour faire sur ce sujet de solides observations ; et une bonne solution du problème suivant ne me paraîtrait pas indigne des Aristotes et des Plines de notre siècle. *Quelles expériences seraient nécessaires pour parvenir à connaître l'homme naturel ; et quels sont les moyens de faire ces expériences au sein de la société ?* Loin d'entreprendre de résoudre ce problème, je crois en avoir assez médité le sujet, pour oser répondre d'avance que les plus grands philosophes ne seront pas trop bons pour diriger ces expériences, ni les plus puissants souverains pour les faire ; concours auquel il n'est guère raisonnable de s'attendre surtout avec la persévérance ou plutôt la succession de lumières et de bonne volonté nécessaire de part et d'autre pour arriver au succès.

Ces recherches si difficiles à faire, et auxquelles on a si peu songé jusqu'ici, sont pourtant les seuls moyens qui nous restent de lever une multitude de difficultés qui nous dérobent la connaissance des fondements réels de la société humaine. C'est cette ignorance de la nature de l'homme qui jette tant d'incertitude et d'obscurité sur la véritable définition du droit naturel : car l'idée du droit, dit M. Burlamaqui, et plus encore celle du droit naturel, sont manifestement des idées relatives à la nature de l'homme. C'est donc de cette nature même de l'homme, continue-t-il, de sa constitution et de son état qu'il faut déduire les principes de cette science.

Ce n'est point sans surprise et sans scandale qu'on remarque le peu d'accord qui règne sur cette importante matière entre les divers auteurs qui en ont traité. Parmi les plus graves écrivains à peine en trouve-t-on deux qui soient du même avis sur ce point. Sans parler des anciens philosophes qui semblent avoir pris à tâche de se contredire entre eux sur les principes les plus fondamentaux, les jurisconsultes romains assujettissent indifféremment l'homme et tous les autres animaux à la même loi naturelle, parce qu'ils considèrent plutôt sous ce nom la loi que la nature s'impose à elle-même que celle qu'elle prescrit; ou plutôt, à cause de l'acception particulière selon laquelle ces jurisconsultes entendent le mot de loi qu'ils semblent n'avoir pris en cette occasion que pour l'expression des rapports généraux établis par la nature entre tous les êtres animés, pour leur commune conservation. Les modernes ne reconnaissant sous le nom de loi qu'une règle prescrite à un être moral, c'est-à-dire intelligent, libre, et considéré dans ses rapports avec d'autres êtres, bornent conséquemment au seul animal doué de raison, c'est-à-dire à l'homme, la compétence de la loi naturelle; mais définissant cette loi chacun à sa mode, ils l'établissent tous sur des principes si métaphysiques qu'il y a, même parmi nous, bien peu de gens en état de comprendre ces principes, loin de pouvoir les trouver d'eux-mêmes. De sorte que toutes les définitions de ces savants hommes, d'ailleurs en perpétuelle contradiction entre elles, s'accordent seulement en ceci, qu'il est impossible d'entendre la loi de nature et par conséquent d'y obéir, sans être un très grand raisonneur et un profond métaphysicien. Ce qui signifie précisément que les hommes ont dû employer pour l'établissement de la société des lumières qui ne se développent qu'avec beaucoup de peine et pour fort peu de gens dans le sein de la société même.

Connaissant si peu la nature et s'accordant si mal sur le sens du mot *loi*, il serait bien difficile de convenir d'une bonne définition de la loi naturelle. Aussi toutes celles qu'on trouve dans les livres, outre le défaut de n'être point uniformes, ont-elles encore celui d'être tirées de plusieurs connaissances que les hommes n'ont point naturellement, et des avantages dont ils ne peuvent concevoir l'idée qu'après être sortis de l'état de nature. On commence par rechercher les règles dont, pour l'utilité commune, il serait à propos que les hommes convinssent entre eux; et puis on donne le nom de loi naturelle à la collection de ces règles, sans autre preuve que le bien qu'on trouve qui résulterait de leur pratique universelle. Voilà assurément une manière très commode de composer des définitions, et d'expliquer la nature des choses par des convenances presque arbitraires.

Mais tant que nous ne connaîtrons point l'homme naturel, c'est en vain que nous voudrons déterminer la loi qu'il a reçue ou celle qui convient le mieux à sa constitution. Tout ce que nous pouvons voir très clairement au sujet de cette loi, c'est que non seulement pour qu'elle soit loi il faut que la volonté de celui qu'elle oblige puisse s'y soumettre avec connaissance, mais qu'il faut encore pour qu'elle soit naturelle qu'elle parle immédiatement par la voix de la nature.

Laissant donc tous les livres scientifiques qui ne nous apprennent qu'à voir les hommes tels qu'ils se sont faits, et méditant sur les premières et plus simples opérations de l'âme humaine, j'y crois apercevoir deux principes antérieurs à la raison, dont l'un nous intéresse ardemment à notre bien-être et à la conservation de nous-mêmes, et l'autre nous inspire une répugnance naturelle à voir périr ou souffrir tout être sensible et principalement nos semblables. C'est du concours et de la combinaison que notre esprit est en état de faire de ces deux principes, sans qu'il soit nécessaire d'y faire entrer celui de la sociabilité, que me paraissent découler toutes les règles du droit naturel; règles que la raison est ensuite forcée de rétablir sur d'autres fondements, quand par ses développements successifs elle est venue à bout d'étouffer la nature.

De cette manière, on n'est point obligé de faire de l'homme un philosophe avant que d'en faire un homme; ses devoirs envers autrui ne lui sont pas uniquement dictés par les tardives leçons de la sagesse; et tant qu'il ne résistera point à l'impulsion intérieure de la commisération, il ne fera jamais du mal à un autre homme ni même à aucun être sensible, excepté dans le cas légitime où sa conservation se trouvant intéressée, il est obligé de se donner la préférence à lui-même. Par ce moyen, on termine aussi les anciennes disputes sur la participation des animaux à la loi naturelle. Car il est clair que, dépourvus de lumières et de liberté, ils ne peuvent reconnaître cette loi; mais tenant en quelque chose à notre nature par la sensibilité dont ils sont doués, on jugera qu'ils doivent aussi participer au droit naturel, et que l'homme est assujetti envers eux à quelque espèce de devoirs. Il semble, en effet, que si je suis obligé de ne faire aucun mal à mon semblable, c'est moins parce qu'il est un être raisonnable que parce qu'il est un être sensible; qualité qui, étant commune à la bête et à l'homme, doit au moins donner à l'une le droit de n'être point maltraitée inutilement par l'autre.

Cette même étude de l'homme originel, de ses vrais besoins, et des principes fondamentaux de ses devoirs, est encore le seul bon moyen qu'on puisse employer pour lever ces foules de difficultés qui se présentent sur l'origine de l'inégalité morale, sur les vrais fondements du corps politique, sur les droits réciproques de ses membres, et sur mille autres questions semblables, aussi importantes que mal éclaircies.

En considérant la société humaine d'un regard tranquille et désintéressé, elle ne semble montrer d'abord que la violence des hommes puissants et l'oppression des faibles; l'esprit se révolte contre la dureté des uns; on est porté à déplorer l'aveuglement des autres; et comme rien n'est moins stable parmi les hommes que ces relations extérieures que le hasard produit plus souvent que la sagesse, et qu'on appelle faiblesse ou puissance, richesse ou pauvreté, les établissements humains paraissent au premier coup d'œil fondés sur des monceaux de sable mouvant ; ce n'est qu'en les examinant de près, ce n'est qu'après avoir écarté la poussière et le sable qui environnent l'édifice, qu'on aperçoit la base inébranlable sur laquelle il est élevé, et qu'on apprend à en respecter les fondements. Or sans l'étude sérieuse de l'homme, de ses facultés naturelles, et de leurs développements successifs, on ne viendra jamais à bout de faire ces distinctions, et de séparer dans l'actuelle constitution des choses ce qu'a fait la volonté divine d'avec ce que l'art humain a prétendu faire. Les recherches politiques et morales auxquelles donne lieu l'importante question que j'examine sont donc utiles de toute manière, et l'histoire hypothétique des gouvernements est pour l'homme une leçon instructive à tous égards. En considérant ce que nous serions devenus, abandonnés à nous-mêmes, nous devons apprendre à bénir celui dont la main bienfaisante, corrigeant nos institutions et leur donnant une assiette inébranlable, a prévenu les désordres qui devraient en résulter, et fait naître notre bonheur des moyens qui semblaient devoir combler notre misère.

Quem te Deus esse
Jussit, et humanâ quâ parte locatus es in re,
Disce.

QUESTION

proposée par l'Académie de Dijon.

Quelle est l'origine de l'inégalité parmi les hommes, et si elle est autorisée par la loi naturelle ?

AVERTISSEMENT

SUR LES NOTES

J'ai ajouté quelques notes à cet ouvrage selon ma coutume paresseuse de travailler à bâtons rompus. Ces notes s'écartent quelquefois assez du sujet pour n'être pas bonnes à lire avec le texte. Je les ai donc rejetées à la fin du Discours, dans lequel j'ai tâché de suivre de mon mieux le plus droit chemin. Ceux qui auront le courage de recommencer pourront s'amuser la seconde fois à battre les buissons, et tenter de parcourir les notes; il y aura peu de mal que les autres ne les lisent point du tout[1].

1. Pour des raisons de commodité nous avons maintenu les notes de Rousseau au bas des pages. (Note de l'éditeur.)

DISCOURS

SUR L'ORIGINE, ET LES FONDEMENTS DE L'INÉGALITÉ PARMI LES HOMMES.

C'est de l'homme que j'ai à parler, et la question que j'examine m'apprend que je vais parler à des hommes, car on n'en propose point de semblables quand on craint d'honorer la vérité. Je défendrai donc avec confiance la cause de l'humanité devant les sages qui m'y invitent, et je ne serai pas mécontent de moi-même si je me rends digne de mon sujet et de mes juges.

Je conçois dans l'espèce humaine deux sortes d'inégalité; l'une que j'appelle naturelle ou physique, parce qu'elle est établie par la nature, et qui consiste dans la différence des âges, de la santé, des forces du corps, et des qualités de l'esprit, ou de l'âme, l'autre qu'on peut appeler inégalité morale, ou politique, parce qu'elle dépend d'une sorte de convention, et qu'elle est établie, ou du moins autorisée par le consentement des hommes. Celle-ci consiste dans les différents privilèges, dont quelques-uns jouissent, au préjudice des autres, comme d'être plus riches, plus honorés, plus puissants qu'eux, ou même de s'en faire obéir.

On ne peut pas demander quelle est la source de l'inégalité naturelle, parce que la réponse se trouverait énoncée dans la simple définition du mot. On peut encore moins chercher s'il n'y aurait point quelque liaison essentielle entre les deux inégalités; car ce serait demander, en d'autres termes, si ceux qui commandent valent nécessairement mieux que ceux qui obéissent, et si la force du corps ou de l'esprit, la sagesse ou la vertu, se trouvent toujours dans les mêmes individus, en proportion de la puissance, ou de la richesse : question bonne peut-être à agiter entre des esclaves entendus de leurs maîtres, mais qui ne convient pas à des hommes raisonnables et libres, qui cherchent la vérité.

De quoi s'agit-il donc précisément dans ce Discours ? De marquer dans le progrès des choses le moment où le droit succédant à la violence, la nature fut soumise à la loi ; d'expliquer par quel enchaînement de prodiges le fort put se résoudre à servir le faible, et le peuple à acheter un repos en idée, au prix d'une félicité réelle.

Les philosophes qui ont examiné les fondements de la société ont tous senti la nécessité de remonter jusqu'à l'état de nature, mais aucun d'eux n'y est arrivé. Les uns n'ont point balancé à supposer à l'homme dans cet état la notion du juste et de l'injuste, sans se soucier de montrer qu'il dût avoir cette notion, ni même qu'elle lui fût utile. D'autres ont parlé du droit naturel que chacun a de conserver ce qui lui appartient, sans expliquer ce qu'ils entendaient par appartenir ; d'autres donnant d'abord au plus fort l'autorité sur le plus faible, ont aussitôt fait naître le gouvernement, sans songer au temps qui dut s'écouler avant que le sens des mots d'autorité et de gouvernement pût exister parmi les hommes. Enfin tous, parlant sans cesse de besoin, d'avidité, d'oppression, de désirs, et d'orgueil, ont transporté à l'état de nature des idées qu'ils avaient prises dans la société. Ils parlaient de l'homme sauvage, et ils peignaient l'homme civil. Il n'est pas même venu dans l'esprit de la plupart des nôtres de douter que l'état de nature eût existé, tandis qu'il est évident, par la lecture des Livres Sacrés, que le premier homme, ayant reçu immédiatement de Dieu des lumières et des préceptes, n'était point lui-même dans cet état, et qu'en ajoutant aux écrits de Moïse la foi que leur doit tout philosophe chrétien, il faut nier que, même avant le déluge, les hommes se soient jamais trouvés dans le pur état de nature, à moins qu'ils n'y soient retombés par quelque événement extraordinaire. Paradoxe fort embarrassant à défendre, et tout à fait impossible à prouver.

Commençons donc par écarter tous les faits, car ils ne touchent point à la question. Il ne faut pas prendre les recherches, dans lesquelles on peut entrer sur ce sujet, pour des vérités historiques, mais seulement pour des raisonnements hypothétiques et conditionnels; plus propres à éclaircir la nature des choses, qu'à en montrer la véritable origine, et semblables à ceux que font tous les jours nos physiciens sur la formation du monde. La religion nous ordonne de croire que Dieu lui-même ayant tiré les hommes de l'état de nature, immédiatement après la création, ils sont inégaux parce qu'il a voulu qu'ils le fussent; mais elle ne nous défend pas de former des conjectures tirées de la seule nature de l'homme et des êtres qui l'environnent, sur ce qu'aurait pu devenir le genre humain, s'il fût resté abandonné à lui-même. Voilà ce qu'on me demande, et ce que je me propose d'examiner dans ce Discours. Mon sujet intéressant l'homme en général, je tâcherai de prendre un langage qui convienne à toutes les nations, ou plutôt, oubliant les temps et les lieux, pour ne songer qu'aux hommes à qui je parle, je me supposerai dans le lycée d'Athènes, répétant les leçons de mes maîtres, ayant les Platons et les Xénocrates pour juges, et le genre humain pour auditeur.

O homme, de quelque contrée que tu sois, quelles que soient tes opinions, écoute. Voici ton histoire telle que j'ai cru la lire, non dans les livres de tes semblables qui sont menteurs, mais dans la nature qui ne ment jamais. Tout ce qui sera d'elle sera vrai. Il n'y aura de faux que ce que j'y aurai mêlé du mien sans le vouloir. Les temps dont je vais parler sont bien éloignés. Combien tu as changé de ce que tu étais! C'est pour ainsi dire la vie de ton espèce que je te vais décrire d'après les qualités que tu as reçues, que ton éducation et tes habitudes ont pu dépraver, mais qu'elles n'ont pu détruire. Il y a, je le sens, un âge auquel l'homme individuel voudrait s'arrêter; tu chercheras l'âge auquel tu désirerais que ton espèce se fût arrêtée. Mécontent de ton état présent, par des raisons qui annoncent à ta postérité malheureuse de plus grands mécontentements encore, peut-être voudrais-tu pouvoir rétrograder; et ce sentiment doit faire l'éloge de tes premiers aïeux, la critique de tes contemporains, et l'effroi de ceux qui auront le malheur de vivre après toi.

Première Partie

Quelque important qu'il soit, pour bien juger de l'état naturel de l'homme, de le considérer dès son origine, et de l'examiner, pour ainsi dire, dans le premier embryon de l'espèce; je ne suivrai point son organisation à travers ses développements successifs. Je ne m'arrêterai pas à rechercher dans le système animal ce qu'il put être au commencement, pour devenir enfin ce qu'il est; je n'examinerai pas si, comme le pense Aristote, ses ongles allongés ne furent point d'abord des griffes crochues; s'il n'était point velu comme un ours, et si marchant à quatre pieds[1], ses regards dirigés vers la terre, et bornés à un horizon de quelques pas, ne marquaient

1. Les changements qu'un long usage de marcher sur deux pieds a pu produire dans la conformation de l'homme, les rapports qu'on observe encore entre ses bras et les jambes antérieures des quadrupèdes et l'induction tirée de leur manière de marcher ont pu faire naître des doutes sur celle qui devait nous être la plus naturelle. Tous les enfants commencent par marcher à quatre pieds et ont besoin de notre exemple et de nos leçons pour apprendre à se tenir debout. Il y a même des nations sauvages, telles que les Hottentots qui, négligeant beaucoup les enfants, les laissent marcher sur les mains si longtemps qu'ils ont ensuite bien de la peine à les redresser; autant en font les enfants des Caraïbes des Antilles. Il y a divers exemples d'hommes quadrupèdes et je pourrais entre autres citer celui de cet enfant qui fut trouvé, en 1344, auprès de Hesse où il avait été nourri par des loups et qui disait depuis à la cour du prince Henri que, s'il n'eût tenu qu'à lui, il eût mieux aimé retourner avec eux que de vivre parmi les hommes. Il avait tellement pris l'habitude de marcher comme ces animaux qu'il fallut lui attacher des pièces de bois qui le forçaient à se tenir debout et en équilibre sur ses deux pieds. Il en était de même de l'enfant qu'on trouva en 1694 dans les forêts de Lituanie et qui vivait parmi les ours. Il ne donnait, dit M. de Condillac, aucune marque de raison, marchait sur ses pieds et sur ses mains, n'avait aucun langage et formait des sons qui ne ressemblaient en rien à ceux d'un homme. Le petit sauvage d'Hanovre qu'on mena il y a plusieurs années à la cour d'Angleterre, avait toutes les peines du monde à s'assujettir à marcher sur deux pieds et l'on trouva en 1719 deux autres sauvages dans les Pyrénées, qui couraient par les montagnes à la manière des quadrupèdes. Quant à ce qu'on pourrait objecter que c'est se priver de l'usage des mains dont nous tirons tant d'avantages, outre que l'exemple des singes montre que la main peut fort bien être employée des deux manières, cela prouverait seulement que l'homme peut donner à ses membres une destination plus commode que celle de la

point à la fois le caractère, et les limites de ses idées. Je ne pourrais former sur ce sujet que des conjectures vagues, et presque imaginaires. L'anatomie comparée a

nature, et non que la nature a destiné l'homme à marcher autrement qu'elle ne lui enseigne.

Mais il y a, ce me semble, de beaucoup meilleures raisons, à dire pour soutenir que l'homme est un bipède. Premièrement quand on ferait voir qu'il a pu d'abord être conformé autrement que nous le voyons et cependant devenir enfin ce qu'il est, ce n'en serait pas assez pour conclure que cela se soit fait ainsi. Car, après avoir montré la possibilité de ces changements, il faudrait encore, avant que de les admettre, en montrer au moins la vraisemblance. De plus, si les bras de l'homme paraissent avoir pu lui servir de jambes au besoin, c'est la seule observation favorable à ce système, sur un grand nombre d'autres qui lui sont contraires. Les principales sont : que la manière dont la tête de l'homme est attachée à son corps, au lieu de diriger sa vue horizontalement, comme l'ont tous les autres animaux, et comme il l'a lui-même en marchant debout, lui eût tenu, marchant à quatre pieds, les yeux directement fichés vers la terre, situation très peu favorable à la conservation de l'individu ; que la queue qui lui manque, et dont il n'a que faire marchant à deux pieds, est utile aux quadrupèdes, et qu'aucun d'eux n'en est privé ; que le sein de la femme, très bien situé pour un bipède qui tient son enfant dans ses bras, l'est si mal pour un quadrupède que nul ne l'a placé de cette manière ; que le train de derrière étant d'une excessive hauteur à proportion des jambes de devant, ce qui fait que marchant à quatre nous nous traînons sur les genoux, le tout eût fait un animal mal proportionné et marchant peu commodément ; que s'il eût posé le pied à plat ainsi que la main, il aurait eu dans la jambe postérieure une articulation de moins que les autres animaux, savoir celle qui joint le canon au tibia, et qu'en ne posant que la pointe du pied, comme il aurait sans doute été contraint de faire, le tarse, sans parler de la pluralité des os qui le composent, paraît trop gros pour tenir lieu de canon et ses articulations avec le métatarse et le tibia trop rapprochées pour donner à la jambe humaine dans cette situation la même flexibilité qu'ont celles des quadrupèdes. L'exemple des enfants étant pris dans un âge où les forces naturelles ne sont point encore développées ni les membres raffermis, ne conclut rien du tout et j'aimerais autant dire que les chiens ne sont pas destinés à marcher, parce qu'ils ne font que ramper quelques semaines après leur naissance. Les faits particuliers ont encore peu de force contre la pratique universelle de tous les hommes, même des nations qui, n'ayant eu aucune communication avec les autres, n'avaient pu rien imiter d'elles. Un enfant abandonné dans une forêt avant que de pouvoir marcher, et nourri par quelque bête, aura suivi l'exemple de sa nourrice en s'exerçant à marcher comme elle ; l'habitude lui aura pu donner des facilités qu'il ne tenait point de la nature ; et comme des manfait encore trop peu de progrès, les observations des naturalistes sont encore trop incertaines, pour qu'on puisse établir sur des pareils fondements la base d'un raisonnement solide; ainsi, sans avoir recours aux connaissances surnaturelles que nous avons sur ce point, et sans avoir égard aux changements qui ont dû survenir dans la conformation, tant intérieure qu'extérieure, de l'homme, à mesure qu'il appliquait ses membres à de nouveaux usages, et qu'il se nourrissait de nouveaux aliments, je le supposerai conforme de tous temps, comme je le vois aujourd'hui, marchant à deux pieds, se servant de ses mains comme nous faisons des nôtres, portant ses regards sur toute la nature, et mesurant des yeux la vaste étendue du ciel.

En dépouillant cet être, ainsi constitué, de tous les dons surnaturels qu'il a pu recevoir, et de toutes les facultés artificielles qu'il n'a pu acquérir que par de longs progrès, en le considérant, en un mot, tel qu'il a dû sortir des mains de la nature, je vois un animal moins fort que les uns, moins agile que les autres, mais, à tout prendre, organisé le plus avantageusement de tous. Je le vois se rassasiant sous un chêne, se désaltérant au premier ruisseau, trouvant son lit au pied du même arbre qui lui a fourni son repas, et voilà ses besoins satisfaits.

La terre abandonnée à sa fertilité naturelle[1], et cou-

chots parviennent à force d'exercice à faire avec leurs pieds tout ce que nous faisons de nos mains, il sera parvenu enfin à employer ses mains à l'usage des pieds.

1. S'il se trouvait parmi mes lecteurs quelque assez mauvais physicien pour me faire des difficultés sur la supposition de cette fertilité naturelle de la terre, je vais lui répondre par le passage suivant :

« Comme les végétaux tirent pour leur nourriture beaucoup « plus de substance de l'air et de l'eau qu'ils n'en tirent de la terre, « il arrive qu'en pourrissant ils rendent à la terre plus qu'ils n'en « ont tiré; d'ailleurs une forêt détermine les eaux de la pluie en « arrêtant les vapeurs. Ainsi dans un bois que l'on conserverait « bien longtemps sans y toucher, la couche de terre qui sert à la « végétation augmenterait considérablement; mais les animaux « rendant moins à la terre qu'ils n'en tirent, et les hommes faisant « des consommations énormes de bois et de plantes pour le feu et « pour d'autres usages, il s'ensuit que la couche de terre végétale « d'un pays habité doit toujours diminuer et devenir enfin comme « le terrain de l'Arabie Pétrée, et comme celui de tant d'autres proverte de forêts immenses que la cognée ne mutila jamais, offre à chaque pas des magasins et des retraites aux animaux de toute espèce. Les hommes dispersés parmi eux observent, imitent leur industrie, et s'élèvent ainsi jusqu'à l'instinct des bêtes, avec cet avantage que chaque espèce n'a que le sien propre, et que l'homme n'en ayant peut-être aucun qui lui appartienne, se les approprie tous, se nourrit également de la plupart des aliments divers[1] que les autres animaux se partagent, et

« vinces de l'Orient, qui est en effet le climat le plus anciennement « habité, où l'on ne trouve que du sel et des sables, car le sel fixe « des plantes et des animaux reste, tandis que toutes les autres « parties se volatilisent. » M. de Buffon, *Hist. Nat.*

On peut ajouter à cela la preuve de fait par la quantité d'arbres et de plantes de toute espèce, dont étaient remplies presque toutes les îles désertes qui ont été découvertes dans ces derniers siècles, et par ce que l'Histoire nous apprend des forêts immenses qu'il a fallu abattre par toute la terre à mesure qu'elle s'est peuplée ou policée. Sur quoi je ferai encore les trois remarques suivantes. L'une que s'il y a une sorte de végétaux qui puissent compenser la déperdition de matière végétale qui se fait par les animaux, selon le raisonnement de M. de Buffon, ce sont surtout les bois, dont les têtes et les feuilles rassemblent et s'approprient plus d'eaux et de vapeurs que ne font les autres plantes. La seconde, que la destruction du sol, c'est-à-dire la perte de la substance propre à la végétation doit s'accélérer à proportion que la terre est plus cultivée et que les habitants plus industrieux consomment en plus grande abondance ses productions de toute espèce. Ma troisième et plus importante remarque est que les fruits des arbres fournissent à l'animal une nourriture plus abondante que ne peuvent faire les autres végétaux, expérience que j'ai faite moi-même, en comparant les produits de deux terrains égaux en grandeur et en qualité, l'un couvert de châtaigniers et l'autre semé de blé.

1. Parmi les quadrupèdes, les deux distinctions les plus universelles des espèces voraces se tirent, l'une de la figure des dents, et l'autre de la conformation des intestins. Les animaux qui ne vivent que de végétaux ont tous les dents plates, comme le cheval, le bœuf, le mouton, le lièvre, mais les voraces les ont pointues, comme le chat, le chien, le loup, le renard. Et quant aux intestins, les frugivores en ont quelques-uns, tels que le côlon, qui ne se trouvent pas dans les animaux voraces. Il semble donc que l'homme, ayant les dents et les intestins comme les ont les animaux frugivores, devrait naturellement être rangé dans cette classe, et non seulement les observations anatomiques confirment cette opinion : mais les monuments de l'antiquité y sont encore très favorables. « Dicéarque, dit saint Jérôme, rapporte dans ses « *Livres des antiquités grecques* que sous le règne de Saturne, où la

trouve par conséquent sa subsistance plus aisément que ne peut faire aucun d'eux.

Accoutumés dès l'enfance aux intempéries de l'air, et à la rigueur des saisons, exercés à la fatigue, et forcés de défendre nus et sans armes leur vie et leur proie contre les autres bêtes féroces, ou de leur échapper à la course, les hommes se forment un tempérament robuste et presque inaltérable. Les enfants, apportant au monde l'excellente constitution de leurs pères, et la fortifiant par les mêmes exercices qui l'ont produite, acquièrent ainsi toute la vigueur dont l'espèce humaine est capable. La nature en use précisément avec eux comme la loi de Sparte avec les enfants des citoyens ; elle rend forts et robustes ceux qui sont bien constitués et fait périr tous les autres ; différente en cela de nos sociétés, où l'État, en rendant les enfants onéreux aux pères, les tue indistinctement avant leur naissance.

Le corps de l'homme sauvage étant le seul instrument qu'il connaisse, il l'emploie à divers usages, dont, par le défaut d'exercice, les nôtres sont incapables, et c'est notre industrie qui nous ôte la force et l'agilité que la nécessité l'oblige d'acquérir. S'il avait eu une hache, son poignet romprait-il de si fortes branches ? S'il avait eu une fronde, lancerait-il de la main une pierre avec tant de raideur ? S'il avait eu une échelle, grimperait-il si légèrement sur un arbre ? S'il avait eu un cheval, serait-il si vite à la course ? Laissez à l'homme civilisé le temps de rassembler toutes ses machines autour de lui, on ne peut douter qu'il ne surmonte facilement l'homme sauvage ; mais si vous voulez voir un combat plus inégal encore, mettez-les nus et désarmés vis-à-vis l'un de l'autre, et

« terre était encore fertile par elle-même, nul homme ne mangeait « de chair, mais que tous vivaient des fruits et des légumes qui « croissaient naturellement. » (Lib. 2, *Adv. Jovinian.*) On peut voir par là que je néglige bien des avantages que je pourrais faire valoir. Car la proie étant presque l'unique sujet de combat entre les animaux carnassiers, et les frugivores vivant entre eux dans une paix continuelle, si l'espèce humaine était de ce dernier genre, il est clair qu'elle aurait eu beaucoup plus de facilité à subsister dans l'état de nature, beaucoup moins de besoin et d'occasions d'en sortir.

vous reconnaîtrez bientôt quel est l'avantage d'avoir sans cesse toutes ses forces à sa disposition, d'être toujours prêt à tout événement, et de se porter, pour ainsi dire, toujours tout entier avec soi[1].

1. Toutes les connaissances qui demandent de la réflexion, toutes celles qui ne s'acquièrent que par l'enchaînement des idées et ne se perfectionnent que successivement, semblent être tout à fait hors de la portée de l'homme sauvage, faute de communication avec ses semblables, c'est-à-dire faute de l'instrument qui sert à cette communication et des besoins qui la rendent nécessaire. Son savoir et son industrie se bornent à sauter, courir, se battre, lancer une pierre, escalader un arbre. Mais s'il ne fait que ces choses, en revanche il les fait beaucoup mieux que nous, qui n'en avons pas le même besoin que lui ; et comme elles dépendent uniquement de l'exercice du corps et ne sont susceptibles d'aucune communication ni d'aucun progrès d'un individu à l'autre, le premier homme a pu y être tout aussi habile que ses derniers descendants.

Les relations des voyageurs sont pleines d'exemples de la force et de la vigueur des hommes chez les nations barbares et sauvages ; elles ne vantent guère moins leur adresse et leur légèreté, et comme il ne faut que des yeux pour observer ces choses, rien n'empêche qu'on n'ajoute foi à ce que certifient là-dessus des témoins oculaires, j'en tire au hasard quelques exemples des premiers livres qui me tombent sous la main.

« Les Hottentots, dit Kolben, entendent mieux la pêche que les « Européens du Cap. Leur habileté est égale au filet, à l'hameçon « et au dard, dans les anses comme dans les rivières. Ils ne « prennent pas moins habilement le poisson avec la main. Ils sont « d'une adresse incomparable à la nage. Leur manière de nager a « quelque chose de surprenant et qui leur est tout à fait propre. Ils « nagent le corps droit et les mains étendues hors de l'eau, de « sorte qu'ils paraissent marcher sur la terre. Dans la plus grande « agitation de la mer et lorsque les flots forment autant de mon- « tagnes, ils dansent en quelque sorte sur le dos des vagues, mon- « tant et descendant comme un morceau de liège.

« Les Hottentots, dit encore le même auteur, sont d'une adresse « surprenante à la chasse, et la légèreté de leur course passe l'ima- « gination. » Il s'étonne qu'ils ne fassent pas plus souvent un mauvais usage de leur agilité, ce qui leur arrive pourtant quelquefois, comme on peut juger par l'exemple qu'il en donne : « Un matelot « hollandais en débarquant au Cap chargea, dit-il, un Hottentot de « le suivre à la ville avec un rouleau de tabac d'environ vingt livres. « Lorsqu'ils furent tous deux à quelque distance de la troupe, le « Hottentot demanda au matelot s'il savait courir. Courir ! répond « le Hollandais, oui, fort bien. Voyons, reprit l'Africain, et fuyant « avec le tabac il disparut presque aussitôt. Le matelot confondu « de cette merveilleuse vitesse ne pensa point à le poursuivre et ne « revit jamais ni son tabac ni son porteur.

Hobbes prétend que l'homme est naturellement intrépide, et ne cherche qu'à attaquer, et combattre. Un philosophe illustre pense au contraire, et Cumberland et Pufendorff l'assurent aussi, que rien n'est si timide que l'homme dans l'état de nature, et qu'il est toujours tremblant, et prêt à fuir au moindre bruit qui le frappe, au moindre mouvement qu'il aperçoit. Cela peut être ainsi pour les objets qu'il ne connaît pas, et je ne doute point qu'il ne soit effrayé par tous les nouveaux spectacles qui s'offrent à lui, toutes les fois qu'il ne peut distinguer le bien et le mal physiques qu'il en doit attendre, ni comparer ses forces avec les dangers qu'il a à courir; circonstances rares dans l'état de nature, où toutes choses marchent d'une manière si uniforme, et où la face de la terre n'est point sujette à ces changements brusques et continuels, qu'y causent les passions et l'inconstance des peuples réunis. Mais l'homme sauvage vivant dispersé

« Ils ont la vue si prompte et la main si certaine que les Européens « n'en approchent point. A cent pas, ils toucheront d'un coup de « pierre une marque de la grandeur d'un demi-sol et ce qu'il y a de « plus étonnant, c'est qu'au lieu de fixer comme nous les yeux sur « le but, ils font des mouvements et des contorsions continuelles. « Il semble que leur pierre soit portée par une main invisible. »

Le P. du Tertre dit à peu près sur les sauvages des Antilles les mêmes choses qu'on vient de lire sur les Hottentots du cap de Bonne-Espérance. Il vante surtout leur justesse à tirer avec leurs flèches les oiseaux au vol et les poissons à la nage, qu'ils prennent ensuite en plongeant. Les sauvages de l'Amérique septentrionale ne sont pas moins célèbres par leur force et leur adresse, et voici un exemple qui pourra faire juger de celles des Indiens de l'Amérique méridionale.

En l'année 1746, un Indien de Buenos Aires, ayant été condamné aux galères à Cadix, proposa au gouverneur de racheter sa liberté en exposant sa vie dans une fête publique. Il promit qu'il attaquerait seul le plus furieux taureau sans autre arme en main qu'une corde, qu'il le terrasserait, qu'il le saisirait avec sa corde par telle partie qu'on indiquerait, qu'il le sellerait, le briderait, le monterait, et combattrait ainsi monté deux autres taureaux des plus furieux qu'on ferait sortir du torillo et qu'il les mettrait tous à mort l'un après l'autre, dans l'instant qu'on le lui commanderait et sans le secours de personne; ce qui lui fut accordé. L'Indien tint parole et réussit dans tout ce qu'il avait promis; sur la manière dont il s'y prit et sur tout le détail du combat, on peut consulter le premier tome in-12 des *Observations sur l'Histoire naturelle* de M. Gautier, d'où ce fait est tiré, page 262.

parmi les animaux, et se trouvant de bonne heure dans le cas de se mesurer avec eux, il en fait bientôt la comparaison, et sentant qu'il les surpasse plus en adresse qu'ils ne le surpassent en force, il apprend à ne les plus craindre. Mettez un ours, ou un loup aux prises avec un sauvage robuste; agile, courageux comme ils sont tous, armé de pierres, et d'un bon bâton, et vous verrez que le péril sera tout au moins réciproque, et qu'après plusieurs expériences pareilles, les bêtes féroces, qui n'aiment point à s'attaquer l'une à l'autre, s'attaqueront peu volontiers à l'homme, qu'elles auront trouvé tout aussi féroce qu'elles. A l'égard des animaux qui ont réellement plus de force qu'il n'a d'adresse, il est vis-à-vis d'eux dans le cas des autres espèces plus faibles, qui ne laissent pas de subsister; avec cet avantage pour l'homme, que non moins dispos qu'eux à la course, et trouvant sur les arbres un refuge presque assuré, il a partout le prendre et le laisser dans la rencontre, et le choix de la fuite ou du combat. Ajoutons qu'il ne paraît pas qu'aucun animal fasse naturellement la guerre à l'homme, hors le cas de sa propre défense ou d'une extrême faim, ni témoigne contre lui de ces violentes antipathies qui semblent annoncer qu'une espèce est destinée par la nature à servir de pâture à l'autre.

D'autres ennemis plus redoutables, et dont l'homme n'a pas les mêmes moyens de se défendre, sont les infirmités naturelles, l'enfance, la vieillesse, et les maladies de toute espèce; tristes signes de notre faiblesse, dont les deux premiers sont communs à tous les animaux, et dont le dernier appartient principalement à l'homme vivant en société. J'observe même, au sujet de l'enfance, que la mère, portant partout son enfant avec elle, a beaucoup plus de facilité à le nourrir que n'ont les femelles de plusieurs animaux, qui sont forcées d'aller et venir sans cesse avec beaucoup de fatigue, d'un côté pour chercher leur pâture, et de l'autre pour allaiter ou nourrir leurs petits. Il est vrai que si la femme vient à périr l'enfant risque fort de périr avec elle; mais ce danger est commun à cent autres espèces, dont les petits ne sont de longtemps en état d'aller chercher eux-mêmes leur nourriture; et si l'enfance est plus longue parmi nous, la vie étant plus longue aussi, tout est encore à peu près égal en ce point[1], quoiqu'il y ait sur la durée du premier âge, et sur le nombre des petits[2], d'autres règles, qui ne sont pas de mon sujet. Chez les vieillards, qui agissent et transpirent peu, le besoin d'aliments diminue avec la faculté d'y pourvoir; et comme la vie sauvage éloigne d'eux la goutte et les rhumatismes, et que la vieil-

1. « La durée de la vie des chevaux, dit M. de Buffon, est « comme dans toutes les autres espèces d'animaux proportionnée « à la durée du temps de leur accroissement. L'homme, qui est « quatorze ans à croître, peut vivre six ou sept fois autant de « temps, c'est-à-dire quatre-vingt-dix ou cent ans, le cheval, dont « l'accroissement se fait en quatre ans, peut vivre six ou sept fois « autant, c'est-à-dire vingt-cinq ou trente ans. Les exemples qui « pourraient être contraires à cette règle sont si rares qu'on ne « doit pas même les regarder comme une exception dont on « puisse tirer des conséquences; et comme les gros chevaux « prennent leur accroissement en moins de temps que les chevaux « fins, ils vivent aussi moins de temps et sont vieux dès l'âge de « quinze ans. »

2. Je crois voir entre les animaux carnassiers et les frugivores une autre différence encore plus générale que celle que j'ai remarquée dans la note de la page 163 puisque celle-ci s'étend jusqu'aux oiseaux. Cette différence consiste dans le nombre des petits, qui n'excède jamais deux à chaque portée, pour les espèces qui ne vivent que de végétaux et qui va ordinairement au-delà de ce nombre pour les animaux voraces. Il est aisé de connaître à cet égard la destination de la nature par le nombre des mamelles, qui n'est que de deux dans chaque femelle de la première espèce, comme la jument, la vache, la chèvre, la biche, la brebis, etc., et qui est toujours de six ou de huit dans les autres femelles comme la chienne, la chatte, la louve, la tigresse, etc. La poule, l'oie, la cane, qui sont toutes des oiseaux voraces ainsi que l'aigle, l'épervier, la chouette, pondent aussi et couvent un grand nombre d'œufs, ce qui n'arrive jamais à la colombe, à la tourterelle ni aux oiseaux, qui ne mangent absolument que du grain, lesquels ne pondent et ne couvent guère que deux œufs à la fois. La raison qu'on peut donner de cette différence est que les animaux qui ne vivent que d'herbes et de plantes, demeurant presque tout le jour à la pâture et étant forcés d'employer beaucoup de temps à se nourrir, ne pourraient suffire à allaiter plusieurs petits, au lieu que les voraces faisant leur repas presque en un instant peuvent plus aisément et plus souvent retourner à leurs petits et à leur chasse et réparer la dissipation d'une si grande quantité de lait. Il y aurait à tout ceci bien des observations particulières et des réflexions à faire; mais ce n'en est pas ici le lieu et il me suffit d'avoir montré dans cette partie le système le plus général de la nature, système qui fournit une nouvelle raison de tirer l'homme de la classe des animaux carnassiers et de le ranger parmi les espèces frugivores.

lesse est de tous les maux celui que les secours humains peuvent le moins soulager, ils s'éteignent enfin, sans qu'on s'aperçoive qu'ils cessent d'être, et presque sans s'en apercevoir eux-mêmes.

A l'égard des maladies, je ne répéterai point les vaines et fausses déclamations, que font contre la médecine la plupart des gens en santé ; mais je demanderai s'il y a quelque observation solide de laquelle on puisse conclure que dans les pays, où cet art est le plus négligé, la vie moyenne de l'homme soit plus courte que dans ceux où il est cultivé avec le plus de soin ; et comment cela pourrait-il être, si nous nous donnons plus de maux que la médecine ne peut nous fournir de remèdes ! L'extrême inégalité dans la manière de vivre, l'excès d'oisiveté dans les uns, l'excès de travail dans les autres, la facilité d'irriter et de satisfaire nos appétits et notre sensualité, les aliments trop recherchés des riches, qui les nourrissent de sucs échauffants et les accablent d'indigestions, la mauvaise nourriture des pauvres, dont ils manquent même le plus souvent, et dont le défaut les porte à surcharger avidement leur estomac dans l'occasion, les veilles, les excès de toute espèce, les transports immodérés de toutes les passions, les fatigues, et l'épuisement d'esprit, les chagrins, et les peines sans nombre qu'on éprouve dans tous les états, et dont les âmes sont perpétuellement rongées. Voilà les funestes garants que la plupart de nos maux sont notre propre ouvrage, et que nous les aurions presque tous évités, en conservant la manière de vivre simple, uniforme, et solitaire qui nous était prescrite par la nature. Si elle nous a destinés à être sains, j'ose presque assurer que l'état de réflexion est un état contre nature, et que l'homme qui médite est un animal dépravé. Quand on songe à la bonne constitution des sauvages, au moins de ceux que nous n'avons pas perdus avec nos liqueurs fortes, quand on sait qu'ils ne connaissent presque d'autres maladies que les blessures, et la vieillesse, on est très porté à croire qu'on ferait aisément l'histoire des maladies humaines en suivant celle des sociétés civiles. C'est au moins l'avis de Platon, qui juge, sur certains remèdes employés ou approuvés par Podalyre et Macaon au siège de Troie, que diverses maladies, que ces remèdes devaient exciter, n'étaient point encore alors connues parmi les hommes.

Avec si peu de sources de maux, l'homme dans l'état de nature n'a donc guère besoin de remèdes, moins encore de médecins; l'espèce humaine n'est point non plus à cet égard de pire condition que toutes les autres, et il est aisé de savoir des chasseurs si dans leurs courses ils trouvent beaucoup d'animaux infirmes. Plusieurs en trouvent-ils qui ont reçu des blessures considérables très bien cicatrisées, qui ont eu des os, et même des membres, rompus et repris sans autre chirurgien que le temps, sans autre régime que leur vie ordinaire, et qui n'en sont pas moins parfaitement guéris, pour n'avoir point été tourmentés d'incisions, empoisonnés de drogues, ni exténués de jeûnes. Enfin, quelque utile que puisse être parmi nous la médecine bien administrée, il est toujours certain que si le sauvage malade abandonné à lui-même n'a rien à espérer que de la nature, en revanche il n'a rien à craindre que de son mal, ce qui rend souvent sa situation préférable à la nôtre.

Gardons-nous donc de confondre l'homme sauvage avec les hommes, que nous avons sous les yeux. La nature traite tous les animaux abandonnés à ses soins avec une prédilection, qui semble montrer combien elle est jalouse de ce droit. Le cheval, le chat, le taureau, l'âne même ont la plupart une taille plus haute, tous une constitution plus robuste, plus de vigueur, de force, et de courage dans les forêts que dans nos maisons; ils perdent la moitié de ces avantages en devenant domestiques, et l'on dirait que tous nos soins à bien traiter et nourrir ces animaux n'aboutissent qu'à les abâtardir. Il en est ainsi de l'homme même : en devenant sociable et esclave, il devient faible, craintif, rampant, et sa manière de vivre molle et efféminée achève d'énerver à la fois sa force et son courage. Ajoutons qu'entre les conditions sauvage et domestique la différence d'homme à homme doit être plus grande encore que celle de bête à bête; car l'animal et l'homme ayant été traités également par la nature, toutes les commodités que l'homme se donne de plus qu'aux animaux qu'il apprivoise sont autant de causes particulières qui le font dégénérer plus sensiblement.

Ce n'est donc pas un si grand malheur à ces premiers hommes, ni surtout un si grand obstacle à leur conservation, que la nudité, le défaut d'habitation, et la privation de toutes ces inutilités, que nous croyons si nécessaires. S'ils n'ont pas la peau velue, ils n'en ont aucun besoin dans les pays chauds, et ils savent bientôt, dans les pays froids, s'approprier celles des bêtes qu'ils ont vaincues; s'ils n'ont que deux pieds pour courir, ils ont deux bras pour pourvoir à leur défense et à leurs besoins; leurs enfants marchent peut-être tard et avec peine, mais les mères les portent avec facilité; avantage qui manque aux autres espèces, où la mère, étant poursuivie, se voit contrainte d'abandonner ses petits, ou de régler son pas sur le leur. Enfin, à moins de supposer ces concours singuliers et fortuits de circonstances, dont je parlerai dans la suite, et qui pouvaient fort bien ne jamais arriver, il est clair en tout état de cause que le premier qui se fit des habits ou un logement se donna en cela des choses peu nécessaires, puisqu'il s'en était passé jusqu'alors, et qu'on ne voit pas pourquoi il n'eût pu supporter, homme fait, un genre de vie qu'il supportait dès son enfance.

Seul, oisif, et toujours voisin du danger, l'homme sauvage doit aimer à dormir, et avoir le sommeil léger comme les animaux, qui, pensant peu, dorment, pour ainsi dire, tout le temps qu'ils ne pensent point. Sa propre conservation faisant presque son unique soin, ses facultés les plus exercées doivent être celles qui ont pour objet principal l'attaque et la défense, soit pour subjuguer sa proie, soit pour se garantir d'être celle d'un autre animal : au contraire, les organes qui ne se perfectionnent que par la mollesse et la sensualité doivent rester dans un état de grossièreté, qui exclut en lui toute espèce de délicatesse; et ses sens se trouvant partagés sur ce point, il aura le toucher et le goût d'une rudesse extrême; la vue, l'ouïe et l'odorat de la plus grande subtilité. Tel est l'état animal en général, et c'est aussi, selon le rapport des voyageurs, celui de la plupart des peuples sauvages. Ainsi il ne faut point s'étonner, que les Hottentots du cap de Bonne-Espérance découvrent, à la simple vue des vaisseaux en haute mer, d'aussi loin que les Hollandais avec des lunettes, ni que les sauvages de l'Amérique sentissent les Espagnols à la piste, comme auraient pu faire les meilleurs chiens, ni que toutes ces nations barbares supportent sans peine leur nudité, aiguisent leur goût à force de piment, et boivent des liqueurs européennes comme de l'eau.

Je n'ai considéré jusqu'ici que l'homme physique. Tâchons de le regarder maintenant par le côté métaphysique et moral.

Je ne vois dans tout animal qu'une machine ingénieuse, à qui la nature a donné des sens pour se remonter elle-même, et pour se garantir, jusqu'à un certain point, de tout ce qui tend à la détruire, ou à la déranger. J'aperçois précisément les mêmes choses dans la machine humaine, avec cette différence que la nature seule fait tout dans les opérations de la bête, au lieu que l'homme concourt aux siennes, en qualité d'agent libre. L'un choisit ou rejette par instinct, et l'autre par un acte de liberté; ce qui fait que la bête ne peut s'écarter de la règle qui lui est prescrite, même quand il lui serait avantageux de le faire, et que l'homme s'en écarte souvent à son préjudice. C'est ainsi qu'un pigeon mourrait de faim près d'un bassin rempli des meilleures viandes, et un chat sur des tas de fruits, ou de grain, quoique l'un et l'autre pût très bien se nourrir de l'aliment qu'il dédaigne, s'il s'était avisé d'en essayer. C'est ainsi que les hommes dissolus se livrent à des excès, qui leur causent la fièvre et la mort; parce que l'esprit déprave les sens, et que la volonté parle encore, quand la nature se tait.

Tout animal a des idées puisqu'il a des sens, il combine même ses idées jusqu'à un certain point, et l'homme ne diffère à cet égard de la bête que du plus au moins. Quelques philosophes ont même avancé qu'il y a plus de différence de tel homme à tel homme que de tel homme à telle bête; ce n'est donc pas tant l'entendement qui fait parmi les animaux la distinction spécifique de l'homme que sa qualité d'agent libre. La nature commande à tout animal, et la bête obéit. L'homme éprouve la même impression, mais il se reconnaît libre d'acquiescer, ou de résister; et c'est surtout dans la conscience de cette liberté que se montre la spiritualité de son âme : car la physique explique en quelque manière le mécanisme des sens et la formation des idées; mais dans la puissance de vouloir ou plutôt de choisir, et dans le sentiment de cette puissance on ne trouve que des actes purement spirituels, dont on n'explique rien par les lois de la mécanique.

Mais, quand les difficultés qui environnent toutes ces questions, laisseraient quelque lieu de disputer sur cette différence de l'homme et de l'animal, il y a une autre qualité très spécifique qui les distingue, et sur laquelle il ne peut y avoir de contestation, c'est la faculté de se perfectionner; faculté qui, à l'aide des circonstances, développe successivement toutes les autres, et réside parmi nous tant dans l'espèce que dans l'individu, au lieu qu'un animal est, au bout de quelques mois, ce qu'il sera toute sa vie, et son espèce, au bout de mille ans, ce qu'elle était la première année de ces mille ans. Pourquoi l'homme seul est-il sujet à devenir imbécile? N'est-ce point qu'il retourne ainsi dans son état primitif, et que, tandis que la bête, qui n'a rien acquis et qui n'a rien non plus à perdre, reste toujours avec son instinct, l'homme reperdant par la vieillesse ou d'autres accidents tout ce que *sa perfectibilité* lui avait fait acquérir, retombe ainsi plus bas que la bête même? Il serait triste pour nous d'être forcés de convenir, que cette faculté distinctive, et presque illimitée, est la source de tous les malheurs de l'homme; que c'est elle qui le tire, à force de temps, de cette condition originaire, dans laquelle il coulerait des jours tranquilles et innocents; que c'est elle, qui faisant éclore avec les siècles ses lumières et ses erreurs, ses vices et ses vertus, le rend à la longue le tyran de lui-même et de la nature[1]. Il

1. Un auteur célèbre, calculant les biens et les maux de la vie humaine et comparant les deux sommes, a trouvé que la dernière surpassait l'autre de beaucoup et qu'à tout prendre la vie était pour l'homme un assez mauvais présent. Je ne suis point surpris de sa conclusion; il a tiré tous ses raisonnements de la constitution de l'homme civil : s'il fût remonté jusqu'à l'homme naturel, on peut juger qu'il eût trouvé des résultats très différents, qu'il eût aperçu que l'homme n'a guère de maux que ceux qu'il s'est donnés lui-même et que la nature eût été justifiée. Ce n'est pas sans peine que nous sommes parvenus à nous rendre si malheureux. Quand d'un côté l'on considère les immenses travaux des hommes, tant

serait affreux d'être obligés de louer comme un être bienfaisant celui qui le premier suggéra à l'habitant des

de sciences approfondies, tant d'arts inventés, tant de forces employées, des abîmes comblés, des montagnes rasées, des rochers brisés, des fleuves rendus navigables, des terres défrichées, des lacs creusés, des marais desséchés, des bâtiments énormes élevés sur la terre, la mer couverte de vaisseaux et de matelots, et que de l'autre on recherche avec un peu de méditation les vrais avantages qui ont résulté de tout cela pour le bonheur de l'espèce humaine, on ne peut qu'être frappé de l'étonnante disproportion qui règne entre ces choses, et déplorer l'aveuglement de l'homme qui, pour nourrir son fol orgueil et je ne sais quelle vaine admiration de lui-même, le fait courir avec ardeur après toutes les misères dont il est susceptible, et que la bienfaisante nature avait pris soin d'écarter de lui.

Les hommes sont méchants; une triste et continuelle expérience dispense de la preuve; cependant l'homme est naturellement bon, je crois l'avoir démontré; qu'est-ce donc qui peut l'avoir dépravé à ce point sinon les changements survenus dans sa constitution, les progrès qu'il a faits et les connaissances qu'il a acquises? Qu'on admire tant qu'on voudra la société humaine, il n'en sera pas moins vrai qu'elle porte nécessairement les hommes à s'entre-haïr à proportion que leurs intérêts se croisent, à se rendre mutuellement des services apparents et à se faire en effet tous les maux imaginables. Que peut-on penser d'un commerce où la raison de chaque particulier lui dicte des maximes directement contraires à celles que la raison publique prêche au corps de la société et où chacun trouve son compte dans le malheur d'autrui? Il n'y a peut-être pas un homme aisé à qui des héritiers avides et souvent ses propres enfants ne souhaitent la mort en secret, pas un vaisseau en mer dont le naufrage ne fût une bonne nouvelle pour quelque négociant, pas une maison qu'un débiteur ne voulût voir brûler avec tous les papiers qu'elle contient; pas un peuple qui ne se réjouisse des désastres de ses voisins. C'est ainsi que nous trouvons notre avantage dans le préjudice de nos semblables, et que la perte de l'un fait presque toujours la prospérité de l'autre, mais ce qu'il y a de plus dangereux encore, c'est que les calamités publiques sont l'attente et l'espoir d'une multitude de particuliers. Les uns veulent des maladies, d'autres la mortalité, d'autres la guerre, d'autres la famine; j'ai vu des hommes affreux pleurer de douleur aux apparences d'une année fertile, et le grand et funeste incendie de Londres, qui coûta la vie ou les biens à tant de malheureux, fit peut-être la fortune à plus de dix mille personnes. Je sais que Montaigne blâme l'Athénien Démades d'avoir fait punir un ouvrier qui vendant fort cher des cercueils gagnait beaucoup à la mort des citoyens, mais la raison que Montaigne allègue étant qu'il faudrait punir tout le monde, il est évident qu'elle confirme les miennes. Qu'on pénètre donc au travers de nos frivoles démonstrations de bienveillance ce qui se passe au

rives de l'Orénoque l'usage de ces ais qu'il applique sur les tempes de ses enfants, et qui leur assurent du moins

fond des cœurs et qu'on réfléchisse à ce que doit être un état de choses où tous les hommes sont forcés de se caresser et de se détruire mutuellement et où ils naissent ennemis par devoir et fourbes par intérêt. Si l'on me répond que la société est tellement constituée que chaque homme gagne à servir les autres, je répliquerai que cela serait fort bien s'il ne gagnait encore plus à leur nuire. Il n'y a point de profit si légitime qui ne soit surpassé par celui qu'on peut faire illégitimement et le tort fait au prochain est toujours plus lucratif que les services. Il ne s'agit donc plus que de trouver les moyens de s'assurer l'impunité, et c'est à quoi les puissants emploient toutes leurs forces, et les faibles toutes leurs ruses.

L'homme sauvage, quand il a dîné, est en paix avec toute la nature, et l'ami de tous ses semblables. S'agit-il quelquefois de disputer son repas ? Il n'en vient jamais aux coups sans avoir auparavant comparé la difficulté de vaincre avec celle de trouver ailleurs sa subsistance et comme l'orgueil ne se mêle pas du combat, il se termine par quelques coups de poing. Le vainqueur mange, le vaincu va chercher fortune, et tout est pacifié, mais chez l'homme en société, ce sont bien d'autres affaires ; il s'agit premièrement de pourvoir au nécessaire, et puis au superflu ; ensuite viennent les délices, et puis les immenses richesses, et puis des sujets, et puis des esclaves ; il n'a pas un moment de relâche ; ce qu'il y a de plus singulier, c'est que moins les besoins sont naturels et pressants, plus les passions augmentent, et, qui pis est, le pouvoir de les satisfaire ; de sorte qu'après de longues prospérités, après avoir englouti bien des trésors et désolé bien des hommes, mon héros finira par tout égorger jusqu'à ce qu'il soit l'unique maître de l'univers. Tel est en abrégé le tableau moral, sinon de la vie humaine, au moins des prétentions secrètes du cœur de tout homme civilisé.

Comparez sans préjugés l'état de l'homme civil avec celui de l'homme sauvage et recherchez, si vous le pouvez, combien, outre sa méchanceté, ses besoins et ses misères, le premier a ouvert de nouvelles portes à la douleur et à la mort. Si vous considérez les peines d'esprit qui nous consument, les passions violentes qui nous épuisent et nous désolent, les travaux excessifs dont les pauvres sont surchargés, la mollesse encore plus dangereuse à laquelle les riches s'abandonnent, et qui font mourir les uns de leurs besoins et les autres de leurs excès, si vous songez aux monstrueux mélanges des aliments, à leurs pernicieux assaisonnements, aux denrées corrompues, aux drogues falsifiées, aux friponneries de ceux qui les vendent, aux erreurs de ceux qui les administrent, au poison des vaisseaux dans lesquels on les prépare, si vous faites attention aux maladies épidémiques engendrées par le mauvais air parmi des multitudes d'hommes rassemblés, à celles qu'occasionnent la délicatesse de notre manière de

une partie de leur imbécillité, et de leur bonheur originel.

vivre, les passages alternatifs de l'intérieur de nos maisons au grand air, l'usage des habillements pris ou quittés avec trop peu de précaution, et tous les soins que notre sensualité excessive a tournés en habitudes nécessaires et dont la négligence ou la privation nous coûte ensuite la vie ou la santé, si vous mettez en ligne de compte les incendies et les tremblements de terre qui, consumant ou renversant des villes entières, en font périr les habitants par milliers, en un mot, si vous réunissez les dangers que toutes ces causes assemblent continuellement sur nos têtes, vous sentirez combien la nature nous fait payer cher le mépris que nous avons fait de ses leçons.

Je ne répéterai point ici sur la guerre ce que j'en ai dit ailleurs; mais je voudrais que les gens instruits voulussent ou osassent donner une fois au public le détail des horreurs qui se commettent dans les armées par les entrepreneurs des vivres et des hôpitaux, on verrait que leurs manœuvres non trop secrètes par lesquelles les plus brillantes armées se fondent en moins de rien font plus périr de soldats que n'en moissonne le fer ennemi. C'est encore un calcul non moins étonnant que celui des hommes que la mer engloutit tous les ans, soit par la faim, soit par le scorbut, soit par les pirates, soit par le feu, soit par les naufrages. Il est clair qu'il faut mettre aussi sur le compte de la propriété établie, et par conséquent de la société, les assassinats, les empoisonnements, les vols de grands chemins et les punitions mêmes de ces crimes, punitions nécessaires pour prévenir de plus grands maux, mais qui, pour le meurtre d'un homme coûtant la vie à deux ou davantage, ne laissent pas de doubler réellement la perte de l'espèce humaine. Combien de moyens honteux d'empêcher la naissance des hommes et de tromper la nature? Soit par ces goûts brutaux et dépravés qui insultent son plus charmant ouvrage, goûts que les sauvages ni les animaux ne connurent jamais, et qui ne sont nés dans les pays policés que d'une imagination corrompue, soit par ces avortements secrets, dignes fruits de la débauche et de l'honneur vicieux, soit par l'exposition ou le meurtre d'une multitude d'enfants, victimes de la misère de leurs parents ou de la honte barbare de leurs mères; soit enfin par la mutilation de ces malheureux dont une partie de l'existence et toute la postérité sont sacrifiées à de vaines chansons, ou, ce qui est pis encore, à la brutale jalousie de quelques hommes, mutilation qui dans ce dernier cas outrage doublement la nature, et par le traitement que reçoivent ceux qui la souffrent, et par l'usage auquel ils sont destinés. Que serait-ce si j'entreprenais de montrer l'espèce humaine attaquée dans sa source même, et jusque dans le plus saint de tous les liens, où l'on n'ose plus écouter la nature qu'après avoir consulté la fortune et où, le désordre civil confondant les vertus et les vices, la continence devient une précaution criminelle, et le refus de donner la vie à son semblable, un acte d'humanité? Mais

L'homme sauvage, livré par la nature au seul instinct, ou plutôt dédommagé de celui qui lui manque peut-être,

sans déchirer le voile qui couvre tant d'horreurs, contentons-nous d'indiquer le mal auquel d'autres doivent apporter le remède.

Qu'on ajoute à tout cela cette quantité de métiers malsains qui abrègent les jours ou détruisent le tempérament ; tels que sont les travaux des mines, les diverses préparations des métaux, des minéraux, surtout du plomb, du cuivre, du mercure, du cobalt, de l'arsenic, du réalgar ; ces autres métiers périlleux qui coûtent tous les jours la vie à quantité d'ouvriers, les uns couvreurs, d'autres charpentiers, d'autres maçons, d'autres travaillant aux carrières ; qu'on réunisse, dis-je, tous ces objets, et l'on pourra voir dans l'établissement et la perfection des sociétés les raisons de la diminution de l'espèce, observée par plus d'un philosophe.

Le luxe, impossible à prévenir chez des hommes avides de leurs propres commodités et de la considération des autres, achève bientôt le mal que les sociétés ont commencé, et sous prétexte de faire vivre les pauvres qu'il n'eût pas fallu faire, il appauvrit tout le reste et dépeuple l'État tôt ou tard.

Le luxe est un remède beaucoup pire que le mal qu'il prétend guérir ; ou plutôt, il est lui-même le pire de tous les maux, dans quelque État grand ou petit que ce puisse être, et qui, pour nourrir des foules de valets et de misérables qu'il a faits, accable et ruine le laboureur et le citoyen. Semblable à ces vents brûlants du midi qui, couvrant l'herbe et la verdure d'insectes dévorants, ôtent la subsistance aux animaux utiles et portent la disette et la mort dans tous les lieux où ils se font sentir.

De la société et du luxe qu'elle engendre, naissent les arts libéraux et mécaniques, le commerce, les lettres ; et toutes ces inutilités, qui font fleurir l'industrie, enrichissent et perdent les États. La raison de ce dépérissement est très simple. Il est aisé de voir que par sa nature l'agriculture doit être le moins lucratif de tous les arts ; parce que son produit étant de l'usage le plus indispensable pour tous les hommes, le prix en doit être proportionné aux facultés des plus pauvres. Du même principe on peut tirer cette règle, qu'en général les arts sont lucratifs en raison inverse de leur utilité et que les plus nécessaires doivent enfin devenir les plus négligés. Par où l'on voit ce qu'il faut penser des vrais avantages de l'industrie et de l'effet réel qui résulte de ses progrès.

Telles sont les causes sensibles de toutes les misères où l'opulence précipite enfin les nations les plus admirées. A mesure que l'industrie et les arts s'étendent et fleurissent, le cultivateur, méprisé, chargé d'impôts nécessaires à l'entretien du luxe et condamné à passer sa vie entre le travail et la faim, abandonne ses champs, pour aller chercher dans les villes le pain qu'il y devrait porter. Plus les capitales frappent d'admiration les yeux stupides du peuple, plus il faudrait gémir de voir les campagnes abandonnées, les terres en friche, et les grands chemins inondés de malheureux citoyens devenus mendiants ou voleurs et destinés à finir

par des facultés capables d'y suppléer d'abord, et de l'élever ensuite fort au-dessus de celle-là, commencera donc

un jour leur misère sur la roue ou sur un fumier. C'est ainsi que l'État, s'enrichissant d'un côté, s'affaiblit et se dépeuple de l'autre, et que les plus puissantes monarchies, après bien des travaux pour se rendre opulentes et désertes, finissent par devenir la proie des nations pauvres qui succombent à la funeste tentation de les envahir, et qui s'enrichissent et s'affaiblissent à leur tour, jusqu'à ce qu'elles soient elles-mêmes envahies et détruites par d'autres.

Qu'on daigne nous expliquer une fois ce qui avait pu produire ces nuées de barbares qui durant tant de siècles ont inondé l'Europe, l'Asie et l'Afrique ? Était-ce à l'industrie de leurs arts, à la sagesse de leurs lois, à l'excellence de leur police, qu'ils devaient cette prodigieuse population ? Que nos savants veuillent bien nous dire pourquoi, loin de multiplier à ce point, ces hommes féroces et brutaux, sans lumières, sans frein, sans éducation, ne s'entr'égorgeaient pas tous à chaque instant, pour se disputer leur pâture ou leur chasse ? Qu'ils nous expliquent comment ces misérables ont eu seulement la hardiesse de regarder en face de si habiles gens que nous étions, avec une si belle discipline militaire, de si beaux codes, et de si sages lois ? Enfin, pourquoi, depuis que la société s'est perfectionnée dans les pays du Nord et qu'on y a tant pris de peine pour apprendre aux hommes leurs devoirs mutuels et l'art de vivre agréablement et paisiblement ensemble, on n'en voit plus rien sortir de semblable à ces multitudes d'hommes qu'il produisait autrefois ? J'ai bien peur que quelqu'un ne s'avise à la fin de me répondre que toutes ces grandes choses, savoir les arts, les sciences et les lois, ont été très sagement inventées par les hommes, comme une peste salutaire pour prévenir l'excessive multiplication de l'espèce, de peur que ce monde, qui nous est destiné, ne devînt à la fin trop petit pour ses habitants.

Quoi donc ? Faut-il détruire les sociétés, anéantir le tien et le mien, et retourner vivre dans les forêts avec les ours ? Conséquence à la manière de mes adversaires, que j'aime autant prévenir que de leur laisser la honte de la tirer. O vous, à qui la voix céleste ne s'est point fait entendre et qui ne reconnaissez pour votre espèce d'autre destination que d'achever en paix cette courte vie, vous qui pouvez laisser au milieu des villes vos funestes acquisitions, vos esprits inquiets, vos cœurs corrompus et vos désirs effrénés, reprenez, puisqu'il dépend de vous, votre antique et première innocence ; allez dans les bois perdre la vue et la mémoire des crimes de vos contemporains et ne craignez point d'avilir votre espèce, en renonçant à ses lumières pour renoncer à ses vices. Quant aux hommes semblables à moi dont les passions ont détruit pour toujours l'originelle simplicité, qui ne peuvent plus se nourrir d'herbe et de gland, ni se passer de lois et de chefs, ceux qui furent honorés dans leur premier père de leçons surnaturelles, ceux qui verront dans l'intention de donner d'abord aux actions humaines une moralité qu'elles n'eussent de longtemps acquise, la

par les fonctions purement animales[1] : apercevoir et sentir sera son premier état, qui lui sera commun avec

raison d'un précepte indifférent par lui-même et inexplicable dans tout autre système ; ceux, en un mot, qui sont convaincus que la voix divine appela tout le genre humain aux lumières et au bonheur des célestes intelligences, tous ceux-là tâcheront, par l'exercice des vertus qu'ils s'obligent à pratiquer en apprenant à les connaître, à mériter le prix éternel qu'ils en doivent attendre ; ils respecteront les sacrés liens des sociétés dont ils sont les membres ; ils aimeront leurs semblables et les serviront de tout leur pouvoir ; ils obéiront scrupuleusement aux lois et aux hommes qui en sont les auteurs et les ministres, ils honoreront surtout les bons et sages princes qui sauront prévenir, guérir ou pallier cette foule d'abus et de maux toujours prêts à nous accabler, ils animeront le zèle de ces dignes chefs, en leur montrant sans crainte et sans flatterie la grandeur de leur tâche et la rigueur de leur devoir ; mais ils n'en mépriseront pas moins une constitution qui ne peut se maintenir qu'à l'aide de tant de gens respectables qu'on désire plus souvent qu'on ne les obtient et de laquelle, malgré tous leurs soins, naissent toujours plus de calamités réelles que d'avantages apparents.

1. Parmi les hommes que nous connaissons, ou par nous-mêmes, ou par les historiens, ou par les voyageurs, les uns sont noirs, les autres blancs, les autres rouges ; les uns portent de longs cheveux, les autres n'ont que de la laine frisée ; les uns sont presque tout velus, les autres n'ont pas même de barbe ; il y a eu et il y a peut-être encore des nations d'hommes d'une taille gigantesque, et laissant à part la fable des Pygmées qui peut bien n'être qu'une exagération, on sait que les Lapons et surtout les Groenlandais sont fort au-dessous de la taille moyenne de l'homme ; on prétend même qu'il y a des peuples entiers qui ont des queues comme les quadrupèdes, et sans ajouter une foi aveugle aux relations d'Hérodote et de Ctésias, on en peut du moins tirer cette opinion très vraisemblable, que si l'on avait pu faire de bonnes observations dans ces temps anciens où les peuples divers suivaient des manières de vivre plus différentes entre elles qu'ils ne font aujourd'hui, on y aurait aussi remarqué dans la figure et l'habitude du corps, des variétés beaucoup plus frappantes. Tous ces faits dont il est aisé de fournir des preuves incontestables, ne peuvent surprendre que ceux qui sont accoutumés à ne regarder que les objets qui les environnent et qui ignorent les puissants effets de la diversité des climats, de l'air, des aliments, de la manière de vivre, des habitudes en général, et surtout la force étonnante des mêmes causes, quand elles agissent continuellement sur de longues suites de générations. Aujourd'hui que le commerce, les voyages et les conquêtes réunissent davantage les peuples divers, et que leurs manières de vivre se rapprochent sans cesse par la fréquente communication, on s'aperçoit que certaines différences nationales ont diminué, et par exemple, chacun peut

tous les animaux. Vouloir et ne pas vouloir, désirer et craindre, seront les premières, et presque les seules opé-

remarquer que les Français d'aujourd'hui ne sont plus ces grands corps blancs et blonds décrits par les historiens latins, quoique le temps joint au mélange des Francs et des Normands, blancs et blonds eux-mêmes, eût dû rétablir ce que la fréquentation des Romains avait pu ôter à l'influence du climat, dans la constitution naturelle et le teint des habitants. Toutes ces observations sur les variétés que mille causes peuvent produire et ont produit en effet dans l'espèce humaine me font douter si divers animaux semblables aux hommes, pris par les voyageurs pour des bêtes sans beaucoup d'examen, ou à cause de quelques différences qu'ils remarquaient dans la conformation extérieure, ou seulement parce que ces animaux ne parlaient pas, ne seraient point en effet de véritables hommes sauvages, dont la race dispersée anciennement dans les bois n'avait eu occasion de développer aucune de ses facultés virtuelles, n'avait acquis aucun degré de perfection et se trouvait encore dans l'état primitif de nature. Donnons un exemple de ce que je veux dire.

« On trouve, dit le traducteur de l'*Histoire des voyages*, dans le « royaume de Congo quantité de ces grands animaux qu'on « nomme *Orang-Outang* aux Indes orientales, qui tiennent comme « le milieu entre l'espèce humaine et les babouins. Battel raconte « que dans les forêts de Mayomba au royaume de Loango, on voit « deux sortes de monstres dont les plus grands se nomment *Pon-« gos* et les autres *Enjokos*. Les premiers ont une ressemblance « exacte avec l'homme; mais ils sont beaucoup plus gros, et de « fort haute taille. Avec un visage humain, ils ont les yeux fort « enfoncés. Leurs mains, leurs joues, leurs oreilles sont sans poil, « à l'exception des sourcils qu'ils ont fort longs. Quoiqu'ils aient le « reste du corps assez velu, le poil n'en est pas fort épais, et sa cou-« leur est brune. Enfin, la seule partie qui les distingue des « hommes est la jambe qu'ils ont sans mollet. Ils marchent droits « en se tenant de la main le poil du cou; leur retraite est dans les « bois; ils dorment sur les arbres et s'y font une espèce de toit qui « les met à couvert de la pluie. Leurs aliments sont des fruits ou « des noix sauvages. Jamais ils ne mangent de chair. L'usage des « Nègres qui traversent les forêts est d'y allumer des feux pendant « la nuit. Ils remarquent que le matin à leur départ les pongos « prennent leur place autour du feu et ne se retirent pas qu'il ne « soit éteint : car avec beaucoup d'adresse, ils n'ont point assez de « sens pour l'entretenir en y apportant du bois.

« Ils marchent quelquefois en troupes et tuent les Nègres qui « traversent les forêts. Ils tombent même sur les éléphants qui « viennent paître dans les lieux qu'ils habitent et les incommodent « si fort à coups de poing ou de bâton qu'ils les forcent à prendre « la fuite en poussant des cris. On ne prend jamais de pongos en « vie; parce qu'ils sont si robustes que dix hommes ne suffiraient « pas pour les arrêter. Mais les Nègres en prennent quantité de « jeunes après avoir tué la mère, au corps de laquelle le petit

rations de son âme, jusqu'à ce que de nouvelles circonstances y causent de nouveaux développements.

« s'attache fortement : lorsqu'un de ces animaux meurt, les autres « couvrent son corps d'un amas de branches ou de feuillages. Pur- « chass ajoute que dans les conversations qu'il avait eues avec Bat- « tel, il avait appris de lui-même qu'un pongo lui enleva un petit « Nègre qui passa un mois entier dans la société de ces animaux; « car ils ne font aucun mal aux hommes qu'ils surprennent, du « moins lorsque ceux-ci ne les regardent point, comme le petit « Nègre l'avait observé. Battel n'a point décrit la seconde espèce « de monstre.

« Dapper confirme que le royaume de Congo est plein de ces « animaux qui portent aux Indes le nom d'orang-outang, c'est-à- « dire habitants des bois, et que les Africains nomment Quojas- « Morros. Cette bête, dit-il, est si semblable à l'homme qu'il est « tombé dans l'esprit à quelques voyageurs qu'elle pouvait être « sortie d'une femme et d'un singe : chimère que les Nègres « mêmes rejettent. Un de ces animaux fut transporté de Congo en « Hollande et présenté au prince d'Orange Frédéric-Henri. Il était « de la hauteur d'un enfant de trois ans et d'un embonpoint « médiocre, mais carré et bien proportionné, fort agile et fort vif; « les jambes charnues et robustes, tout le devant du corps nu, « mais le derrière couvert de poils noirs. A la première vue, son « visage ressemblait à celui d'un homme, mais il avait le nez plat « et recourbé; ses oreilles étaient aussi celles de l'espèce humaine; « son sein, car c'était une femelle, était potelé, son nombril « enfoncé, ses épaules fort bien jointes, ses mains divisées en « doigts et en pouces, ses mollets et ses talons gras et charnus. Il « marchait souvent droit sur ses jambes, il était capable de lever et « porter des fardeaux assez lourds. Lorsqu'il voulait boire, il pre- « nait d'une main le couvercle du pot, et tenait le fond, de l'autre. « Ensuite il s'essuyait gracieusement les lèvres. Il se couchait pour « dormir, la tête sur un coussin, se couvrant avec tant d'adresse « qu'on l'aurait pris pour un homme au lit. Les Nègres font « d'étranges récits de cet animal. Ils assurent non seulement qu'il « force les femmes et les filles, mais qu'il ose attaquer des hommes « armés. En un mot il y a beaucoup d'apparence que c'est le satyre « des Anciens. Merolla ne parle peut-être que de ces animaux « lorsqu'il raconte que les Nègres prennent quelquefois dans leurs « chasses des hommes et des femmes sauvages. »

Il est encore parlé de ces espèces d'animaux anthropoformes dans le troisième tome de la même *Histoire des voyages* sous le nom de *Beggos* et de *Mandrills*; mais pour nous en tenir aux relations précédentes on trouve dans la description de ces prétendus monstres des conformités frappantes avec l'espèce humaine, et des différences moindres que celles qu'on pourrait assigner d'homme à homme. On ne voit point dans ces passages les raisons sur lesquelles les auteurs se fondent pour refuser aux animaux en question le nom d'hommes sauvages, mais il est aisé de conjecturer que c'est à cause de leur stupidité, et aussi parce qu'ils ne par-

Quoi qu'en disent les moralistes, l'entendement humain doit beaucoup aux passions, qui, d'un commun

laient pas; raisons faibles pour ceux qui savent que quoique l'organe de la parole soit naturel à l'homme, la parole elle-même ne lui est pourtant pas naturel, et qui connaissent jusqu'à quel point sa perfectibilité peut avoir élevé l'homme civil au-dessus de son état originel. Le petit nombre de lignes que contiennent ces descriptions nous peut faire juger combien ces animaux ont été mal observés et avec quels préjugés ils ont été vus. Par exemple, ils sont qualifiés de monstres, et cependant on convient qu'ils engendrent. Dans un endroit Battel dit que les pongos tuent les Nègres qui traversent les forêts, dans un autre Purchass ajoute qu'ils ne leur font aucun mal, même quand ils les surprennent; du moins lorsque les Nègres ne s'attachent pas à les regarder. Les pongos s'assemblent autour des feux allumés par les Nègres, quand ceux-ci se retirent, et se retirent à leur tour quand le feu est éteint; voilà le fait, voici maintenant le commentaire de l'observateur : *Car avec beaucoup d'adresse, ils n'ont pas assez de sens pour l'entretenir en y apportant du bois*. Je voudrais deviner comment Battel ou Purchass son compilateur a pu savoir que la retraite des pongos était un effet de leur bêtise plutôt que de leur volonté. Dans un climat tel que Loango, le feu n'est pas une chose fort nécessaire aux animaux, et si les Nègres en allument, c'est moins contre le froid que pour effrayer les bêtes féroces; il est donc très simple qu'après avoir été quelque temps réjouis par la flamme ou s'être bien réchauffés, les pongos s'ennuient de rester toujours à la même place et s'en aillent à leur pâture, qui demande plus de temps que s'ils mangeaient de la chair. D'ailleurs, on sait que la plupart des animaux, sans en excepter l'homme, sont naturellement paresseux, et qu'ils se refusent à toutes sortes de soins qui ne sont pas d'une absolue nécessité. Enfin il paraît fort étrange que les pongos dont on vante l'adresse et la force, les pongos qui savent enterrer leurs morts et se faire des toits de branchages, ne sachent pas pousser des tisons dans le feu. Je me souviens d'avoir vu un singe faire cette même manœuvre qu'on ne veut pas que les pongos puissent faire; il est vrai que mes idées n'étant pas alors tournées de ce côté, je fis moi-même la faute que je reproche à nos voyageurs, et je négligeai d'examiner si l'intention du singe était en effet d'entretenir le feu, ou simplement, comme je crois, d'imiter l'action d'un homme. Quoi qu'il en soit, il est bien démontré que le singe n'est pas une variété de l'homme, non seulement parce qu'il est privé de la faculté de parler, mais surtout parce qu'on est sûr que son espèce n'a point celle de se perfectionner qui est le caractère spécifique de l'espèce humaine. Expériences qui ne paraissent pas avoir été faites sur le pongo et l'orang-outang avec assez de soin pour en pouvoir tirer la même conclusion. Il y aurait pourtant un moyen par lequel, si l'orang-outang ou d'autres étaient de l'espèce humaine, les observateurs les plus grossiers pourraient s'en assurer même avec démonstration; mais outre

aveu, lui doivent beaucoup aussi : c'est par leur activité que notre raison se perfectionne; nous ne cherchons à

qu'une seule génération ne suffirait pas pour cette expérience, elle doit passer pour impraticable, parce qu'il faudrait que ce qui n'est qu'une supposition fût démontré vrai, avant que l'épreuve qui devrait constater le fait pût être tentée innocemment.

Les jugements précipités, et qui ne sont point le fruit d'une raison éclairée, sont sujets à donner dans l'excès. Nos voyageurs font sans façon des bêtes sous les noms de *Pongos*, de *Mandrills*, d'*Orang-Outang*, de ces mêmes êtres dont sous le nom de *Satyres*, de *Faunes*, de *Sylvins*, les Anciens faisaient des divinités. Peut-être après des recherches plus exactes trouvera-t-on que ce sont des hommes. En attendant, il me paraît qu'il y a bien autant de raison de s'en rapporter là-dessus à Merolla, religieux lettré, témoin oculaire, et qui avec toute sa naïveté ne laissait pas d'être homme d'esprit, qu'au marchand Battel, à Dapper, à Purchass, et aux autres compilateurs.

Quel jugement pense-t-on qu'eussent porté de pareils observateurs sur l'enfant trouvé en 1694 dont j'ai déjà parlé ci-devant, qui ne donnait aucune marque de raison, marchait sur ses pieds et sur ses mains, n'avait aucun langage et formait des sons qui ne ressemblaient en rien à ceux d'un homme? Il fut longtemps, continue le même philosophe qui me fournit ce fait, avant de pouvoir proférer quelques paroles, encore le fit-il d'une manière barbare. Aussitôt qu'il put parler, on l'interrogea sur son premier état, mais il ne s'en souvint non plus que nous nous souvenons de ce qui nous est arrivé au berceau. Si malheureusement pour lui cet enfant fût tombé dans les mains de nos voyageurs, on ne peut douter qu'après avoir remarqué son silence et sa stupidité, ils n'eussent pris le parti de le renvoyer dans les bois ou de l'enfermer dans une ménagerie; après quoi ils en auraient savamment parlé dans de belles relations, comme d'une bête fort curieuse qui ressemblait assez à l'homme.

Depuis trois ou quatre cents ans que les habitants de l'Europe inondent les autres parties du monde et publient sans cesse de nouveaux recueils de voyages et de relations, je suis persuadé que nous ne connaissons d'hommes que les seuls Européens; encore paraît-il aux préjugés ridicules qui ne sont pas éteints, même parmi les gens de lettres, que chacun ne fait guère sous le nom pompeux d'étude de l'homme que celle des hommes de son pays. Les particuliers ont beau aller et venir, il semble que la philosophie ne voyage point, aussi celle de chaque peuple est-elle peu propre pour un autre. La cause de ceci est manifeste, au moins pour les contrées éloignées : il n'y a guère que quatre sortes d'hommes qui fassent des voyages de long cours; les marins, les marchands, les soldats et les missionnaires. Or, on ne doit guère s'attendre que les trois premières classes fournissent de bons observateurs et quant à ceux de la quatrième, occupés de la vocation sublime qui les appelle, quand ils ne seraient pas sujets à des

connaître que parce que nous désirons de jouir, et il n'est pas possible de concevoir pourquoi celui qui

préjugés d'état comme tous les autres, on doit croire qu'ils ne se livreraient pas volontiers à des recherches qui paraissent de pure curiosité et qui les détourneraient des travaux plus importants auxquels ils se destinent. D'ailleurs, pour prêcher utilement l'Évangile, il ne faut que du zèle et Dieu donne le reste, mais pour étudier les hommes il faut des talents que Dieu ne s'engage à donner à personne et qui ne sont pas toujours le partage des saints. On n'ouvre pas un livre de voyages où l'on ne trouve des descriptions de caractères et de mœurs ; mais on est tout étonné d'y voir que ces gens qui ont tant décrit de choses, n'ont dit que ce que chacun savait déjà, n'ont su apercevoir à l'autre bout du monde que ce qu'il n'eût tenu qu'à eux de remarquer sans sortir de leur rue, et que ces traits vrais qui distinguent les nations, et qui frappent les yeux faits pour voir ont presque toujours échappé aux leurs. De là est venu ce bel adage de morale, si rebattu par la tourbe philosophesque, que les hommes sont partout les mêmes, qu'ayant partout les mêmes passions et les mêmes vices, il est assez inutile de chercher à caractériser les différents peuples ; ce qui est à peu près aussi bien raisonné que si l'on disait qu'on ne saurait distinguer Pierre d'avec Jacques, parce qu'ils ont tous deux un nez, une bouche et des yeux.

Ne verra-t-on jamais renaître ces temps heureux où les peuples ne se mêlaient point de philosopher, mais où les Platon, les Thalès et les Pythagore épris d'un ardent désir de savoir, entreprenaient les plus grands voyages uniquement pour s'instruire, et allaient au loin secouer le joug des préjugés nationaux, apprendre à connaître les hommes par leurs conformités et par leurs différences et acquérir ces connaissances universelles qui ne sont point celles d'un siècle ou d'un pays exclusivement mais qui, étant de tous les temps et de tous les lieux, sont pour ainsi dire la science commune des sages ?

On admire la magnificence de quelques curieux qui ont fait ou fait faire à grands frais des voyages en Orient avec des savants et des peintres, pour y dessiner des masures et déchiffrer ou copier des inscriptions : mais j'ai peine à concevoir comment dans un siècle où l'on se pique de belles connaissances il ne se trouve pas deux hommes bien unis, riches, l'un en argent, l'autre en génie, tous deux aimant la gloire et aspirant à l'immortalité, dont l'un sacrifie vingt mille écus de son bien et l'autre dix ans de sa vie à un célèbre voyage autour du monde ; pour y étudier, non toujours des pierres et des plantes, mais une fois les hommes et les mœurs, et qui, après tant de siècles employés à mesurer et considérer la maison, s'avisent enfin d'en vouloir connaître les habitants.

Les académiciens qui ont parcouru les parties septentrionales de l'Europe et méridionales de l'Amérique avaient plus pour objet de les visiter en géomètres qu'en philosophes. Cependant, comme ils étaient à la fois l'un et l'autre, on ne peut pas regarder comme

n'aurait ni désirs ni craintes se donnerait la peine de raisonner. Les passions, à leur tour, tirent leur origine de nos besoins, et leur progrès de nos connaissances; car on ne peut désirer ou craindre les choses que sur les idées qu'on en peut avoir, ou par la simple impulsion de la nature; et l'homme sauvage, privé de toute sorte de lumières, n'éprouve que les passions de cette dernière espèce; ses désirs ne passent pas ses besoins physiques[1];

tout à fait inconnues les régions qui ont été vues et décrites par les La Condamine et les Maupertuis. Le joaillier Chardin, qui a voyagé comme Platon, n'a rien laissé à dire sur la Perse; la Chine paraît avoir été bien observée par les Jésuites. Kempfer donne une idée passable du peu qu'il a vu dans le Japon. A ces relations près, nous ne connaissons point les peuples des Indes orientales, fréquentées uniquement par des Européens plus curieux de remplir leurs bourses que leurs têtes. L'Afrique entière et ses nombreux habitants, aussi singuliers par leur caractère que par leur couleur, sont encore à examiner; toute la terre est couverte de nations dont nous ne connaissons que les noms, et nous nous mêlons de juger le genre humain! Supposons un Montesquieu, un Buffon, un Diderot, un Duclos, un d'Alembert, un Condillac, ou des hommes de cette trempe, voyageant pour instruire leurs compatriotes, observant et décrivant comme ils savent faire, la Turquie, l'Égypte, la Barbarie, l'empire de Maroc, la Guinée, le pays des Cafres, l'intérieur de l'Afrique et ses côtes orientales, les Malabares, le Mogol, les rives du Gange, les royaumes de Siam, de Pegu et d'Ava, la Chine, la Tartarie, et surtout le Japon; puis dans l'autre hémisphère le Mexique, le Pérou, le Chili les Terres magellaniques,. sans oublier les Patagons, vrais ou faux, le Tucuman, le Paraguay s'il était possible, le Brésil, enfin les Caraïbes, la Floride et toutes les contrées sauvages, voyage le plus important de tous et celui qu'il faudrait faire avec le plus de soin; supposons que ces nouveaux Hercules, de retour de ces courses mémorables, fissent ensuite à loisir l'histoire naturelle, morale et politique, de ce qu'ils auraient vu, nous verrions nous-mêmes sortir un monde nouveau de dessous leur plume, et nous apprendrons ainsi à connaître le nôtre. Je dis que quand de pareils observateurs affirmeront d'un tel animal que c'est un homme, et d'un autre que c'est une bête, il faudra les en croire; mais ce serait une grande simplicité de s'en rapporter là-dessus à des voyageurs grossiers, sur lesquels on serait quelquefois tenté de faire la même question qu'ils se mêlent de résoudre sur d'autres animaux.

1. Cela me paraît de la dernière évidence, et je ne saurais concevoir d'où nos philosophes peuvent faire naître toutes les passions qu'ils prêtent à l'homme naturel. Excepté le seul nécessaire physique, que la nature même demande, tous nos autres besoins ne sont tels que par l'habitude avant laquelle ils n'étaient point des besoins, ou par nos désirs, et l'on ne désire point ce qu'on n'est

les seuls biens, qu'il connaisse dans l'univers sont la nourriture, une femelle et le repos ; les seuls maux qu'il craigne sont la douleur et la faim ; je dis la douleur et non la mort ; car jamais l'animal ne saura ce que c'est que mourir, et la connaissance de la mort, et de ses terreurs, est une des premières acquisitions que l'homme ait faites, en s'éloignant de la condition animale.

Il me serait aisé, si cela m'était nécessaire, d'appuyer ce sentiment par les faits, et de faire voir que chez toutes les nations du monde, les progrès de l'esprit se sont précisément proportionnés aux besoins que les peuples avaient reçus de la nature, ou auxquels les circonstances les avaient assujettis, et par conséquent aux passions, qui les portaient à pourvoir à ces besoins. Je montrerais en Égypte les arts naissants, et s'étendant avec les débordements du Nil ; je suivrais leur progrès chez les Grecs, où l'on les vit germer, croître, et s'élever jusqu'aux cieux parmi les sables et les rochers de l'Attique, sans pouvoir prendre racine sur les bords fertiles de l'Eurotas ; je remarquerais qu'en général les peuples du Nord sont plus industrieux que ceux du Midi, parce qu'ils peuvent moins se passer de l'être, comme si la nature voulait ainsi égaliser les choses, en donnant aux esprits la fertilité qu'elle refuse à la terre.

Mais sans recourir aux témoignages incertains de l'Histoire, qui ne voit que tout semble éloigner de l'homme sauvage la tentation et les moyens de cesser de l'être ? Son imagination ne lui peint rien ; son cœur ne lui demande rien. Ses modiques besoins se trouvent si aisément sous la main, et il est si loin du degré de connaissances nécessaires pour désirer d'en acquérir de plus grandes qu'il ne peut avoir ni prévoyance, ni curiosité. Le spectacle de la nature lui devient indifférent, à force de lui devenir familier. C'est toujours le même ordre, ce sont toujours les mêmes révolutions ; il n'a pas l'esprit de s'étonner des plus grandes merveilles ; et ce n'est pas

pas en état de connaître. D'où il suit que l'homme sauvage ne désirant que les choses qu'il connaît et ne connaissant que celles dont la possession est en son pouvoir ou facile à acquérir, rien ne doit être si tranquille que son âme et rien si borné que son esprit.

chez lui qu'il faut chercher la philosophie dont l'homme a besoin, pour savoir observer une fois ce qu'il a vu tous les jours. Son âme, que rien n'agite, se livre au seul sentiment de son existence actuelle, sans aucune idée de l'avenir, quelque prochain qu'il puisse être, et ses projets, bornés comme ses vues, s'étendent à peine jusqu'à la fin de la journée. Tel est encore aujourd'hui le degré de prévoyance du Caraïbe : il vend le matin son lit de coton, et vient pleurer le soir pour le racheter, faute d'avoir prévu qu'il en aurait besoin pour la nuit prochaine.

Plus on médite sur ce sujet, plus la distance des pures sensations aux plus simples connaissances s'agrandit à nos regards; et il est impossible de concevoir comment un homme aurait pu par ses seules forces, sans le secours de la communication, et sans l'aiguillon de la nécessité, franchir un si grand intervalle. Combien de siècles se sont peut-être écoulés, avant que les hommes aient été à portée de voir d'autre feu que celui du ciel? Combien ne leur a-t-il pas fallu de différents hasards pour apprendre les usages les plus communs de cet élément? Combien de fois ne l'ont-ils pas laissé éteindre, avant que d'avoir acquis l'art de le reproduire? Et combien de fois peut-être chacun de ces secrets n'est-il pas mort avec celui qui l'avait découvert? Que dirons-nous de l'agriculture, art qui demande tant de travail et de prévoyance; qui tient à d'autres arts, qui très évidemment n'est praticable que dans une société au moins commencée, et qui ne nous sert pas tant à tirer de la terre des aliments qu'elle fournirait bien sans cela qu'à la forcer aux préférences, qui sont le plus de notre goût? Mais supposons que les hommes eussent tellement multiplié que les productions naturelles n'eussent plus suffi pour les nourrir; supposition qui, pour le dire en passant, montrerait un grand avantage pour l'espèce humaine dans cette manière de vivre; supposons que sans forges, et sans ateliers, les instruments du labourage fussent tombés du ciel entre les mains des sauvages; que ces hommes eussent vaincu la haine mortelle qu'ils ont tous pour un travail continu; qu'ils eussent appris à prévoir de si loin leurs besoins, qu'ils eussent deviné comment il faut cultiver la terre, semer les grains, et planter les arbres; qu'ils eussent trouvé l'art de moudre le blé, et de mettre le raisin en fermentation; toutes choses qu'il leur a fallu faire enseigner par les dieux, faute de concevoir comment ils les auraient apprises d'eux-mêmes; quel serait après cela, l'homme assez insensé pour se tourmenter à la culture d'un champ qui sera dépouillé par le premier venu, homme ou bête indifféremment, à qui cette moisson conviendra; et comment chacun pourra-t-il se résoudre à passer sa vie à un travail pénible, dont il est d'autant plus sûr de ne pas recueillir le prix qu'il lui sera plus nécessaire? En un mot, comment cette situation pourra-t-elle porter les hommes à cultiver la terre, tant qu'elle ne sera point partagée entre eux, c'est-à-dire tant que l'état de nature ne sera point anéanti?

Quand nous voudrions supposer un homme sauvage aussi habile dans l'art de penser que nous le font nos philosophes; quand nous en ferions, à leur exemple, un philosophe lui-même, découvrant seul les plus sublimes vérités, se faisant, par des suites de raisonnements très abstraits, des maximes de justice et de raison tirées de l'amour de l'ordre en général, ou de la volonté connue de son Créateur : en un mot, quand nous lui supposerions dans l'esprit autant d'intelligence et de lumières qu'il doit avoir, et qu'on lui trouve en effet de pesanteur et de stupidité, quelle utilité retirerait l'espèce de toute cette métaphysique, qui ne pourrait se communiquer et qui périrait avec l'individu qui l'aurait inventée? Quel progrès pourrait faire le genre humain épars dans les bois parmi les animaux? Et jusqu'à quel point pourraient se perfectionner, et s'éclairer mutuellement des hommes qui, n'ayant ni domicile fixe ni aucun besoin l'un de l'autre, se rencontreraient, peut-être à peine deux fois en leur vie, sans se connaître, et sans se parler?

Qu'on songe de combien d'idées nous sommes redevables à l'usage de la parole; combien la grammaire exerce et facilite les opérations de l'esprit; et qu'on pense aux peines inconcevables, et au temps infini qu'a dû coûter la première invention des langues; qu'on joigne ces réflexions aux précédentes, et l'on jugera combien il eût fallu de milliers de siècles, pour développer successivement dans l'esprit humain les opérations dont il était capable.

Qu'il me soit permis de considérer un instant les embarras de l'origine des langues. Je pourrais me contenter de citer ou de répéter ici les recherches que M. l'abbé de Condillac a faites sur cette matière, qui toutes confirment pleinement mon sentiment, et qui, peut-être, m'en ont donné la première idée. Mais la manière dont ce philosophe résout les difficultés qu'il se fait à lui-même sur l'origine des signes institués, montrant qu'il a supposé ce que je mets en question, savoir une sorte de société déjà établie entre les inventeurs du langage, je crois en renvoyant à ses réflexions devoir y joindre les miennes pour exposer les mêmes difficultés dans le jour qui convient à mon sujet. La première qui se présente est d'imaginer comment elles purent devenir nécessaires; car les hommes n'ayant nulle correspondance entre eux, ni aucun besoin d'en avoir, on ne conçoit ni la nécessité de cette invention, ni sa possibilité, si elle ne fut pas indispensable. Je dirais bien, comme beaucoup d'autres, que les langues sont nées dans le commerce domestique des pères, des mères, et des enfants, mais outre que cela ne résoudrait point les objections, ce serait commettre la faute de ceux qui raisonnant sur l'état de nature, y transportent les idées prises dans la société, voient toujours la famille rassemblée dans une même habitation, et ses membres gardant entre eux une union aussi intime et aussi permanente que parmi nous, où tant d'intérêts communs les réunissent, au lieu que dans cet état primitif, n'ayant ni maison, ni cabanes, ni propriété d'aucune espèce, chacun se logeait au hasard, et souvent pour une seule nuit; les mâles, et les femelles s'unissaient fortuitement selon la rencontre, l'occasion, et le désir, sans que la parole fût un interprète fort nécessaire des choses qu'ils avaient à se dire : ils se quittaient avec la même facilité[1]; la mère

1. Je trouve dans le *Gouvernement civil* de Loke une objection qui me paraît trop spécieuse pour qu'il me soit permis de la dissimuler. « La fin de la société entre le mâle et la femelle, dit ce phi« losophe, n'étant pas simplement de procréer, mais de continuer « l'espèce, cette société doit durer, même après la procréation, du

allaitait d'abord ses enfants pour son propre besoin; puis l'habitude les lui ayant rendus chers, elle les nour-

« moins aussi longtemps qu'il est nécessaire pour la nourriture et « la conservation des procréés, c'est-à-dire jusqu'à ce qu'ils soient « capables de pourvoir eux-mêmes à leurs besoins. Cette règle que « la sagesse infinie du Créateur a établie sur les œuvres de ses « mains, nous voyons que les créatures inférieures à l'homme « l'observent constamment et avec exactitude. Dans ces animaux « qui vivent d'herbe, la société entre le mâle et la femelle ne dure « pas plus longtemps que chaque acte de copulation, parce que les « mamelles de la mère étant suffisantes pour nourrir les petits « jusqu'à ce qu'ils soient capables de paître l'herbe, le mâle se « contente d'engendrer et il ne se mêle plus après cela de la « femelle ni des petits, à la subsistance desquels il ne peut rien « contribuer. Mais au regard des bêtes de proie, la société dure « plus longtemps, à cause que la mère ne pouvant pas bien pou- « voir à sa subsistance propre et nourrir en même temps ses petits « par sa seule proie, qui est une voie de se nourrir et plus labo- « rieuse et plus dangereuse que n'est celle de se nourrir d'herbe, « l'assistance du mâle est tout à fait nécessaire pour le maintien de « leur commune famille, si l'on peut user de ce terme; laquelle « jusqu'à ce qu'elle puisse aller chercher quelque proie ne saurait « subsister que par les soins du mâle et de la femelle. On « remarque le même dans tous les oiseaux, si l'on excepte quel- « ques oiseaux domestiques qui se trouvent dans des lieux où la « continuelle abondance de nourriture exempte le mâle du soin de « nourrir les petits; on voit que pendant que les petits dans leur « nid ont besoin d'aliments, le mâle et la femelle y en portent, « jusqu'à ce que ces petits-là puissent voler et pourvoir à leur sub- « sistance.

« Et en cela, à mon avis, consiste la principale, si ce n'est la « seule raison pourquoi le mâle et la femelle dans le genre humain « sont obligés à une société plus longue que n'entretiennent les « autres créatures. Cette raison est que la femme est capable de « concevoir et est pour l'ordinaire derechef grosse et fait un nou- « vel enfant, longtemps avant que le précédent soit hors d'état de « se passer du secours de ses parents et puisse lui-même pourvoir « à ses besoins. Ainsi un père étant obligé de prendre soin de ceux « qu'il a engendrés, et de prendre ce soin-là pendant longtemps, il « est aussi dans l'obligation de continuer à vivre dans la société « conjugale avec la même femme de qui il les a eus, et de demeu- « rer dans cette société beaucoup plus longtemps que les autres « créatures, dont les petits pouvant subsister d'eux-mêmes, avant « que le temps d'une nouvelle procréation vienne, le lien du mâle « et de la femelle se rompt de lui-même et l'un et l'autre se « trouvent dans une pleine liberté, jusqu'à ce que cette saison qui « a coutume de solliciter les animaux à se joindre ensemble les « oblige de choisir de nouvelles compagnes. Et ici l'on ne saurait « admirer assez la sagesse du Créateur, qui, ayant donné à « l'homme des qualités propres pour pourvoir à l'avenir aussi bien

rissait ensuite pour le leur; sitôt qu'ils avaient la force de chercher leur pâture, ils ne tardaient pas à quitter la

« qu'au présent, a voulu et a fait en sorte que la société de
« l'homme durât beaucoup plus longtemps que celle du mâle et de
« la femelle parmi les autres créatures; afin que par là l'industrie
« de l'homme et de la femme fût plus excitée, et que leurs intérêts
« fussent mieux unis, dans la vue de faire des provisions pour
« leurs enfants et de leur laisser du bien : rien ne pouvant être plus
« préjudiciable à des enfants qu'une conjonction incertaine et
« vague ou une dissolution facile et fréquente de la société conju-
« gale. »

Le même amour de la vérité qui m'a fait exposer sincèrement cette objection m'excite à l'accompagner de quelques remarques, sinon pour la résoudre, au moins pour l'éclaircir.

a. J'observerai d'abord que les preuves morales n'ont pas une grande force en matière de physique et qu'elles servent plutôt à rendre raison des faits existants qu'à constater l'existence réelle de ces faits. Or tel est le genre de preuve que M. Locke emploie dans le passage que je viens de rapporter; car quoiqu'il puisse être avantageux à l'espèce humaine que l'union de l'homme et de la femme soit permanente, il ne s'ensuit pas que cela ait été ainsi établi par la nature, autrement il faudrait dire qu'elle a aussi institué la société civile, les arts, le commerce et tout ce qu'on prétend être utile aux hommes.

b. J'ignore où M. Locke a trouvé qu'entre les animaux de proie la société du mâle et de la femelle dure plus longtemps que parmi ceux qui vivent d'herbe et que l'un aide à l'autre à nourrir les petits. Car on ne voit pas que le chien, le chat, l'ours, ni le loup reconnaissent leur femelle mieux que le cheval, le bélier, le taureau, le cerf ni tous les autres quadrupèdes ne reconnaissent la leur. Il semble au contraire que, si le secours du mâle était nécessaire à la femelle pour conserver ses petits, ce serait surtout dans les espèces qui ne vivent que d'herbe, parce qu'il faut fort longtemps à la mère pour paître, et que durant tout cet intervalle elle est forcée de négliger sa portée, au lieu que la proie d'une ourse ou d'une louve est dévorée en un instant et qu'elle a, sans souffrir la faim, plus de temps pour allaiter ses petits. Ce raisonnement est confirmé par une observation sur le nombre relatif de mamelles et de petits qui distingue les espèces carnassières des frugivores et dont j'ai parlé dans la note 2 de la page 167. Si cette observation est juste et générale, la femme n'ayant que deux mamelles et ne faisant guère qu'un enfant à la fois, voilà une forte rançon de plus pour douter que l'espèce humaine soit naturellement carnassière, de sorte qu'il semble que pour tirer la conclusion de Loke, il faudrait retourner tout à fait son raisonnement. Il n'y a pas plus de solidité dans la même distinction appliquée aux oiseaux. Car qui pourra se persuader que l'union du mâle et de la femelle soit plus durable parmi les vautours et les corbeaux que parmi les tourterelles? Nous avons deux espèces d'oiseaux domestiques, la cane et le pigeon, qui nous fournissent des exemples directement

mère elle-même; et comme il n'y avait presque point d'autre moyen de se retrouver que de ne pas se perdre de vue, ils en étaient bientôt au point de ne pas même se

contraires au système de cet auteur. Le pigeon, qui ne vit que de grain, reste uni à sa femelle et ils nourrissent leurs petits en commun. Le canard, dont la voracité est connue, ne reconnaît ni sa femelle ni ses petits et n'aide en rien à leur subsistance, et parmi les poules, espèce qui n'est guère moins carnassière, on ne voit pas que le coq se mette aucunement en peine de la couvée. Que si dans d'autres espèces le mâle partage avec la femelle le soin de nourrir les petits, c'est que les oiseaux qui d'abord ne peuvent voler et que la mère ne peut allaiter sont beaucoup moins en état de se passer de l'assistance du père que les quadrupèdes à qui suffit la mamelle de la mère, au moins durant quelque temps.

c. Il y a bien de l'incertitude sur le fait principal qui sert de base à tout le raisonnement de M. Locke. Car, pour savoir si, comme il le prétend, dans le pur état de nature la femme est pour l'ordinaire derechef grosse et fait un nouvel enfant longtemps avant que le précédent puisse pourvoir lui-même à ses besoins, il faudrait des expériences qu'assurément Locke n'avait pas faites et que personne n'est à portée de faire. La cohabitation continuelle du mari et de la femme est une occasion si prochaine de s'exposer à une nouvelle grossesse qu'il est bien difficile de croire que la rencontre fortuite ou la seule impulsion du tempérament produisît des effets aussi fréquents dans le pur état de nature que dans celui de la société conjugale; lenteur qui contribuerait peut-être à rendre les enfants plus robustes, et qui d'ailleurs pourrait être compensée par la faculté de concevoir, prolongée dans un plus grand âge chez les femmes qui en auraient moins abusé dans leur jeunesse. A l'égard des enfants, il y a bien des raisons de croire que leurs forces et leurs organes se développèrent plus tard parmi nous qu'ils ne faisaient dans l'état primitif dont je parle. La faiblesse originelle qu'ils tirent de la constitution des parents, les soins qu'on prend d'envelopper et gêner tous leurs membres, la mollesse dans laquelle ils sont élevés, peut-être l'usage d'un autre lait que celui de leur mère, tout contrarie et retarde en eux les premiers progrès de la nature. L'application qu'on les oblige de donner à mille choses sur lesquelles on fixe continuellement leur attention, tandis qu'on ne donne aucun exercice à leurs forces corporelles, peut encore faire une diversion considérable à leur accroissement; de sorte que, si au lieu de surcharger et fatiguer d'abord leurs esprits de mille manières, on laissait exercer leurs corps aux mouvements continuels que la nature semble leur demander, il est à croire qu'ils seraient beaucoup plus tôt en état de marcher, d'agir et de pourvoir eux-mêmes à leurs besoins.

d. Enfin M. Locke prouve tout au plus qu'il pourrait bien y avoir dans l'homme un motif de demeurer attaché à la femme lorsqu'elle a un enfant; mais il ne prouve nullement qu'il a dû s'y attacher avant l'accouchement et pendant les neuf mois de la

reconnaître les uns les autres. Remarquez encore que l'enfant ayant tous ses besoins à expliquer, et par conséquent plus de choses à dire à la mère que la mère à l'enfant, c'est lui qui doit faire les plus grands frais de l'invention, et que la langue qu'il emploie doit être en grande partie son propre ouvrage; ce qui multiplie autant les langues qu'il y a d'individus pour les parler, à quoi contribue encore la vie errante et vagabonde qui ne

grossesse. Si telle femme est indifférente à l'homme pendant ces neuf mois, si même elle lui devient inconnue, pourquoi la secourra-t-il après l'accouchement? pourquoi lui aidera-t-il à élever un enfant qu'il ne sait pas seulement lui appartenir, et dont il n'a résolu ni prévu la naissance? M. Locke suppose évidemment ce qui est en question, car il ne s'agit pas de savoir pourquoi l'homme demeurera attaché à la femme après l'accouchement, mais pourquoi il s'attachera à elle après la conception. L'appétit satisfait, l'homme n'a plus besoin de telle femme, ni la femme de tel homme. Celui-ci n'a pas le moindre souci ni peut-être la moindre idée des suites de son action. L'un s'en va d'un côté, l'autre d'un autre, et il n'y a pas d'apparence qu'au bout de neuf mois ils aient la mémoire de s'être connus, car cette espèce de mémoire par laquelle un individu donne la préférence à un individu pour l'acte de la génération exige, comme je le prouve dans le texte, plus de progrès ou de corruption dans l'entendement humain qu'on ne peut lui en supposer dans l'état d'animalité dont il s'agit ici. Une autre femme peut donc contenter les nouveaux désirs de l'homme aussi commodément que celle qu'il a déjà connue, et un autre homme contenter de même la femme, supposé qu'elle soit pressée du même appétit pendant l'état de grossesse, de quoi l'on peut raisonnablement douter. Que si dans l'état de nature la femme ne ressent plus la passion de l'amour après la conception de l'enfant, l'obstacle à la société avec l'homme en devient encore beaucoup plus grand, puisque alors elle n'a plus besoin ni de l'homme qui l'a fécondée ni d'aucun autre. Il n'y a donc dans l'homme aucune raison de rechercher la même femme, ni dans la femme aucune raison de rechercher le même homme. Le raisonnement de Locke tombe donc en ruine et toute la dialectique de ce philosophe ne l'a pas garanti de la faute que Hobbes et d'autres ont commise. Ils avaient à expliquer un fait de l'état de nature, c'est-à-dire d'un état où les hommes vivaient isolés et où tel homme n'avait aucun motif de demeurer près les uns des autres, et où tel homme a souvent une raison de demeurer à côté de tel homme, ni peut-être les hommes de demeurer à côté les uns des autres, ce qui est bien pis, et ils n'ont pas songé à se transporter au-delà des siècles de société, c'est-à-dire de ces temps où les hommes ont toujours une raison de demeurer à côté de tel homme ou de telle femme.

laisse à aucun idiome le temps de prendre de la consistance; car de dire que la mère dicte à l'enfant les mots dont il devra se servir pour lui demander telle ou telle chose, cela montre bien comment on enseigne des langues déjà formées, mais cela n'apprend point comment elles se forment.

Supposons cette première difficulté vaincue : franchissons pour un moment l'espace immense qui dut se trouver entre le pur état de nature et le besoin des langues; et cherchons, en les supposant nécessaires[1], comment elles purent commencer à s'établir. Nouvelle difficulté pire encore que la précédente; car si les hommes ont eu besoin de la parole pour apprendre à penser, ils ont eu bien plus besoin encore de savoir penser pour trouver l'art de la parole; et quand on comprendrait comment les sons de la voix ont été pris pour les interprètes conventionnels de nos idées, il resterait toujours à savoir quels ont pu être les interprètes mêmes de cette convention pour les idées qui, n'ayant point un objet sensible, ne pouvaient s'indiquer ni par le geste, ni par la voix, de sorte qu'à peine peut-on former des conjectures supportables sur la naissance de cet art de communiquer ses pensées, et d'établir un commerce entre les esprits : art sublime qui est déjà si loin de son origine, mais que le philosophe voit encore à une si prodigieuse distance de sa perfection qu'il n'y a point d'homme assez hardi pour assurer qu'il y arriverait

1. Je me garderai bien de m'embarquer dans les réflexions philosophiques qu'il y aurait à faire sur les avantages et les inconvénients de cette institution des langues; ce n'est pas à moi qu'on permet d'attaquer les erreurs vulgaires, et le peuple lettré respecte trop ses préjugés pour supporter patiemment mes prétendus paradoxes. Laissons donc parler les gens à qui l'on n'a point fait un crime d'oser prendre quelquefois le parti de la raison contre l'avis de la multitude. *Nec quidquam felicitati humani generis decederet, pulsâ tot linguarum peste et confusione, unam artem callerent mortales, et signis, motibus, gestibusque licìtum foret quidvis explicare. Nunc vero ita comparatum est, ut animalium quæ vulgó bruta creduntur, melior longè quàm nostra hâc in parte videatur conditio, ut pote quæ promptiùs et forsan feliciùs, sensus et cogitationes suas sine interprete significent, quàm ulli queant mortales, præsertim si peregrino utantur sermone.* Is. Vossius, *de Poemat. Cant. et Viribus Rythmi*, p. 66.

jamais, quand les révolutions que le temps amène nécessairement seraient suspendues en sa faveur, que les préjugés sortiraient des académies ou se tairaient devant elles, et qu'elles pourraient s'occuper de cet objet épineux, durant des siècles entiers sans interruption.

Le premier langage de l'homme, le langage le plus universel, le plus énergique, et le seul dont il eut besoin, avant qu'il fallût persuader des hommes assemblés, est le cri de la nature. Comme ce cri n'était arraché que par une sorte d'instinct dans les occasions pressantes, pour implorer du secours dans les grands dangers, ou du soulagement dans les maux violents, il n'était pas d'un grand usage dans le cours ordinaire de la vie, où règnent des sentiments plus modérés. Quand les idées des hommes commencèrent à s'étendre et à se multiplier, et qu'il s'établit entre eux une communication plus étroite, ils cherchèrent des signes plus nombreux et un langage plus étendu : ils multiplièrent les inflexions de la voix, et y joignirent les gestes, qui, par leur nature, sont plus expressifs, et dont le sens dépend moins d'une détermination antérieure. Ils exprimaient donc les objets visibles et mobiles par des gestes, et ceux qui frappent l'ouïe, par des sons imitatifs : mais comme le geste n'indique guère que les objets présents, ou faciles à décrire, et les actions visibles; qu'il n'est pas d'un usage universel, puisque l'obscurité, ou l'interposition d'un corps le rendent inutile, et qu'il exige l'attention plutôt qu'il ne l'excite, on s'avisa enfin de lui substituer les articulations de la voix, qui, sans avoir le même rapport avec certaines idées, sont plus propres à les représenter toutes, comme signes institués; substitution qui ne put se faire que d'un commun consentement, et d'une manière assez difficile à pratiquer pour des hommes dont les organes grossiers n'avaient encore aucun exercice, et plus difficile encore à concevoir en elle-même, puisque cet accord unanime dut être motivé, et que la parole paraît avoir été fort nécessaire, pour établir l'usage de la parole.

On doit juger que les premiers mots, dont les hommes firent usage, eurent dans leur esprit une signification beaucoup plus étendue que n'ont ceux qu'on emploie dans les langues déjà formées, et qu'ignorant la division du discours en ses parties constitutives, ils donnèrent d'abord à chaque mot le sens d'une proposition entière. Quand ils commencèrent à distinguer le sujet d'avec l'attribut, et le verbe d'avec le nom, ce qui ne fut pas un médiocre effort de génie, les substantifs ne furent d'abord qu'autant de noms propres, l'infinitif fut le seul temps des verbes, et à l'égard des adjectifs la notion ne s'en dut développer que fort difficilement, parce que tout adjectif est un mot abstrait, et que les abstractions sont des opérations pénibles, et peu naturelles.

Chaque objet reçut d'abord un nom particulier, sans égard aux genres, et aux espèces, que ces premiers instituteurs n'étaient pas en état de distinguer; et tous les individus se présentèrent isolés à leur esprit, comme ils le sont dans le tableau de la nature. Si un chêne s'appelait A, un autre chêne s'appelait B : de sorte que plus les connaissances étaient bornées, et plus le dictionnaire devint étendu. L'embarras de toute cette nomenclature ne put être levé facilement : car pour ranger les êtres sous des dénominations communes, et génériques, il en fallait connaître les propriétés et les différences; il fallait des observations, et des définitions, c'est-à-dire, de l'histoire naturelle et de la métaphysique, beaucoup plus que les hommes de ce temps-là n'en pouvaient avoir.

D'ailleurs, les idées générales ne peuvent s'introduire dans l'esprit qu'à l'aide des mots, et l'entendement ne les saisit que par des propositions. C'est une des raisons pour quoi les animaux ne sauraient se former de telles idées, ni jamais acquérir la perfectibilité qui en dépend. Quand un singe va sans hésiter d'une noix à l'autre, pense-t-on qu'il ait l'idée générale de cette sorte de fruit, et qu'il compare son archétype à ces deux individus? Non sans doute; mais la vue de l'une de ces noix rappelle à sa mémoire les sensations qu'il a reçues de l'autre, et ses yeux, modifiés d'une certaine manière, annoncent à son goût la modification qu'il va recevoir. Toute idée générale est purement intellectuelle; pour peu que l'imagination s'en mêle, l'idée devient aussitôt particulière. Essayez de vous tracer l'image d'un arbre en général, jamais vous n'en viendrez à bout, malgré vous il faudra le voir petit ou grand, rare ou touffu, clair ou foncé, et s'il dépendait de vous de n'y voir que ce qui se trouve en tout arbre, cette image ne ressemblerait plus à un arbre. Les êtres purement abstraits se voient de même, ou ne se conçoivent que par le discours. La définition seule du triangle vous en donne la véritable idée : sitôt que vous en figurez un dans votre esprit, c'est un tel triangle et non pas un autre, et vous ne pouvez éviter d'en rendre les lignes sensibles ou le plan coloré. Il faut donc énoncer des propositions, il faut donc parler pour avoir des idées générales; car sitôt que l'imagination s'arrête, l'esprit ne marche plus qu'à l'aide du discours. Si donc les premiers inventeurs n'ont pu donner des noms qu'aux idées qu'ils avaient déjà, il s'ensuit que les premiers substantifs n'ont pu jamais être que des noms propres.

Mais lorsque, par des moyens que je ne conçois pas, nos nouveaux grammairiens commencèrent à étendre leurs idées et à généraliser leurs mots, l'ignorance des inventeurs dut assujettir cette méthode à des bornes fort étroites; et comme ils avaient d'abord trop multiplié les noms des individus faute de connaître les genres et les espèces, ils firent ensuite trop peu d'espèces et de genres faute d'avoir considéré les êtres par toutes leurs différences. Pour pousser les divisions assez loin, il eût fallu plus d'expérience et de lumière qu'ils n'en pouvaient avoir, et plus de recherches et de travail qu'ils n'y en voulaient employer. Or si, même aujourd'hui, l'on découvre chaque jour de nouvelles espèces qui avaient échappé jusqu'ici à toutes nos observations, qu'on pense combien il dut s'en dérober à des hommes qui ne jugeaient des choses que sur le premier aspect! Quant aux classes primitives et aux notions les plus générales, il est superflu d'ajouter qu'elles durent leur échapper encore : comment, par exemple, auraient-ils imaginé ou entendu les mots de matière, d'esprit, de substance, de mode, de figure, de mouvement, puisque nos philosophes qui s'en servent depuis si longtemps ont bien de la peine à les entendre eux-mêmes, et que les idées qu'on attache à ces mots étant purement métaphysiques, ils n'en trouvaient aucun modèle dans la nature?

Je m'arrête à ces premiers pas, et je supplie mes juges de suspendre ici leur lecture; pour considérer, sur l'invention des seuls substantifs physiques, c'est-à-dire, sur la partie de la langue la plus facile à trouver, le chemin qui lui reste à faire, pour exprimer toutes les pensées des hommes, pour prendre une forme constante, pouvoir être parlée en public, et influer sur la société. Je les supplie de réfléchir à ce qu'il a fallu de temps et de connaissances pour trouver les nombres[1], les mots abstraits, les aoristes, et tous les temps des verbes, les particules, la syntaxe, lier les propositions, les raisonnements, et former toute la logique du discours. Quant à moi, effrayé des difficultés qui se multiplient, et convaincu de l'impossibilité presque démontrée que les

1. Platon montrant combien les idées de la quantité discrète et de ses rapports sont nécessaires dans les moindres arts, se moque avec raison des auteurs de son temps qui prétendaient que Palamède avait inventé les nombres au siège de Troie, comme si, dit ce philosophe, Agamemnon eût pu ignorer jusque-là combien il avait de jambes? En effet, on sent l'impossibilité que la société et les arts fussent parvenus où ils étaient déjà du temps du siège de Troie, sans que les hommes eussent l'usage des nombres et du calcul: mais la nécessité de connaître les nombres avant que d'acquérir d'autres connaissances n'en rend pas l'invention plus aisée à imaginer; les noms des nombres une fois connus, il est aisé d'en expliquer le sens et d'exciter les idées que ces noms représentent, mais pour les inventer, il fallut, avant que de concevoir ces mêmes idées, s'être pour ainsi dire familiarisé avec les méditations philosophiques, s'être exercé à considérer les êtres par leur seule essence et indépendamment de tout autre perception, abstraction très pénible, très métaphysique, très peu naturelle et sans laquelle cependant ces idées n'eussent jamais pu se transporter d'une espèce ou d'un genre à un autre, ni les nombres devenir universels. Un sauvage pouvait considérer séparément sa jambe droite et sa jambe gauche, ou les regarder ensemble sous l'idée indivisible d'une couple sans jamais penser qu'il en avait deux; car autre chose est l'idée représentative qui nous peint un objet, et autre chose l'idée numérique qui le détermine. Moins encore pouvait-il calculer jusqu'à cinq, et quoique appliquant ses mains l'une sur l'autre, il eût pu remarquer que les doigts se répondaient exactement, il était bien loin de songer à leur égalité numérique. Il ne savait pas plus le compte de ses doigts que de ses cheveux et si, après lui avoir fait entendre ce que c'est que nombres, quelqu'un lui eût dit qu'il avait autant de doigts aux pieds qu'aux mains, il eût peut-être été fort surpris, en les comparant, de trouver que cela était vrai.

langues aient pu naître et s'établir par des moyens purement humains, je laisse à qui voudra d'entreprendre la discussion de ce difficile problème, lequel a été le plus nécessaire, de la société déjà liée, à l'institution des langues, ou des langues déjà inventées, à l'établissement de la société.

Quoi qu'il en soit de ces origines, on voit du moins, au peu de soin qu'a pris la nature de rapprocher les hommes par des besoins mutuels, et de leur faciliter l'usage de la parole, combien elle a peu préparé leur sociabilité, et combien elle a peu mis du sien dans tout ce qu'ils ont fait, pour en établir les liens. En effet, il est impossible d'imaginer pourquoi, dans cet état primitif, un homme aurait plutôt besoin d'un autre homme qu'un singe ou un loup de son semblable, ni, ce besoin supposé, quel motif pourrait engager l'autre à y pourvoir, ni même, en ce dernier cas, comment ils pourraient convenir entre eux des conditions. Je sais qu'on nous répète sans cesse que rien n'eût été si misérable que l'homme dans cet état; et s'il est vrai, comme je crois l'avoir prouvé, qu'il n'eût pu qu'après bien des siècles avoir le désir et l'occasion d'en sortir, ce serait un procès à faire à la nature, et non à celui qu'elle aurait ainsi constitué. Mais, si j'entends bien ce terme de *misérable*, c'est un mot qui n'a aucun sens, ou qui ne signifie qu'une privation douloureuse et la souffrance du corps ou de l'âme. Or je voudrais bien qu'on m'expliquât quel peut être le genre de misère d'un être libre dont le cœur est en paix et le corps en santé. Je demande laquelle, de la vie civile ou naturelle, est la plus sujette à devenir insupportable à ceux qui en jouissent? Nous ne voyons presque autour de nous que des gens qui se plaignent de leur existence, plusieurs même qui s'en privent autant qu'il est en eux, et la réunion des lois divine et humaine suffit à peine pour arrêter ce désordre. Je demande si jamais on a ouï dire qu'un sauvage en liberté ait seulement songé à se plaindre de la vie et à se donner la mort? Qu'on juge donc avec moins d'orgueil de quel côté est la véritable misère. Rien au contraire n'eût été si misérable que l'homme sauvage, ébloui par des lumières, tourmenté par des passions, et raisonnant sur un état différent du sien. Ce fut par une providence très sage, que les facultés qu'il avait en puissance ne devaient se développer qu'avec les occasions de les exercer, afin qu'elles ne lui fussent ni superflues et à charge avant le temps, ni tardives, et inutiles au besoin. Il avait dans le seul instinct tout ce qu'il fallait pour vivre dans l'état de nature, il n'a dans une raison cultivée que ce qu'il lui faut pour vivre en société.

Il paraît d'abord que les hommes dans cet état n'ayant entre eux aucune sorte de relation morale, ni de devoirs connus, ne pouvaient être ni bons ni méchants, et n'avaient ni vices ni vertus, à moins que, prenant ces mots dans un sens physique, on n'appelle vices dans l'individu les qualités qui peuvent nuire à sa propre conservation, et vertus celles qui peuvent y contribuer; auquel cas, il faudrait appeler le plus vertueux celui qui résisterait le moins aux simples impulsions de la nature. Mais sans nous écarter du sens ordinaire, il est à propos de suspendre le jugement que nous pourrions porter sur une telle situation, et de nous défier de nos préjugés, jusqu'à ce que, la balance à la main, on ait examiné s'il y a plus de vertus que de vices parmi les hommes civilisés, ou si leurs vertus sont plus avantageuses que leurs vices ne sont funestes, ou si le progrès de leurs connaissances est un dédommagement suffisant des maux qu'ils se font mutuellement, à mesure qu'ils s'instruisent du bien qu'ils devraient se faire, ou s'ils ne seraient pas, à tout prendre, dans une situation plus heureuse de n'avoir ni mal à craindre ni bien à espérer de personne que de s'être soumis à une dépendance universelle, et de s'obliger à tout recevoir de ceux qui ne s'obligent à leur rien donner.

N'allons pas surtout conclure avec Hobbes que pour n'avoir aucune idée de la bonté, l'homme soit naturellement méchant, qu'il soit vicieux parce qu'il ne connaît pas la vertu, qu'il refuse toujours à ses semblables des services qu'il ne croit pas leur devoir, ni qu'en vertu du droit qu'il s'attribue avec raison aux choses dont il a besoin, il s'imagine follement être le seul propriétaire de tout l'univers. Hobbes a très bien vu le défaut de toutes les définitions modernes du droit naturel : mais les conséquences qu'il tire de la sienne montrent qu'il la prend dans un sens qui n'est pas moins faux. En raisonnant sur les principes qu'il établit, cet auteur devait dire que l'état de nature étant celui où le soin de notre conservation est le moins préjudiciable à celle d'autrui, cet état était par conséquent le plus propre à la paix, et le plus convenable au genre humain. Il dit précisément le contraire, pour avoir fait entrer mal à propos dans le soin de la conservation de l'homme sauvage le besoin de satisfaire une multitude de passions qui sont l'ouvrage de la société, et qui ont rendu les lois nécessaires. Le méchant, dit-il, est un enfant robuste; il reste à savoir si l'homme sauvage est un enfant robuste. Quand on le lui accorderait, qu'en conclurait-il? Que si, quand il est robuste, cet homme était aussi dépendant des autres que quand il est faible, il n'y a sorte d'excès auxquels il ne se portât, qu'il ne battît sa mère lorsqu'elle tarderait trop à lui donner la mamelle, qu'il n'étranglât un de ses jeunes frères lorsqu'il en serait incommodé, qu'il ne mordît la jambe à l'autre lorsqu'il en serait heurté ou troublé; mais ce sont deux suppositions contradictoires dans l'état de nature qu'être robuste et dépendant; l'homme est faible quand il est dépendant, et il est émancipé avant que d'être robuste. Hobbes n'a pas vu que la même cause qui empêche les sauvages d'user de leur raison, comme le prétendent nos jurisconsultes, les empêche en même temps d'abuser de leurs facultés, comme il le prétend lui-même; de sorte qu'on pourrait dire que les sauvages ne sont pas méchants précisément, parce qu'ils ne savent pas ce que c'est qu'être bons; car ce n'est ni le développement des lumières, ni le frein de la loi, mais le calme des passions, et l'ignorance du vice qui les empêche de mal faire; *tanto plus in illis proficit vitiorum ignoratio, quàm in his cognitio virtutis.* Il y a d'ailleurs un autre principe que Hobbes n'a point aperçu et qui, ayant été donné à l'homme pour adoucir, en certaines circonstances, la férocité de son amour-propre, ou le désir de se conserver avant la naissance de cet amour[1], tempère l'ardeur qu'il

1. Il ne faut pas confondre l'amour-propre et l'amour de soi-même; deux passions très différentes par leur nature et par leurs effets. L'amour de soi-même est un sentiment naturel qui porte tout animal à veiller à sa propre conservation et qui, dirigé dans

a pour son bien-être par une répugnance innée à voir souffrir son semblable. Je ne crois pas avoir aucune contradiction à craindre, en accordant à l'homme la seule vertu naturelle, qu'ait été forcé de reconnaître le détracteur le plus outré des vertus humaines. Je parle de la pitié, disposition convenable à des êtres aussi faibles, et sujets à autant de maux que nous le sommes ; vertu d'autant plus universelle et d'autant plus utile à l'homme qu'elle précède en lui l'usage de toute réflexion, et si naturelle que les bêtes mêmes en donnent quelquefois des signes sensibles. Sans parler de la tendresse des mères pour leurs petits, et des périls qu'elles bravent pour les en garantir, on observe tous les jours la répugnance qu'ont les chevaux à fouler aux pieds un corps vivant ; un animal ne passe point sans inquiétude auprès d'un animal mort de son espèce ; il y en a même qui leur donnent une sorte de sépulture ; et les tristes mugissements du bétail entrant dans une boucherie annoncent l'impression qu'il reçoit de l'horrible spectacle qui le

l'homme par la raison et modifié par la pitié, produit l'humanité et la vertu. L'amour-propre n'est qu'un sentiment relatif, factice et né dans la société, qui porte chaque individu à faire plus de cas de soi que de tout autre, qui inspire aux hommes tous les maux qu'ils se font mutuellement et qui est la véritable source de l'honneur.

Ceci bien entendu, je dis que dans notre état primitif, dans le véritable état de nature, l'amour-propre n'existe pas. Car, chaque homme en particulier se regardant lui-même comme le seul spectateur qui l'observe, comme le seul être dans l'univers qui prenne intérêt à lui, comme le seul juge de son propre mérite, il n'est pas possible qu'un sentiment qui prend sa source dans des comparaisons qu'il n'est pas à portée de faire, puisse germer dans son âme ; par la même raison cet homme ne saurait avoir ni haine ni désir de vengeance, passions qui ne peuvent naître que de l'opinion de quelque offense reçue ; et comme c'est le mépris ou l'intention de nuire et non le mal qui constitue l'offense, des hommes qui ne savent ni s'apprécier ni se comparer peuvent se faire beaucoup de violences mutuelles quand il leur en revient quelque avantage, sans jamais s'offenser réciproquement. En un mot, chaque homme ne voyant guère ses semblables que comme il verrait des animaux d'une autre espèce, peut ravir la proie au plus faible ou céder la sienne au plus fort, sans envisager ces rapines que comme des événements naturels, sans le moindre mouvement d'insolence ou de dépit, et sans autre passion que la douleur ou la joie d'un bon ou mauvais succès.

frappe. On voit avec plaisir l'auteur de la fable des *Abeilles*, forcé de reconnaître l'homme pour un être compatissant et sensible, sortir, dans l'exemple qu'il en donne, de son style froid et subtil, pour nous offrir la pathétique image d'un homme enfermé qui aperçoit au-dehors une bête féroce arrachant un enfant du sein de sa mère, brisant sous sa dent meurtrière les faibles membres, et déchirant de ses ongles les entrailles palpitantes de cet enfant. Quelle affreuse agitation n'éprouve point ce témoin d'un événement auquel il ne prend aucun intérêt personnel ? Quelles angoisses ne souffre-t-il pas à cette vue, de ne pouvoir porter aucun secours à la mère évanouie, ni à l'enfant expirant ?

Tel est le pur mouvement de la nature, antérieur à toute réflexion : telle est la force de la pitié naturelle, que les mœurs les plus dépravées ont encore peine à détruire, puisqu'on voit tous les jours dans nos spectacles s'attendrir et pleurer aux malheurs d'un infortuné tel, qui, s'il était à la place du tyran, aggraverait encore les tourments de son ennemi. Mandeville a bien senti qu'avec toute leur morale les hommes n'eussent jamais été que des monstres, si la nature ne leur eût donné la pitié à l'appui de la raison : mais il n'a pas vu que de cette seule qualité découlent toutes les vertus sociales qu'il veut disputer aux hommes. En effet, qu'est-ce que la générosité, la clémence, l'humanité, sinon la pitié appliquée aux faibles, aux coupables, ou à l'espèce humaine en général ? La bienveillance et l'amitié même sont, à le bien prendre, des productions d'une pitié constante, fixée sur un objet particulier : car désirer que quelqu'un ne souffre point, qu'est-ce autre chose que désirer qu'il soit heureux ? Quand il serait vrai que la commisération ne serait qu'un sentiment qui nous met à la place de celui qui souffre, sentiment obscur et vif dans l'homme sauvage, développé, mais faible dans l'homme civil, qu'importerait cette idée à la vérité de ce que je dis, sinon de lui donner plus de force ? En effet, la commisération sera d'autant plus énergique que l'animal spectateur s'identifiera intimement avec l'animal souffrant. Or il est évident que cette identification a dû être infiniment plus étroite dans l'état de nature que dans l'état de raisonnement. C'est la raison qui engendre l'amour-propre, et c'est la réflexion qui le fortifie; c'est elle qui replie l'homme sur lui-même; c'est elle qui le sépare de tout ce qui le gêne et l'afflige: c'est la philosophie qui l'isole; c'est par elle qu'il dit en secret, à l'aspect d'un homme souffrant: péris si tu veux, je suis en sûreté. Il n'y a plus que les dangers de la société entière qui troublent le sommeil tranquille du philosophe, et qui l'arrachent de son lit. On peut impunément égorger son semblable sous sa fenêtre; il n'a qu'à mettre ses mains sur ses oreilles et s'argumenter un peu pour empêcher la nature qui se révolte en lui de l'identifier avec celui qu'on assassine. L'homme sauvage n'a point cet admirable talent; et faute de sagesse et de raison, on le voit toujours se livrer étourdiment au premier sentiment de l'humanité. Dans les émeutes, dans les querelles des rues, la populace s'assemble, l'homme prudent s'éloigne: c'est la canaille, ce sont les femmes des halles, qui séparent les combattants, et qui empêchent les honnêtes gens de s'entr'égorger.

Il est donc certain que la pitié est un sentiment naturel, qui, modérant dans chaque individu l'activité de l'amour de soi-même, concourt à la conservation mutuelle de toute l'espèce. C'est elle qui nous porte sans réflexion au secours de ceux que nous voyons souffrir: c'est elle qui, dans l'état de nature, tient lieu de lois, de mœurs, et de vertu, avec cet avantage que nul n'est tenté de désobéir à sa douce voix: c'est elle qui détournera tout sauvage robuste d'enlever à un faible enfant, ou à un vieillard infirme, sa subsistance acquise avec peine, si lui-même espère pouvoir trouver la sienne ailleurs; c'est elle qui, au lieu de cette maxime sublime de justice raisonnée: *Fais à autrui comme tu veux qu'on te fasse*, inspire à tous les hommes cette autre maxime de bonté naturelle bien moins parfaite, mais plus utile peut-être que la précédente: *Fais ton bien avec le moindre mal d'autrui qu'il est possible*. C'est, en un mot, dans ce sentiment naturel, plutôt que dans des arguments subtils, qu'il faut chercher la cause de la répugnance que tout homme éprouverait à mal faire, même indépendamment des maximes de l'éducation. Quoiqu'il puisse appartenir à Socrate, et aux esprits de sa trempe, d'acquérir de la vertu par raison, il y a longtemps que le genre humain ne serait plus, si sa conservation n'eût dépendu que des raisonnements de ceux qui le composent.

Avec des passions si peu actives, et un frein si salutaire, les hommes plutôt farouches que méchants, et plus attentifs à se garantir du mal qu'ils pouvaient recevoir que tentés d'en faire à autrui, n'étaient pas sujets à des démêlés fort dangereux : comme ils n'avaient entre eux aucune espèce de commerce, qu'ils ne connaissaient par conséquent ni la vanité, ni la considération, ni l'estime, ni le mépris, qu'ils n'avaient pas la moindre notion du tien et du mien, ni aucune véritable idée de la justice, qu'ils regardaient les violences qu'ils pouvaient essuyer comme un mal facile à réparer, et non comme une injure qu'il faut punir, et qu'ils ne songeaient pas même à la vengeance si ce n'est peut-être machinalement et sur-le-champ, comme le chien qui mord la pierre qu'on lui jette, leurs disputes eussent eu rarement des suites sanglantes, si elles n'eussent point eu de sujet plus sensible que la pâture : mais j'en vois un plus dangereux, dont il me reste à parler.

Parmi les passions qui agitent le cœur de l'homme, il en est une ardente, impétueuse, qui rend un sexe nécessaire à l'autre, passion terrible qui brave tous les dangers, renverse tous les obstacles, et qui dans ses fureurs semble propre à détruire le genre humain qu'elle est destinée à conserver. Que deviendront les hommes en proie à cette rage effrénée et brutale, sans pudeur, sans retenue, et se disputant chaque jour leurs amours au prix de leur sang ?

Il faut convenir d'abord que plus les passions sont violentes, plus les lois sont nécessaires pour les contenir : mais outre que les désordres et les crimes que celles-ci causent tous les jours parmi nous montrent assez l'insuffisance des lois à cet égard, il serait encore bon d'examiner si ces désordres ne sont point nés avec les lois mêmes ; car alors, quand elles seraient capables de les réprimer, ce serait bien le moins qu'on en dût exiger que d'arrêter un mal qui n'existerait point sans elles.

Commençons par distinguer le moral du physique

dans le sentiment de l'amour. Le physique est ce désir général qui porte un sexe à s'unir à l'autre; le moral est ce qui détermine ce désir et le fixe sur un seul objet exclusivement, ou qui du moins lui donne pour cet objet préféré un plus grand degré d'énergie. Or il est facile de voir que le moral de l'amour est un sentiment factice; né de l'usage de la société, et célébré par les femmes avec beaucoup d'habileté et de soin pour établir leur empire, et rendre dominant le sexe qui devrait obéir. Ce sentiment étant fondé sur certaines notions du mérite ou de la beauté qu'un sauvage n'est point en état d'avoir, et sur des comparaisons qu'il n'est point en état de faire, doit être presque nul pour lui. Car comme son esprit n'a pu se former des idées abstraites de régularité et de proportion, son cœur n'est point non plus susceptible des sentiments d'admiration et d'amour qui, même sans qu'on s'en aperçoive, naissent de l'application de ces idées; il écoute uniquement le tempérament qu'il a reçu de la nature, et non le goût qu'il n'a pu acquérir, et toute femme est bonne pour lui.

Bornés au seul physique de l'amour, et assez heureux pour ignorer ces préférences qui en irritent le sentiment et en augmentent les difficultés, les hommes doivent sentir moins fréquemment et moins vivement les ardeurs du tempérament et par conséquent avoir entre eux des disputes plus rares, et moins cruelles. L'imagination, qui fait tant de ravages parmi nous, ne parle point à des cœurs sauvages; chacun attend paisiblement l'impulsion de la nature, s'y livre sans choix, avec plus de plaisir que de fureur, et le besoin satisfait, tout le désir est éteint.

C'est donc une chose incontestable que l'amour même, ainsi que toutes les autres passions, n'a acquis que dans la société cette ardeur impétueuse qui le rend si souvent funeste aux hommes, et il est d'autant plus ridicule de représenter les sauvages comme s'entr'égorgeant sans cesse pour assouvir leur brutalité, que cette opinion est directement contraire à l'expérience, et que les Caraïbes, celui de tous les peuples existants qui jusqu'ici s'est écarté le moins de l'état de nature, sont précisément les plus paisibles dans leurs amours, et les moins sujets à la jalousie, quoique vivant sous un climat brûlant qui semble toujours donner à ces passions une plus grande activité.

A l'égard des inductions qu'on pourrait tirer dans plusieurs espèces d'animaux, des combats des mâles qui ensanglantent en tout temps nos basses-cours ou qui font retentir au printemps nos forêts de leurs cris en se disputant la femelle, il faut commencer par exclure toutes les espèces où la nature a manifestement établi dans la puissance relative des sexes d'autres rapports que parmi nous : ainsi les combats des coqs ne forment point une induction pour l'espèce humaine. Dans les espèces où la proportion est mieux observée, ces combats ne peuvent avoir pour causes que la rareté des femelles eu égard au nombre des mâles, ou les intervalles exclusifs durant lesquels la femelle refuse constamment l'approche du mâle, ce qui revient à la première cause; car si chaque femelle ne souffre le mâle que durant deux mois de l'année, c'est à cet égard comme si le nombre des femelles était moindre des cinq sixièmes. Or aucun de ces deux cas n'est applicable à l'espèce humaine où le nombre des femelles surpasse généralement celui des mâles, et où l'on n'a jamais observé que même parmi les sauvages les femelles aient, comme celles des autres espèces, des temps de chaleur et d'exclusion. De plus parmi plusieurs de ces animaux, toute l'espèce entrant à la fois en effervescence, il vient un moment terrible d'ardeur commune, de tumulte, de désordre, et de combat : moment qui n'a point lieu parmi l'espèce humaine où l'amour n'est jamais périodique. On ne peut donc pas conclure des combats de certains animaux pour la possession des femelles que la même chose arriverait à l'homme dans l'état de nature; et quand même on pourrait tirer cette conclusion, comme ces dissensions ne détruisent point les autres espèces, on doit penser au moins qu'elles ne seraient pas plus funestes à la nôtre, et il est très apparent qu'elles y causeraient encore moins de ravage qu'elles ne font dans la société, surtout dans les pays où les mœurs étant encore comptées pour quelque chose, la jalousie des amants et la vengeance des époux causent chaque jour des duels, des meurtres, et pis encore; où le devoir d'une éternelle fidélité ne sert qu'à faire des adultères, et où les lois mêmes de la continence et de l'honneur étendent nécessairement la débauche, et multiplient les avortements.

Concluons qu'errant dans les forêts sans industrie, sans parole, sans domicile, sans guerre, et sans liaisons, sans nul besoin de ses semblables, comme sans nul désir de leur nuire, peut-être même sans jamais en reconnaître aucun individuellement, l'homme sauvage sujet à peu de passions, et se suffisant à lui-même, n'avait que les sentiments et les lumières propres à cet état, qu'il ne sentait que ses vrais besoins, ne regardait que ce qu'il croyait avoir intérêt de voir, et que son intelligence ne faisait pas plus de progrès que sa vanité. Si par hasard il faisait quelque découverte, il pouvait d'autant moins la communiquer qu'il ne reconnaissait pas même ses enfants. L'art périssait avec l'inventeur; il n'y avait ni éducation ni progrès, les générations se multipliaient inutilement; et chacune partant toujours du même point, les siècles s'écoulaient dans toute la grossièreté des premiers âges, l'espèce était déjà vieille, et l'homme restait toujours enfant.

Si je me suis étendu si longtemps sur la supposition de cette condition primitive, c'est qu'ayant d'anciennes erreurs et des préjugés invétérés à détruire, j'ai cru devoir creuser jusqu'à la racine, et montrer dans le tableau du véritable état de nature combien l'inégalité, même naturelle, est loin d'avoir dans cet état autant de réalité et d'influence que le prétendent nos écrivains.

En effet, il est aisé de voir qu'entre les différences qui distinguent les hommes, plusieurs passent pour naturelles qui sont uniquement l'ouvrage de l'habitude et des divers genres de vie que les hommes adoptent dans la société. Ainsi un tempérament robuste ou délicat, la force ou la faiblesse qui en dépendent, viennent souvent plus de la manière dure ou efféminée dont on a été élevé que de la constitution primitive des corps. Il en est de même des forces de l'esprit, et non seulement l'éducation met de la différence entre les esprits cultivés et ceux qui ne le sont pas, mais elle augmente celle qui se trouve entre les premiers à proportion de la culture ; car qu'un géant et un nain marchent sur la même route, chaque pas qu'ils feront l'un et l'autre donnera un nouvel avantage au géant. Or si l'on compare la diversité prodigieuse d'éducations et de genres de vie qui règne dans les différents ordres de l'état civil, avec la simplicité et l'uniformité de la vie animale et sauvage, où tous se nourrissent des mêmes aliments, vivent de la même manière, et font exactement les mêmes choses, on comprendra combien la différence d'homme à homme doit être moindre dans l'état de nature que dans celui de société, et combien l'inégalité naturelle doit augmenter dans l'espèce humaine par l'inégalité d'institution.

Mais quand la nature affecterait dans la distribution de ses dons autant de préférences qu'on le prétend, quel avantage les plus favorisés en tireraient-ils, au préjudice des autres, dans un état de choses qui n'admettrait presque aucune sorte de relation entre eux ? Là où il n'y a point d'amour, de quoi servira la beauté ? Que sert l'esprit à des gens qui ne parlent point, et la ruse à ceux qui n'ont point d'affaires ? J'entends toujours répéter que les plus forts opprimeront les faibles ; mais qu'on m'explique ce qu'on veut dire par ce mot d'oppression. Les uns domineront avec violence, les autres gémiront asservis à tous leurs caprices : voilà précisément ce que j'observe parmi nous, mais je ne vois pas comment cela pourrait se dire des hommes sauvages, à qui l'on aurait même bien de la peine à faire entendre ce que c'est que servitude et domination. Un homme pourra bien s'emparer des fruits qu'un autre a cueillis, du gibier qu'il a tué, de l'antre qui lui servait l'asile ; mais comment viendra-t-il jamais à bout de s'en faire obéir, et quelles pourront être les chaînes de la dépendance parmi des hommes qui ne possèdent rien ? Si l'on me chasse d'un arbre, j'en suis quitte pour aller à un autre ; si l'on me tourmente dans un lieu, qui m'empêchera de passer ailleurs ? Se trouve-t-il un homme d'une force assez supérieure à la mienne, et, de plus, assez dépravé, assez paresseux, et assez féroce pour me contraindre à pourvoir à sa subsistance pendant qu'il demeure oisif ? Il faut qu'il se résolve à ne pas me perdre de vue un seul instant, à me tenir lié avec un très grand soin durant son sommeil, de peur que je ne m'échappe ou que je ne le tue : c'est-à-dire qu'il est obligé de s'exposer volontairement à une peine beaucoup plus grande que celle qu'il veut éviter, et que celle qu'il me donne à moi-même. Après tout cela, sa vigilance se relâche-t-elle un moment ? Un bruit imprévu lui fait-il détourner la tête ? Je fais vingt pas dans la forêt, mes fers sont brisés, et il ne me revoit de sa vie.

Sans prolonger inutilement ces détails, chacun doit voir que, les liens de la servitude n'étant formés que de la dépendance mutuelle des hommes et des besoins réciproques qui les unissent, il est impossible d'asservir un homme sans l'avoir mis auparavant dans le cas de ne pouvoir se passer d'un autre ; situation qui n'existant pas dans l'état de nature, y laisse chacun libre du joug et rend vaine la loi du plus fort.

Après avoir prouvé que l'inégalité est à peine sensible dans l'état de nature, et que son influence y est presque nulle, il me reste à montrer son origine, et ses progrès dans les développements successifs de l'esprit humain. Après avoir montré que la *perfectibilité*, les vertus sociales et les autres facultés que l'homme naturel avait reçues en puissance ne pouvaient jamais se développer d'elles-mêmes, qu'elles avaient besoin pour cela du concours fortuit de plusieurs causes étrangères qui pouvaient ne jamais naître, et sans lesquelles il fût demeuré éternellement dans sa condition primitive ; il me reste à considérer et à rapprocher les différents hasards qui ont pu perfectionner la raison humaine, en détériorant l'espèce, rendre un être méchant en le rendant sociable, et d'un terme si éloigné amener enfin l'homme et le monde au point où nous les voyons.

J'avoue que les événements que j'ai à décrire ayant pu arriver de plusieurs manières, je ne puis me déterminer sur le choix que par des conjectures ; mais outre que ces conjectures deviennent des raisons, quand elles sont les plus probables qu'on puisse tirer de la nature des choses et les seuls moyens qu'on puisse avoir de découvrir la vérité, les conséquences que je veux déduire des miennes ne seront point pour cela conjecturales, puisque, sur les principes que je viens d'établir, on ne saurait former aucun autre système qui ne me fournisse les mêmes résultats, et dont je ne puisse tirer les mêmes conclusions.

Ceci me dispensera d'étendre mes réflexions sur la manière dont le laps de temps compense le peu de vraisemblance des événements; sur la puissance surprenante des causes très légères lorsqu'elles agissent sans relâche; sur l'impossibilité où l'on est d'un côté de détruire certaines hypothèses, si de l'autre on se trouve hors d'état de leur donner le degré de certitude des faits; sur ce que deux faits étant donnés comme réels à lier par une suite de faits intermédiaires, inconnus ou regardés comme tels, c'est à l'histoire, quand on l'a, de donner les faits qui les lient; c'est à la philosophie, à son défaut, de déterminer les faits semblables qui peuvent les lier; enfin sur ce qu'en matière d'événements la similitude réduit les faits à un beaucoup plus petit nombre de classes différentes qu'on ne se l'imagine. Il me suffit d'offrir ces objets à la considération de mes juges : il me suffit d'avoir fait en sorte que les lecteurs vulgaires n'eussent pas besoin de les considérer.

SECONDE PARTIE

Le premier qui, ayant enclos un terrain, s'avisa de dire : *Ceci est à moi*, et trouva des gens assez simples pour le croire, fut le vrai fondateur de la société civile. Que de crimes, de guerres, de meurtres, que de misères et d'horreurs n'eût point épargnés au genre humain celui qui, arrachant les pieux ou comblant le fossé, eût crié à ses semblables : Gardez-vous d'écouter cet imposteur; vous êtes perdus, si vous oubliez que les fruits sont à tous, et que la terre n'est à personne. Mais il y a grande apparence, qu'alors les choses en étaient déjà venues au point de ne pouvoir plus durer comme elles étaient; car cette idée de propriété, dépendant de beaucoup d'idées antérieures qui n'ont pu naître que successivement, ne se forma pas tout d'un coup dans l'esprit humain. Il fallut faire bien des progrès, acquérir bien de l'industrie et des lumières, les transmettre et les augmenter d'âge en âge, avant que d'arriver à ce dernier terme de l'état de nature. Reprenons donc les choses de plus haut et tâchons de rassembler sous un seul point de vue cette lente succession d'événements et de connaissances, dans leur ordre le plus naturel.

Le premier sentiment de l'homme fut celui de son existence, son premier soin celui de sa conservation. Les productions de la terre lui fournissaient tous les secours nécessaires, l'instinct le porta à en faire usage. La faim, d'autres appétits lui faisant éprouver tour à tour diverses manières d'exister, il y en eut une qui l'invita à perpétuer son espèce; et ce penchant aveugle, dépourvu de tout sentiment du cœur, ne produisait qu'un acte purement animal. Le besoin satisfait, les deux sexes ne se reconnaissaient plus, et l'enfant même n'était plus rien à la mère sitôt qu'il pouvait se passer d'elle.

Telle fut la condition de l'homme naissant; telle fut la vie d'un animal borné d'abord aux pures sensations, et profitant à peine des dons que lui offrait la nature, loin de songer à lui rien arracher; mais il se présenta bientôt des difficultés, il fallut apprendre à les vaincre : la hauteur des arbres qui l'empêchait d'atteindre à leurs fruits, la concurrence des animaux qui cherchaient à s'en nourrir, la férocité de ceux qui en voulaient à sa propre vie, tout l'obligea de s'appliquer aux exercices du corps; il fallut se rendre agile, vite à la course, vigoureux au combat. Les armes naturelles, qui sont les branches d'arbre et les pierres, se trouvèrent bientôt sous sa main. Il apprit à surmonter les obstacles de la nature, à combattre au besoin les autres animaux, à disputer sa subsistance aux hommes mêmes, ou à se dédommager de ce qu'il fallait céder au plus fort.

A mesure que le genre humain s'étendit, les peines se multiplièrent avec les hommes. La différence des terrains, des climats, des saisons, put les forcer à en mettre dans leurs manières de vivre. Des années stériles, des hivers longs et rudes, des étés brûlants qui consument tout, exigèrent d'eux une nouvelle industrie. Le long de la mer, et des rivières, ils inventèrent la ligne et l'hameçon, et devinrent pêcheurs et ichtyophages. Dans les forêts ils se firent des arcs et des flèches, et devinrent chasseurs et guerriers. Dans les pays froids ils se couvrirent des peaux des bêtes qu'ils avaient tuées. Le tonnerre, un volcan, ou quelque heureux hasard, leur fit connaître le feu, nouvelle ressource contre la rigueur de l'hiver : ils apprirent à conserver cet élément, puis à le reproduire, et enfin à en préparer les viandes qu'auparavant ils dévoraient crues.

Cette application réitérée des êtres divers à lui-même, et les uns aux autres, dut naturellement engendrer dans l'esprit de l'homme les perceptions de certains rapports. Ces relations que nous exprimons par les mots de grand, de petit, de fort, de faible, de vite, de lent, de peureux, de hardi, et d'autres idées pareilles, comparées au besoin, et presque sans y songer, produisirent enfin chez lui quelque sorte de réflexion, ou plutôt une prudence machinale qui lui indiquait les précautions les plus nécessaires à sa sûreté.

Les nouvelles lumières qui résultèrent de ce développement augmentèrent sa supériorité sur les autres animaux, en la lui faisant connaître. Il s'exerça à leur dresser des pièges, il leur donna le change en mille manières, et quoique plusieurs le surpassassent en force au combat, ou en vitesse à la course, de ceux qui pouvaient lui servir ou lui nuire, il devint avec le temps le maître des uns, et le fléau des autres. C'est ainsi que le premier regard qu'il porta sur lui-même y produisit le premier mouvement d'orgueil; c'est ainsi que sachant encore à peine distinguer les rangs, et se contemplant au premier par son espèce, il se préparait de loin à y prétendre par son individu.

Quoique ses semblables ne fussent pas pour lui ce qu'ils sont pour nous, et qu'il n'eût guère plus de commerce avec eux qu'avec les autres animaux, ils ne furent pas oubliés dans ses observations. Les conformités que le temps put lui faire apercevoir entre eux, sa femelle et lui-même, le firent juger de celles qu'il n'apercevait pas, et voyant qu'ils se conduisaient tous, comme il aurait fait en de pareilles circonstances, il conclut que leur manière de penser et de sentir était entièrement conforme à la sienne, et cette importante vérité, bien établie dans son esprit, lui fit suivre par un pressentiment aussi sûr et plus prompt que la dialectique les meilleures règles de conduite que pour son avantage et sa sûreté il lui convînt de garder avec eux.

Instruit par l'expérience que l'amour du bien-être est le seul mobile des actions humaines, il se trouva en état de distinguer les occasions rares où l'intérêt commun devait le faire compter sur l'assistance de ses semblables, et celles plus rares encore où la concurrence devait le faire défier d'eux. Dans le premier cas il s'unissait avec eux en troupeau, ou tout au plus par quelque sorte d'association libre qui n'obligeait personne, et qui ne durait qu'autant que le besoin passager qui l'avait formée. Dans le second chacun cherchait à prendre ses avantages, soit à force ouverte s'il croyait le pouvoir, soit par adresse et subtilité s'il se sentait le plus faible.

Voilà comment les hommes purent insensiblement acquérir quelque idée grossière des engagements mutuels, et de l'avantage de les remplir, mais seulement autant que pouvait l'exiger l'intérêt présent et sensible; car la prévoyance n'était rien pour eux, et loin de s'occuper d'un avenir éloigné, ils ne songeaient pas même au lendemain. S'agissait-il de prendre un cerf, chacun sentait bien qu'il devait pour cela garder fidèlement son poste; mais si un lièvre venait à passer à la portée de l'un d'eux, il ne faut pas douter qu'il ne le poursuivît sans scrupule, et qu'ayant atteint sa proie il ne se souciât fort peu de faire manquer la leur à ses compagnons.

Il est aisé de comprendre qu'un pareil commerce n'exigeait pas un langage beaucoup plus raffiné que celui des corneilles ou des singes, qui s'attroupent à peu près de même. Des cris inarticulés, beaucoup de gestes et quelques bruits imitatifs durent composer pendant longtemps la langue universelle, à quoi joignant dans chaque contrée quelques sons articulés et conventionnels dont, comme je l'ai déjà dit, il n'est pas trop facile d'expliquer l'institution, on eut des langues particulières, mais grossières, imparfaites, et telles à peu près qu'en ont encore aujourd'hui diverses nations sauvages. Je parcours comme un trait des multitudes de siècles, forcé par le temps qui s'écoule, par l'abondance des choses que j'ai à dire, et par le progrès presque insensible des commencements; car plus les événements étaient lents à se succéder, plus ils sont prompts à décrire.

Ces premiers progrès mirent enfin l'homme à portée d'en faire de plus rapides. Plus l'esprit s'éclairait, et plus l'industrie se perfectionna. Bientôt cessant de s'endormir sous le premier arbre, ou de se retirer dans des cavernes, on trouva quelques sortes de haches de pierres dures et tranchantes, qui servirent à couper du bois, creuser la terre et faire des huttes de branchages, qu'on s'avisa ensuite d'enduire d'argile et de boue. Ce fut là l'époque d'une première révolution qui forma l'établissement et la distinction des familles, et qui introduisit une sorte de propriété; d'où peut-être naquirent déjà bien des querelles et des combats. Cependant comme les plus forts furent vraisemblablement les premiers à se faire des logements qu'ils se sentaient capables de défendre, il est à croire que les faibles trouvèrent plus court et plus sûr de les imiter que de tenter de les déloger; et quant à ceux qui avaient déjà des cabanes, chacun dut peu chercher à s'approprier celle de son voisin, moins parce qu'elle ne lui appartenait pas que parce qu'elle lui était inutile et qu'il ne pouvait s'en emparer, sans s'exposer à un combat très vif avec la famille qui l'occupait.

Les premiers développements du cœur furent l'effet d'une situation nouvelle qui réunissait dans une habitation commune les maris et les femmes, les pères et les enfants; l'habitude de vivre ensemble fit naître les plus doux sentiments qui soient connus des hommes, l'amour conjugal, et l'amour paternel. Chaque famille devint une petite société d'autant mieux unie que l'attachement réciproque et la liberté en étaient les seuls liens; et ce fut alors que s'établit la première différence dans la manière de vivre des deux sexes, qui jusqu'ici n'en avaient eu qu'une. Les femmes devinrent plus sédentaires et s'accoutumèrent à garder la cabane et les enfants, tandis que l'homme allait chercher la subsistance commune. Les deux sexes commencèrent aussi par une vie un peu plus molle à perdre quelque chose de leur férocité et de leur vigueur : mais si chacun séparément devint moins propre à combattre les bêtes sauvages, en revanche il fut plus aisé de s'assembler pour leur résister en commun.

Dans ce nouvel état, avec une vie simple et solitaire, des besoins très bornés, et les instruments qu'ils avaient inventés pour y pourvoir, les hommes jouissant d'un fort grand loisir l'employèrent à se procurer plusieurs sortes de commodités inconnues à leurs pères ; et ce fut là le premier joug qu'ils s'imposèrent sans y songer, et la première source de maux qu'ils préparèrent à leurs descendants ; car outre qu'ils continuèrent ainsi à s'amollir le corps et l'esprit, ces commodités ayant par l'habitude perdu presque tout leur agrément, et étant en même temps dégénérées en de vrais besoins, la privation en devint beaucoup plus cruelle que la possession n'en était douce, et l'on était malheureux de les perdre, sans être heureux de les posséder.

On entrevoit un peu mieux ici comment l'usage de la parole s'établit ou se perfectionne insensiblement dans le sein de chaque famille, et l'on peut conjecturer encore comment diverses causes particulières purent étendre le langage, et en accélérer le progrès en le rendant plus nécessaire. De grandes inondations ou des tremblements de terre environnèrent d'eaux ou de précipices des cantons habités ; des révolutions du globe détachèrent et coupèrent en îles des portions du continent. On conçoit qu'entre des hommes ainsi rapprochés et forcés de vivre ensemble, il dut se former un idiome commun plutôt qu'entre ceux qui erraient librement dans les forêts de la terre ferme. Ainsi il est très possible qu'après leurs premiers essais de navigation, des insulaires aient porté parmi nous l'usage de la parole ; et il est au moins très vraisemblable que la société et les langues ont pris naissance dans les îles et s'y sont perfectionnées avant que d'être connues dans le continent.

Tout commence à changer de face. Les hommes errants jusqu'ici dans les bois, ayant pris une assiette plus fixe, se rapprochent lentement, se réunissent en diverses troupes, et forment enfin dans chaque contrée une nation particulière, unie de mœurs et de caractères, non par des règlements et des lois, mais par le même genre de vie et d'aliments, et par l'influence commune du climat. Un voisinage permanent ne peut manquer d'engendrer enfin quelque liaison entre diverses familles. De jeunes gens de différents sexes habitent des cabanes voisines, le commerce passager que demande la nature en amène bientôt un autre non moins doux et plus permanent par la fréquentation mutuelle. On s'accoutume à considérer différents objets et à faire des comparaisons; on acquiert insensiblement des idées de mérite et de beauté qui produisent des sentiments de préférence. A force de se voir, on ne peut plus se passer de se voir encore. Un sentiment tendre et doux s'insinue dans l'âme, et par la moindre opposition devient une fureur impétueuse : la jalousie s'éveille avec l'amour; la discorde triomphe et la plus douce des passions reçoit des sacrifices de sang humain.

A mesure que les idées et les sentiments se succèdent, que l'esprit et le cœur s'exercent, le genre humain continue à s'apprivoiser, les liaisons s'étendent et les liens se resserrent. On s'accoutuma à s'assembler devant les cabanes ou autour d'un grand arbre : le chant et la danse, vrais enfants de l'amour et du loisir, devinrent l'amusement ou plutôt l'occupation des hommes et des femmes oisifs et attroupés. Chacun commença à regarder les autres et à vouloir être regardé soi-même, et l'estime publique eut un prix. Celui qui chantait ou dansait le mieux; le plus beau, le plus fort, le plus adroit ou le plus éloquent devint le plus considéré, et ce fut là le premier pas vers l'inégalité, et vers le vice en même temps : de ces premières préférences naquirent d'un côté la vanité et le mépris, de l'autre la honte et l'envie; et la fermentation causée par ces nouveaux levains produisit enfin des composés funestes au bonheur et à l'innocence.

Sitôt que les hommes eurent commencé à s'apprécier mutuellement et que l'idée de la considération fut formée dans leur esprit, chacun prétendit y avoir droit, et il ne fut plus possible d'en manquer impunément pour personne. De là sortirent les premiers devoirs de la civilité, même parmi les sauvages, et de là tout tort volontaire devint un outrage, parce qu'avec le mal qui résultait de l'injure, l'offensé y voyait le mépris de sa personne souvent plus insupportable que le mal même. C'est ainsi que chacun punissant le mépris qu'on lui avait témoigné d'une manière proportionnée au cas qu'il faisait de lui-même, les vengeances devinrent terribles, et les hommes sanguinaires et cruels. Voilà précisément le degré où étaient parvenus la plupart des peuples sauvages qui nous sont connus ; et c'est faute d'avoir suffisamment distingué les idées, et remarqué combien ces peuples étaient déjà loin du premier état de nature, que plusieurs se sont hâtés de conclure que l'homme est naturellement cruel et qu'il a besoin de police pour l'adoucir, tandis que rien n'est si doux que lui dans son état primitif, lorsque placé par la nature à des distances égales de la stupidité des brutes et des lumières funestes de l'homme civil, et borné également par l'instinct et par la raison à se garantir du mal qui le menace, il est retenu par la pitié naturelle de faire lui-même du mal à personne, sans y être porté par rien, même après en avoir reçu. Car, selon l'axiome du sage Locke, *il ne saurait y avoir d'injure, où il n'y a point de propriété.*

Mais il faut remarquer que la société commencée et les relations déjà établies entre les hommes exigeaient en eux des qualités différentes de celles qu'ils tenaient de leur constitution primitive ; que la moralité commençant à s'introduire dans les actions humaines, et chacun avant les lois étant seul juge et vengeur des offenses qu'il avait reçues, la bonté convenable au pur état de nature n'était plus celle qui convenait à la société naissante ; qu'il fallait que les punitions devinssent plus sévères à mesure que les occasions d'offenser devenaient plus fréquentes, et que c'était à la terreur des vengeances de tenir lieu du frein des lois. Ainsi quoique les hommes fussent devenus moins endurants, et que la pitié naturelle eût déjà souffert quelque altération, cette période du développement des facultés humaines, tenant un juste milieu entre l'indolence de l'état primitif et la pétulante activité de notre amour-propre, dut être l'époque la plus heureuse et la plus durable. Plus on y réfléchit, plus on trouve que cet état était le moins sujet aux révolutions, le meilleur à l'homme[1], et qu'il n'en a dû sortir que par quelque funeste hasard qui pour l'utilité commune eût dû ne jamais arriver. L'exemple des sauvages qu'on a

1. C'est une chose extrêmement remarquable que depuis tant d'années que les Européens se tourmentent pour amener les sauvages des diverses contrées du monde à leur manière de vivre, ils n'aient pas pu encore en gagner un seul, non pas même à la faveur du christianisme; car nos missionnaires en font quelquefois des chrétiens, mais jamais des hommes civilisés. Rien ne peut surmonter l'invincible répugnance qu'ils ont à prendre nos mœurs et vivre à notre manière. Si ces pauvres sauvages sont aussi malheureux qu'on le prétend, par quelle inconcevable dépravation de jugement refusent-ils constamment de se policer à notre imitation ou d'apprendre à vivre heureux parmi nous; tandis qu'on lit en mille endroits que des Français et d'autres Européens se sont réfugiés volontairement parmi ces nations, y ont passé leur vie entière, sans pouvoir plus quitter une si étrange manière de vivre, et qu'on voit même des missionnaires sensés regretter avec attendrissement les jours calmes et innocents qu'ils ont passés chez ces peuples si méprisés? Si l'on répond qu'ils n'ont pas assez de lumières pour juger sainement de leur état et du nôtre, je répliquerai que l'estimation du bonheur est moins l'affaire de la raison que du sentiment. D'ailleurs cette réponse peut se rétorquer contre nous avec plus de force encore; car il y a plus loin de nos idées à la disposition d'esprit où il faudrait être pour concevoir le goût que trouvent les sauvages à leur manière de vivre que des idées des sauvages à celles qui peuvent leur faire concevoir la nôtre. En effet, après quelques observations il leur est aisé de voir que tous nos travaux se dirigent sur deux seuls objets, savoir, pour soi les commodités de la vie, et la considération parmi les autres. Mais le moyen pour nous d'imaginer la sorte de plaisir qu'un sauvage prend à passer sa vie seul au milieu des bois ou à la pêche, ou à souffler dans une mauvaise flûte, sans jamais savoir en tirer un seul ton et sans se soucier de l'apprendre?

On a plusieurs fois amené des sauvages à Paris, à Londres et dans d'autres villes; on s'est empressé de leur étaler notre luxe, nos richesses et tous nos arts les plus utiles et les plus curieux; tout cela n'a jamais excité chez eux qu'une admiration stupide, sans le moindre mouvement de convoitise. Je me souviens entre autres de l'histoire d'un chef de quelques Américains septentrionaux qu'on mena à la cour d'Angleterre il y a une trentaine d'années. On lui fit passer mille choses devant les yeux pour chercher à lui faire quelque présent qui pût lui plaire, sans qu'on trouvât rien dont il parut se soucier. Nos armes lui semblaient lourdes et incommodes, nos souliers lui blessaient les pieds, nos habits le gênaient, il rebutait tout; enfin on s'aperçut qu'ayant pris une couverture de laine, il semblait prendre plaisir à s'en envelopper les épaules; vous conviendrez, au moins, lui dit-on aussitôt, de l'utilité de ce meuble? Oui, répondit-il, cela me paraît presque

presque tous trouvés à ce point semble confirmer que le genre humain était fait pour y rester toujours, que cet état est la véritable jeunesse du monde, et que tous les progrès ultérieurs ont été en apparence autant de pas vers la perfection de l'individu, et en effet vers la décrépitude de l'espèce.

Tant que les hommes se contentèrent de leurs cabanes

aussi bon qu'une peau de bête. Encore n'eût-il pas dit cela s'il eût porté l'une et l'autre à la pluie.

Peut-être me dira-t-on que c'est l'habitude qui, attachant chacun à sa manière de vivre, empêche les sauvages de sentir ce qu'il y a de bon dans la nôtre. Et sur ce pied-là il doit paraître au moins fort extraordinaire que l'habitude ait plus de force pour maintenir les sauvages dans le goût de leur misère que les Européens dans la jouissance de leur félicité. Mais pour faire à cette dernière objection une réponse à laquelle il n'y ait pas un mot à répliquer, sans alléguer tous les jeunes sauvages qu'on s'est vainement efforcé de civiliser; sans parler des Grœnlandais et des habitants de l'Islande, qu'on a tenté d'élever et nourrir en Danemark, et que la tristesse et le désespoir ont tous fait périr, soit de langueur, soit dans la mer où ils avaient tenté de regagner leur pays à la nage; je me contenterai de citer un seul exemple bien attesté, et que je donne à examiner aux admirateurs de la police européenne.

« Tous les efforts des missionnaires hollandais du cap de « Bonne-Espérance n'ont jamais été capables de convertir un seul « Hottentot. Van der Stel, gouverneur du Cap, en ayant pris un « dès l'enfance, le fit élever dans les principes de la religion chré- « tienne et dans la pratique des usages de l'Europe. On le vêtit « richement, on lui fit apprendre plusieurs langues et ses progrès « répondirent fort bien aux soins qu'on prit pour son éducation. « Le gouverneur, espérant beaucoup de son esprit, l'envoya aux « Indes avec un commissaire général qui l'employa utilement aux « affaires de la Compagnie. Il revint au Cap après la mort du « commissaire. Peu de jours après son retour, dans une visite qu'il « rendit à quelques Hottentots de ses parents, il prit le parti de se « dépouiller de sa parure européenne pour se revêtir d'une peau « de brebis. Il retourna au fort, dans ce nouvel ajustement, chargé « d'un paquet qui contenait ses anciens habits, et les présentant « au gouverneur il lui tint ce discours (voy, le frontispice). « *Ayez* « *la bonté, monsieur, de faire attention que je renonce pour toujours* « *à cet appareil. Je renonce aussi pour toute ma vie à la religion* « *chrétienne, ma résolution est de vivre et mourir dans la religion,* « *les manières et les usages de mes ancêtres. L'unique grâce que je* « *vous demande est de me laisser le collier et le coutelas que je porte.* « *Je les garderai pour l'amour de vous.* » Aussitôt, sans attendre la « réponse de Van der Stel, il se déroba par la fuite et jamais on ne « le revit au Cap. » *Histoire des voyages*, tome 5, p. 175.

rustiques, tant qu'ils se bornèrent à coudre leurs habits de peaux avec des épines ou des arêtes, à se parer de plumes et de coquillages, à se peindre le corps de diverses couleurs, à perfectionner ou embellir leurs arcs et leurs flèches, à tailler avec des pierres tranchantes quelques canots de pêcheurs ou quelques grossiers instruments de musique, en un mot tant qu'ils ne s'appliquèrent qu'à des ouvrages qu'un seul pouvait faire, et qu'à des arts qui n'avaient pas besoin du concours de plusieurs mains, ils vécurent libres, sains, bons et heureux autant qu'ils pouvaient l'être par leur nature, et continuèrent à jouir entre eux des douceurs d'un commerce indépendant : mais dès l'instant qu'un homme eut besoin du secours d'un autre ; dès qu'on s'aperçut qu'il était utile à un seul d'avoir des provisions pour deux, l'égalité disparut, la propriété s'introduisit, le travail devint nécessaire et les vastes forêts se changèrent en des campagnes riantes qu'il fallut arroser de la sueur des hommes, et dans lesquelles on vit bientôt l'esclavage et la misère germer et croître avec les moissons.

La métallurgie et l'agriculture furent les deux arts dont l'invention produisit cette grande révolution. Pour le poète, c'est l'or et l'argent, mais pour le philosophe ce sont le fer et le blé qui ont civilisé les hommes et perdu le genre humain ; aussi l'un et l'autre étaient-ils inconnus aux sauvages de l'Amérique qui pour cela sont toujours demeurés tels ; les autres peuples semblent même être restés barbares tant qu'ils ont pratiqué l'un de ces arts sans l'autre ; et l'une des meilleures raisons peut-être pourquoi l'Europe a été, sinon plus tôt, du moins plus constamment et mieux policée que les autres parties du monde, c'est qu'elle est à la fois la plus abondante en fer et la plus fertile en blé.

Il est très difficile de conjecturer comment les hommes sont parvenus à connaître et employer le fer : car il n'est pas croyable qu'ils aient imaginé d'eux-mêmes de tirer la matière de la mine et de lui donner les préparations nécessaires pour la mettre en fusion avant que de savoir ce qui en résulterait. D'un autre côté on peut d'autant moins attribuer cette découverte à quelque incendie accidentel que les mines ne se forment que dans des lieux arides et dénués d'arbres et de plantes, de sorte qu'on dirait que la nature avait pris des précautions pour nous dérober ce fatal secret. Il ne reste donc que la circonstance extraordinaire de quelque volcan qui, vomissant des matières métalliques en fusion, aura donné aux observateurs l'idée d'imiter cette opération de la nature; encore faut-il leur supposer bien du courage et de la prévoyance pour entreprendre un travail aussi pénible et envisager d'aussi loin les avantages qu'ils en pouvaient retirer; ce qui ne convient guère qu'à des esprits déjà plus exercés que ceux-ci ne le devaient être.

Quant à l'agriculture, le principe en fut connu longtemps avant que la pratique en fût établie, et il n'est guère possible que les hommes sans cesse occupés à tirer leur subsistance des arbres et des plantes n'eussent assez promptement l'idée des voies que la nature emploie pour la génération des végétaux; mais leur industrie ne se tourna probablement que fort tard de ce côté-là, soit parce que les arbres, qui avec la chasse et la pêche fournissaient à leur nourriture, n'avaient pas besoin de leurs soins, soit faute de connaître l'usage du blé, soit faute d'instruments pour le cultiver, soit faute de prévoyance pour le besoin à venir, soit enfin faute de moyens pour empêcher les autres de s'approprier le fruit de leur travail. Devenus plus industrieux, on peut croire qu'avec des pierres aiguës et des bâtons pointus ils commencèrent par cultiver quelques légumes ou racines autour de leurs cabanes, longtemps avant de savoir préparer le blé, et d'avoir les instruments nécessaires pour la culture en grand, sans compter que, pour se livrer à cette occupation et ensemencer des terres, il faut se résoudre à perdre d'abord quelque chose pour gagner beaucoup dans la suite; précaution fort éloignée du tour d'esprit de l'homme sauvage qui, comme je l'ai dit, a bien de la peine à songer le matin à ses besoins du soir.

L'invention des autres arts fut donc nécessaire pour forcer le genre humain de s'appliquer à celui de l'agriculture. Dès qu'il fallut des hommes pour fondre et forger le fer, il fallut d'autres hommes pour nourrir ceux-là. Plus le nombre des ouvriers vint à se multiplier, moins il y eut de mains employées à fournir à la subsistance commune, sans qu'il y eût moins de bouches pour la consommer; et comme il fallut aux uns des denrées en échange de leur fer, les autres trouvèrent enfin le secret d'employer le fer à la multiplication des denrées. De là naquirent d'un côté le labourage et l'agriculture, et de l'autre l'art de travailler les métaux et d'en multiplier les usages.

De la culture des terres s'ensuivit nécessairement leur partage, et de la propriété une fois reconnue les premières règles de justice : car pour rendre à chacun le sien, il faut que chacun puisse avoir quelque chose; de plus les hommes commençant à porter leurs vues dans l'avenir et se voyant tous quelques biens à perdre, il n'y en avait aucun qui n'eût à craindre pour soi la représaille des torts qu'il pouvait faire à autrui. Cette origine est d'autant plus naturelle qu'il est impossible de concevoir l'idée de la propriété naissante d'ailleurs que de la main-d'œuvre; car on ne voit pas ce que, pour s'approprier les choses qu'il n'a point faites, l'homme y peut mettre de plus que son travail. C'est le seul travail qui donnant droit au cultivateur sur le produit de la terre qu'il a labourée lui en donne par conséquent sur le fond, au moins jusqu'à la récolte, et ainsi d'année en année, ce qui faisant une possession continue, se transforme aisément en propriété. Lorsque les Anciens, dit Grotius, ont donné à Cérès l'épithète de législatrice, et à une fête célébrée en son honneur le nom de Thesmophories, ils ont fait entendre par là que le partage des terres a produit une nouvelle sorte de droit. C'est-à-dire le droit de propriété différent de celui qui résulte de la loi naturelle.

Les choses en cet état eussent pu demeurer égales, si les talents eussent été égaux, et que, par exemple, l'emploi du fer et la consommation des denrées eussent toujours fait une balance exacte; mais la proportion que rien ne maintenait fut bientôt rompue; le plus fort faisait plus d'ouvrage; le plus adroit tirait meilleur parti du sien; le plus ingénieux trouvait des moyens d'abréger le travail; le laboureur avait plus besoin de fer, ou le forgeron plus besoin de blé, et en travaillant également, l'un gagnait beaucoup tandis que l'autre avait peine à vivre. C'est ainsi que l'inégalité naturelle se déploie insensiblement avec celle de combinaison et que les différences des hommes, développées par celles des circonstances, se rendent plus sensibles, plus permanentes dans leurs effets, et commencent à influer dans la même proportion sur le sort des particuliers.

Les choses étant parvenues à ce point, il est facile d'imaginer le reste. Je ne m'arrêterai pas à décrire l'invention successive des autres arts, le progrès des langues, l'épreuve et l'emploi des talents, l'inégalité des fortunes, l'usage ou l'abus des richesses, ni tous les détails qui suivent ceux-ci, et que chacun peut aisément suppléer. Je me bornerai seulement à jeter un coup d'œil sur le genre humain placé dans ce nouvel ordre de choses.

Voilà donc toutes nos facultés développées, la mémoire et l'imagination en jeu, l'amour-propre intéressé, la raison rendue active et l'esprit arrivé presque au terme de la perfection, dont il est susceptible. Voilà toutes les qualités naturelles mises en action, le rang et le sort de chaque homme établi, non seulement sur la quantité des biens et le pouvoir de servir ou de nuire, mais sur l'esprit, la beauté, la force ou l'adresse, sur le mérite ou les talents, et ces qualités étant les seules qui pouvaient attirer de la considération, il fallut bientôt les avoir ou les affecter, il fallut pour son avantage se montrer autre que ce qu'on était en effet. Être et paraître devinrent deux choses tout à fait différentes, et de cette distinction sortirent le faste imposant, la ruse trompeuse, et tous les vices qui en sont le cortège. D'un autre côté, de libre et indépendant qu'était auparavant l'homme, le voilà par une multitude de nouveaux besoins assujetti, pour ainsi dire, à toute la nature, et surtout à ses semblables dont il devient l'esclave en un sens, même en devenant leur maître ; riche, il a besoin de leurs services ; pauvre, il a besoin de leur secours, et la médiocrité ne le met point en état de se passer d'eux. Il faut donc qu'il cherche sans cesse à les intéresser à son sort, et à leur faire trouver en effet ou en apparence leur profit à travailler pour le sien : ce qui le rend fourbe et artificieux avec les uns, impérieux et dur avec les autres, et le met dans la nécessité d'abuser tous ceux dont il a besoin, quand il ne peut s'en faire craindre, et qu'il ne trouve pas son intérêt à les servir utilement. Enfin l'ambition dévorante, l'ardeur d'élever sa fortune relative, moins par un véritable besoin que pour se mettre au-dessus des autres, inspire à tous les hommes un noir penchant à se nuire mutuellement, une jalousie secrète d'autant plus dangereuse que, pour faire son coup plus en sûreté, elle prend souvent le masque de la bienveillance ; en un mot, concurrence et rivalité d'une part, de l'autre opposition d'intérêt, et toujours le désir caché de faire son profit aux dépens d'autrui, tous ces maux sont le premier effet de la propriété et le cortège inséparable de l'inégalité naissante.

Avant qu'on eût inventé les signes représentatifs des richesses, elles ne pouvaient guère consister qu'en terres et en bestiaux, les seuls biens réels que les hommes puissent posséder. Or quand les héritages se furent accrus en nombre et en étendue au point de couvrir le sol entier et de se toucher tous, les uns ne purent plus s'agrandir qu'aux dépens des autres, et les surnuméraires que la faiblesse ou l'indolence avaient empêchés d'en acquérir à leur tour, devenus pauvres sans avoir rien perdu, parce que, tout changeant autour d'eux, eux seuls n'avaient point changé, furent obligés de recevoir ou de ravir leur subsistance de la main des riches, et de là commencèrent à naître, selon les divers caractères des uns et des autres, la domination et la servitude, ou la violence et les rapines. Les riches de leur côté connurent à peine le plaisir de dominer, qu'ils dédaignèrent bientôt tous les autres, et se servant de leurs anciens esclaves pour en soumettre de nouveaux, ils ne songèrent qu'à subjuguer et asservir leurs voisins ; semblables à ces loups affamés qui ayant une fois goûté de la chair humaine rebutent tout autre nourriture et ne veulent plus que dévorer des hommes.

C'est ainsi que les plus puissants ou les plus misérables, se faisant de leur force ou de leurs besoins une sorte de droit au bien d'autrui, équivalent, selon eux, à celui de propriété, l'égalité rompue fut suivie du plus affreux désordre : c'est ainsi que les usurpations des riches, les brigandages des pauvres, les passions effrénées de tous étouffant la pitié naturelle, et la voix encore faible de la justice, rendirent les hommes avares, ambitieux et méchants. Il s'élevait entre le droit du plus fort et le droit du premier occupant un conflit perpétuel qui ne se terminait que par des combats et des meurtres[1]; la société naissante fit place au plus horrible état de guerre : le genre humain avili et désolé, ne pouvant plus retourner sur ses pas ni renoncer aux acquisitions malheureuses qu'il avait faites et ne travaillant qu'à sa honte, par l'abus des facultés qui l'honorent, se mit lui-même à la veille de sa ruine.

Attonitus novitate mali, divesque miserque,
Effugere optat opes, et quæ modó voverat, odit.

Il n'est pas possible que les hommes n'aient fait enfin des réflexions sur une situation aussi misérable, et sur les calamités dont ils étaient accablés. Les riches surtout durent bientôt sentir combien leur était désavantageuse une guerre perpétuelle dont ils faisaient seuls tous les frais et dans laquelle le risque de la vie était commun et celui des biens, particulier. D'ailleurs, quelque couleur qu'ils pussent donner à leurs usurpations, ils sentaient assez qu'elles n'étaient établies que sur un droit précaire et abusif et que n'ayant été acquises que par la force, la force pouvait les leur ôter sans qu'ils eussent raison de s'en plaindre. Ceux mêmes que la seule industrie avait enrichis ne pouvaient guère

1. On pourrait m'objecter que dans un pareil désordre les hommes au lieu de s'entr'égorger opiniâtrement se seraient dispersés, s'il n'y avait point eu de bornes à leur dispersion. Mais premièrement ces bornes eussent au moins été celles du monde, et si l'on pense à l'excessive population qui résulte de l'état de nature, on jugera que la terre dans cet état n'eût pas tardé à être couverte d'hommes ainsi forcés à se tenir rassemblés. D'ailleurs, ils se seraient dispersés, si le mal avait été rapide et que c'eût été un changement fait du jour au lendemain; mais ils naissaient sous le joug; ils avaient l'habitude de le porter quand ils en sentaient la pesanteur, et ils se contentaient d'attendre l'occasion de le secouer. Enfin, déjà accoutumés à mille commodités qui les forçaient à se tenir rassemblés, la dispersion n'était plus si facile que dans les premiers temps où nul n'ayant besoin que de soi-même, chacun prenait son parti sans attendre le consentement d'un autre.

fonder leur propriété sur de meilleurs titres. Ils avaient beau dire : C'est moi qui ai bâti ce mur; j'ai gagné ce terrain par mon travail. Qui vous a donné les alignements, leur pouvait-on répondre, et en vertu de quoi prétendez-vous être payé à nos dépens d'un travail que nous ne vous avons point imposé? Ignorez-vous qu'une multitude de vos frères périt, ou souffre du besoin de ce que vous avez de trop, et qu'il vous fallait un consentement exprès et unanime du genre humain pour vous approprier sur la subsistance commune tout ce qui allait au-delà de la vôtre? Destitué de raisons valables pour se justifier, et de forces suffisantes pour se défendre; écrasant facilement un particulier, mais écrasé lui-même par des troupes de bandits, seul contre tous, et ne pouvant à cause des jalousies mutuelles s'unir avec ses égaux contre des ennemis unis par l'espoir commun du pillage, le riche, pressé par la nécessité, conçut enfin le projet le plus réfléchi qui soit jamais entré dans l'esprit humain; ce fut d'employer en sa faveur les forces mêmes de ceux qui l'attaquaient, de faire ses défenseurs de ses adversaires, de leur inspirer d'autres maximes, et de leur donner d'autres institutions qui lui fussent aussi favorables que le droit naturel lui était contraire.

Dans cette vue, après avoir exposé à ses voisins l'horreur d'une situation qui les armait tous les uns contre les autres, qui leur rendait leurs possessions aussi onéreuses que leurs besoins, et où nul ne trouvait sa sûreté ni dans la pauvreté ni dans la richesse, il inventa aisément des raisons spécieuses pour les amener à son but. « Unissons-nous, leur dit-il, pour garantir de l'oppres-
« sion les faibles, contenir les ambitieux, et assurer à
« chacun la possession de ce qui lui appartient. Insti-
« tuons des règlements de justice et de paix auxquels
« tous soient obligés de se conformer, qui ne fassent
« acception de personne, et qui réparent en quelque
« sorte les caprices de la fortune en soumettant égale-
« ment le puissant et le faible à des devoirs mutuels. En
« un mot, au lieu de tourner nos forces contre nous-
« mêmes, rassemblons-les en un pouvoir suprême qui
« nous gouverne selon de sages lois, qui protège et

« défende tous les membres de l'association, repousse les « ennemis communs et nous maintienne dans une « concorde éternelle. »

Il en fallut beaucoup moins que l'équivalent de ce discours pour entraîner des hommes grossiers, faciles à séduire, qui d'ailleurs avaient trop d'affaires à démêler entre eux pour pouvoir se passer d'arbitres, et trop d'avarice et d'ambition, pour pouvoir longtemps se passer de maîtres. Tous coururent au-devant de leurs fers croyant assurer leur liberté; car avec assez de raison pour sentir les avantages d'un établissement politique, ils n'avaient pas assez d'expérience pour en prévoir les dangers; les plus capables de pressentir les abus étaient précisément ceux qui comptaient d'en profiter, et les sages mêmes virent qu'il fallait se résoudre à sacrifier une partie de leur liberté à la conservation de l'autre, comme un blessé se fait couper le bras pour sauver le reste du corps.

Telle fut, ou dut être, l'origine de la société et des lois, qui donnèrent de nouvelles entraves au faible et de nouvelles forces au riche[1], détruisirent sans retour la liberté naturelle, fixèrent pour jamais la loi de la propriété et de l'inégalité, d'une adroite usurpation firent un droit irrévocable, et pour le profit de quelques ambitieux assujettirent désormais tout le genre humain au travail, à la servitude et à la misère. On voit aisément comment l'établissement d'une seule société rendit indispensable celui de toutes les autres, et comment, pour faire tête à des forces unies, il fallut s'unir à son tour. Les sociétés se multipliant ou s'étendant rapidement couvrirent bientôt toute la surface de la terre, et il ne fut plus possible de trouver un seul coin dans l'univers où l'on pût s'affranchir du joug et soustraire sa tête au glaive souvent mal

1. Le maréchal de V*** contait que dans une de ses campagnes, les excessives friponneries d'un entrepreneur des vivres ayant fait souffrir et murmurer l'armée, il le tança vertement et le menaça de le faire pendre. Cette menace ne me regarde pas, lui répondit hardiment le fripon, et je suis bien aise de vous dire qu'on ne pend point un homme qui dispose de cent mille écus. Je ne sais comment cela se fit, ajoutait naïvement le maréchal, mais en effet il ne fut point pendu, quoiqu'il eût cent fois mérité de l'être.

conduit que chaque homme vit perpétuellement suspendu sur la sienne. Le droit civil étant ainsi devenu la règle commune des citoyens, la loi de nature n'eut plus lieu qu'entre les diverses sociétés, où, sous le nom de droit des gens, elle fut tempérée par quelques conventions tacites pour rendre le commerce possible et suppléer à la commisération naturelle, qui, perdant de société à société presque toute la force qu'elle avait d'homme à homme, ne réside plus que dans quelques grandes âmes cosmopolites, qui franchissent les barrières imaginaires qui séparent les peuples, et qui, à l'exemple de l'être souverain qui les a créés, embrassent tout le genre humain dans leur bienveillance.

Les corps politiques restant ainsi entre eux dans l'état de nature se ressentirent bientôt des inconvénients qui avaient forcé les particuliers d'en sortir, et cet état devint encore plus funeste entre ces grands corps qu'il ne l'avait été auparavant entre les individus dont ils étaient composés. De là sortirent les guerres nationales, les batailles, les meurtres, les représailles qui font frémir la nature et choquent la raison, et tous ces préjugés horribles qui placent au rang des vertus l'honneur de répandre le sang humain. Les plus honnêtes gens apprirent à compter parmi leurs devoirs celui d'égorger leurs semblables ; on vit enfin les hommes se massacrer par milliers sans savoir pourquoi ; et il se commettait plus de meurtres en un seul jour de combat et plus d'horreurs à la prise d'une seule ville qu'il ne s'en était commis dans l'état de nature durant des siècles entiers sur toute la face de la terre. Tels sont les premiers effets qu'on entrevoit de la division du genre humain en différentes sociétés. Revenons à leur institution.

Je sais que plusieurs ont donné d'autres origines aux sociétés politiques, comme les conquêtes du plus puissant ou l'union des faibles, et le choix entre ces causes est indifférent à ce que je veux établir : cependant celle que je viens d'exposer me paraît la plus naturelle par les raisons suivantes : 1. Que dans le premier cas, le droit de conquête n'étant point un droit n'en a pu fonder aucun autre, le conquérant et les peuples conquis restant toujours entre eux dans l'état de guerre, à moins que la nation remise en pleine liberté ne choisisse volontairement son vainqueur pour son chef. Jusque-là, quelques capitulations qu'on ait faites, comme elles n'ont été fondées que sur la violence, et que par conséquent elles sont nulles par le fait même, il ne peut y avoir dans cette hypothèse ni véritable société, ni corps politique, ni d'autre loi que celle du plus fort. 2. Que ces mots de *fort* et de *faible* sont équivoques dans le second cas ; que dans l'intervalle qui se trouve entre l'établissement du droit de propriété ou de premier occupant, et celui des gouvernements politiques, le sens de ces termes est mieux rendu par ceux de *pauvre* et de *riche,* parce qu'en effet un homme n'avait point avant les lois d'autre moyen d'assujettir ses égaux qu'en attaquant leur bien, ou leur faisant quelque part du sien. 3. Que les pauvres n'ayant rien à perdre que leur liberté, c'eût été une grande folie à eux de s'ôter volontairement le seul bien qui leur restait pour ne rien gagner en échange ; qu'au contraire les riches étant, pour ainsi dire, sensibles dans toutes les parties de leurs biens, il était beaucoup plus aisé de leur faire du mal, qu'ils avaient par conséquent plus de précautions à prendre pour s'en garantir et qu'enfin il est raisonnable de croire qu'une chose a été inventée par ceux à qui elle est utile plutôt que par ceux à qui elle fait du tort.

Le gouvernement naissant n'eut point une forme constante et régulière. Le défaut de philosophie et d'expérience ne laissait apercevoir que les inconvénients présents, et l'on ne songeait à remédier aux autres qu'à mesure qu'ils se présentaient. Malgré tous les travaux des plus sages législateurs, l'état politique demeura toujours imparfait, parce qu'il était presque l'ouvrage du hasard, et que, mal commencé, le temps en découvrant les défauts et suggérant des remèdes, ne put jamais réparer les vices de la constitution. On raccommodait sans cesse, au lieu qu'il eût fallu commencer par nettoyer l'aire et écarter tous les vieux matériaux, comme fit Lycurgue à Sparte, pour élever ensuite un bon édifice. La société ne consista d'abord qu'en quelques conventions générales que tous les particuliers s'engageaient à observer et dont la communauté se rendait garante envers chacun d'eux. Il fallut que l'expérience montrât combien une pareille constitution était faible, et combien il était facile aux infracteurs d'éviter la conviction ou le châtiment des fautes dont le public seul devait être le témoin et le juge; il fallut que la loi fût éludée de mille manières; il fallut que les inconvénients et les désordres se multipliassent continuellement, pour qu'on songeât enfin à confier à des particuliers le dangereux dépôt de l'autorité publique et qu'on commît à des magistrats le soin de faire observer les délibérations du peuple : car de dire que les chefs furent choisis avant que la confédération fût faite et que les ministres des lois existèrent avant les lois mêmes, c'est une supposition qu'il n'est pas permis de combattre sérieusement.

Il ne serait pas plus raisonnable de croire que les peuples se sont d'abord jetés entre les bras d'un maître absolu, sans conditions et sans retour, et que le premier moyen de pourvoir à la sûreté commune qu'aient imaginé des hommes fiers et indomptés a été de se précipiter dans l'esclavage. En effet, pourquoi se sont-ils donné des supérieurs, si ce n'est pour les défendre contre l'oppression, et protéger leurs biens, leurs libertés, et leurs vies, qui sont, pour ainsi dire, les éléments constitutifs de leur être? Or, dans les relations d'homme à homme, le pis qui puisse arriver à l'un étant de se voir à la discrétion de l'autre, n'eût-il pas été contre le bon sens de commencer par se dépouiller entre les mains d'un chef des seules choses pour la conservation desquelles ils avaient besoin de son secours? Quel équivalent eût-il pu leur offrir pour la concession d'un si beau droit; et, s'il eût osé l'exiger sous le prétexte de les défendre, n'eût-il pas aussitôt reçu la réponse de l'apologue : Que nous fera de plus l'ennemi? Il est donc incontestable, et c'est la maxime fondamentale de tout le droit politique, que les peuples se sont donné des chefs pour défendre leur liberté et non pour les asservir. *Si nous avons un prince*, disait Pline à Trajan, c'est afin qu'il nous préserve d'avoir un maître.

Les politiques font sur l'amour de la liberté les mêmes sophismes que les philosophes ont faits sur l'état de nature; par les choses qu'ils voient ils jugent des choses très différentes qu'ils n'ont pas vues et ils attribuent aux hommes un penchant naturel à la servitude par la patience avec laquelle ceux qu'ils ont sous les yeux supportent la leur, sans songer qu'il en est de la liberté comme de l'innocence et de la vertu, dont on ne sent le prix qu'autant qu'on en jouit soi-même et dont le goût se perd sitôt qu'on les a perdues. Je connais les délices de ton pays, disait Brasidas à un satrape qui comparait la vie de Sparte à celle de Persépolis, mais tu ne peux connaître les plaisirs du mien.

Comme un coursier indompté hérisse ses crins, frappe la terre du pied et se débat impétueusement à la seule approche du mors, tandis qu'un cheval dressé souffre patiemment la verge et l'éperon, l'homme barbare ne plie point sa tête au joug que l'homme civilisé porte sans murmure, et il préfère la plus orageuse liberté à un assujettissement tranquille. Ce n'est donc pas par l'avilissement des peuples asservis qu'il faut juger des dispositions naturelles de l'homme pour ou contre la servitude, mais par les prodiges qu'ont faits tous les peuples libres pour se garantir de l'oppression. Je sais que les premiers ne font que vanter sans cesse la paix et le repos dont ils jouissent dans leurs fers, et que *miserrimam servitutem pacem appellant,* mais quand je vois les autres sacrifier les plaisirs, le repos, la richesse, la puissance et la vie même à la conservation de ce seul bien si dédaigné de ceux qui l'ont perdu ; quand je vois des animaux nés libres et abhorrant la captivité se briser la tête contre les barreaux de leur prison, quand je vois des multitudes de sauvages tout nus mépriser les voluptés européennes et braver la faim, le feu, le fer et la mort pour ne conserver que leur indépendance, je sens que ce n'est pas à des esclaves qu'il appartient de raisonner de liberté.

Quant à l'autorité paternelle dont plusieurs ont fait dériver le gouvernement absolu et toute la société, sans recourir aux preuves contraires de Locke et de Sidney, il suffit de remarquer que rien au monde n'est plus éloigné de l'esprit féroce du despotisme que la douceur de cette autorité qui regarde plus à l'avantage de celui qui obéit qu'à l'utilité de celui qui commande, que par la loi de nature le père n'est le maître de l'enfant qu'aussi longtemps que son secours lui est nécessaire, qu'au-delà de ce terme ils deviennent égaux et qu'alors le fils, parfaitement indépendant du père, ne lui doit que du respect, et non de l'obéissance ; car la reconnaissance est bien un devoir qu'il faut rendre, mais non pas un droit qu'on puisse exiger. Au lieu de dire que la société civile dérive du pouvoir paternel, il fallait dire au contraire que c'est d'elle que ce pouvoir tire sa principale force : un individu ne fut reconnu pour le père de plusieurs que quand ils restèrent assemblés autour de lui. Les biens du père, dont il est véritablement le maître, sont les liens qui retiennent ses enfants dans sa dépendance, et il peut ne leur donner part à sa succession qu'à proportion qu'ils auront bien mérité de lui par une continuelle déférence à ses volontés. Or, loin que les sujets aient quelque faveur semblable à attendre de leur despote, comme ils lui appartiennent en propre, eux et tout ce qu'ils possèdent, ou du moins qu'il le prétend ainsi, ils sont réduits à recevoir comme une faveur ce qu'il leur laisse de leur propre bien ; il fait justice quand il les dépouille ; il fait grâce quand il les laisse vivre.

En continuant d'examiner ainsi les faits par le droit, on ne trouverait pas plus de solidité que de vérité dans l'établissement volontaire de la tyrannie, et il serait difficile de montrer la validité d'un contrat qui n'obligerait qu'une des parties, où l'on mettrait tout d'un côté et rien de l'autre et qui ne tournerait qu'au préjudice de celui qui s'engage. Ce système odieux est bien éloigné d'être même aujourd'hui celui des sages et bons monarques, et surtout des rois de France, comme on peut le voir en divers endroits de leurs édits et en particulier dans le passage suivant d'un écrit célèbre, publié en 1667, au nom et par les ordres de Louis XIV : *Qu'on ne dise donc point que le souverain ne soit pas sujet aux lois de son État, puisque la proposition contraire est une vérité du droit des gens que la flatterie a quelquefois attaquée, mais que les bons princes ont toujours défendue comme une divinité tutélaire de leurs États. Combien est-il plus légitime de dire avec le sage Platon que la parfaite félicité d'un royaume est qu'un prince soit obéi de ses sujets, que le prince obéisse à la loi, et que la loi soit droite et toujours dirigée au bien public.* Je ne m'arrêterai point à rechercher si, la liberté étant la plus noble des facultés de l'homme, ce n'est pas dégrader sa nature, se mettre au niveau des bêtes esclaves de l'instinct, offenser même l'auteur de son être, que de renoncer sans réserve au plus précieux de tous ses dons, que de se soumettre à commettre tous les crimes qu'il nous défend, pour complaire à un maître féroce ou insensé, et si cet ouvrier sublime doit être plus irrité de voir détruire que déshonorer son plus bel ouvrage. Je demanderai seulement de quel droit ceux qui n'ont pas craint de s'avilir eux-mêmes jusqu'à ce point ont pu soumettre leur postérité à la même ignominie, et renoncer pour elle à des biens qu'elle ne tient point de leur libéralité, et sans lesquels la vie même est onéreuse à tous ceux qui en sont dignes ?

Pufendorf dit que, tout de même qu'on transfère son bien à autrui par des conventions et des contrats, on peut aussi se dépouiller de sa liberté en faveur de quelqu'un. C'est là, ce me semble, un fort mauvais raisonnement ; car premièrement le bien que j'aliène me devient une chose tout à fait étrangère, et dont l'abus m'est indifférent, mais il m'importe qu'on n'abuse point de ma liberté, et je ne puis sans me rendre coupable du mal qu'on me forcera de faire, m'exposer à devenir l'instrument du crime. De plus, le droit de propriété n'étant que de convention et d'institution humaine, tout homme peut à son gré disposer de ce qu'il possède : mais il n'en est pas de même des dons essentiels de la nature, tels que la vie et la liberté, dont il est permis à chacun de jouir et dont il est moins douteux qu'on ait droit de se dépouiller. En s'ôtant l'une on dégrade son être ; en s'ôtant l'autre on l'anéantit autant qu'il est en soi ; et comme nul bien temporel ne peut dédommager de l'une et de l'autre, ce serait offenser à la fois la nature et la raison que d'y renoncer à quelque prix que ce fût. Mais quand on pourrait aliéner sa liberté comme ses biens, la différence serait très grande pour les enfants qui ne jouissent des biens du père que par transmission de son droit, au lieu que, la liberté étant un don qu'ils tiennent de la nature en qualité d'hommes, leurs parents n'ont eu aucun droit de les en dépouiller ; de sorte que comme pour établir l'esclavage, il a fallu faire violence à la nature, il a fallu la changer pour perpétuer ce droit, et les jurisconsultes qui ont gravement prononcé que l'enfant d'une esclave naîtrait esclave ont décidé en d'autres termes qu'un homme ne naîtrait pas homme.

Il me paraît donc certain que non seulement les gouvernements n'ont point commencé par le pouvoir arbitraire, qui n'en est que la corruption, le terme extrême, et qui les ramène enfin à la seule loi du plus fort dont ils furent d'abord le remède, mais encore que, quand même ils auraient ainsi commencé, ce pouvoir, étant par sa nature illégitime, n'a pu servir de fondement aux droits de la société, ni par conséquent à l'inégalité d'institution.

Sans entrer aujourd'hui dans les recherches qui sont encore à faire sur la nature du pacte fondamental de tout gouvernement, je me borne en suivant l'opinion commune à considérer ici l'établissement du corps politique comme un vrai contrat entre le peuple et les chefs qu'il se choisit, contrat par lequel les deux parties s'obligent à l'observation des lois qui y sont stipulées et qui forment les liens de leur union. Le peuple ayant, au sujet des relations sociales, réuni toutes ses volontés en une seule, tous les articles sur lesquels cette volonté s'explique deviennent autant de lois fondamentales qui obligent tous les membres de l'État sans exception, et l'une desquelles règle le choix et le pouvoir des magistrats chargés de veiller à l'exécution des autres. Ce pouvoir s'étend à tout ce qui peut maintenir la constitution, sans aller jusqu'à la changer. On y joint des honneurs qui rendent respectables les lois et leurs ministres, et pour ceux-ci personnellement des prérogatives qui les dédommagent des pénibles travaux que coûte une bonne administration. Le magistrat, de son côté, s'oblige à n'user du pouvoir qui lui est confié que selon l'intention des commettants, à maintenir chacun dans la paisible jouissance de ce qui lui appartient et à préférer en toute occasion l'utilité publique à son propre intérêt.

Avant que l'expérience eût montré, ou que la connaissance du cœur humain eût fait prévoir les abus inévitables d'une telle constitution, elle dut paraître d'autant meilleure que ceux qui étaient chargés de veiller à sa conservation y étaient eux-mêmes le plus intéressés; car la magistrature et ses droits n'étant établis que sur les lois fondamentales, aussitôt qu'elles seraient détruites, les magistrats cesseraient d'être légitimes, le peuple ne serait plus tenu de leur obéir, et comme ce n'aurait pas été le magistrat, mais la loi qui aurait constitué l'essence de l'État, chacun rentrerait de droit dans sa liberté naturelle.

Pour peu qu'on y réfléchît attentivement, ceci se confirmerait par de nouvelles raisons et par la nature du contrat on verrait qu'il ne saurait être irrévocable : car s'il n'y avait point de pouvoir supérieur qui pût être garant de la fidélité des contractants, ni les forcer à remplir leurs engagements réciproques, les parties demeureraient seules juges dans leur propre cause et chacune d'elles aurait toujours le droit de renoncer au contrat, sitôt qu'elle trouverait que l'autre en enfreint les conditions ou qu'elles cesseraient de lui convenir. C'est sur ce principe qu'il semble que le droit d'abdiquer peut être fondé. Or, à ne considérer, comme nous faisons, que l'institution humaine, si le magistrat qui a tout le pouvoir en main et qui s'approprie tous les avantages du contrat, avait pourtant le droit de renoncer à l'autorité ; à plus forte raison le peuple, qui paye toutes les fautes des chefs, devrait avoir le droit de renoncer à la dépendance. Mais les dissensions affreuses, les désordres infinis qu'entraînerait nécessairement ce dangereux pouvoir, montrent plus que toute autre chose combien les gouvernements humains avaient besoin d'une base plus solide que la seule raison et combien il était nécessaire au repos public que la volonté divine intervînt pour donner à l'autorité souveraine un caractère sacré et inviolable qui ôtât aux sujets le funeste droit d'en disposer. Quand la religion n'aurait fait que ce bien aux hommes, c'en serait assez pour qu'ils dussent tous la chérir et l'adopter, même avec ses abus, puisqu'elle épargne encore plus de sang que le fanatisme n'en fait couler : mais suivons le fil de notre hypothèse.

Les diverses formes des gouvernements tirent leur origine des différences plus ou moins grandes qui se trouvèrent entre les particuliers au moment de l'institution. Un homme était-il éminent en pouvoir, en vertu, en richesses ou en crédit ? il fut seul élu magistrat, et l'État devint monarchique ; si plusieurs à peu près égaux entre eux l'emportaient sur tous les autres, ils furent élus conjointement, et l'on eut une aristocratie. Ceux dont la fortune ou les talents étaient moins disproportionnés et qui s'étaient le moins éloignés de l'état de nature gardèrent en commun l'administration suprême et formèrent une démocratie. Le temps vérifia laquelle de ces formes était la plus avantageuse aux hommes. Les uns restèrent uniquement soumis aux lois, les autres obéirent bientôt à des maîtres. Les citoyens voulurent garder leur liberté, les sujets ne songèrent qu'à l'ôter à leurs voisins, ne pouvant souffrir que d'autres jouissent d'un bien dont ils ne jouissaient plus eux-mêmes. En un mot, d'un côté furent les richesses et les conquêtes, et de l'autre le bonheur et la vertu.

Dans ces divers gouvernements, toutes les magistratures furent d'abord électives, et quand la richesse ne l'emportait pas, la préférence était accordée au mérite qui donne un ascendant naturel et à l'âge qui donne l'expérience dans les affaires et le sang-froid dans les délibérations. Les anciens des Hébreux, les Gérontes de Sparte, le Sénat de Rome, et l'étymologie même de notre mot *Seigneur* montrent combien autrefois la vieillesse était respectée. Plus les élections tombaient sur des hommes avancés en âge, plus elles devenaient fréquentes, et plus leurs embarras se faisaient sentir ; les brigues s'introduisirent, les factions se formèrent, les partis s'aigrirent, les guerres civiles s'allumèrent, enfin le sang des citoyens fut sacrifié au prétendu bonheur de l'État, et l'on fut à la veille de retomber dans l'anarchie des temps antérieurs. L'ambition des principaux profita de ces circonstances pour perpétuer leurs charges dans leurs familles : le peuple déjà accoutumé à la dépendance, au repos et aux commodités de la vie, et déjà hors d'état de briser ses fers, consentit à laisser augmenter sa servitude pour affermir sa tranquillité et c'est ainsi que les chefs devenus héréditaires s'accoutumèrent à regarder leur magistrature comme un bien de famille, à se regarder eux-mêmes comme les propriétaires de l'État dont ils n'étaient d'abord que les officiers, à appeler leurs concitoyens leurs esclaves, à les compter comme du bétail au nombre des choses qui leur appartenaient et à s'appeler eux-mêmes égaux aux dieux et rois des rois.

Si nous suivons le progrès de l'inégalité dans ces différentes révolutions, nous trouverons que l'établissement de la loi et du droit de propriété fut son premier terme; l'institution de la magistrature le second, que le troisième et dernier fut le changement du pouvoir légitime en pouvoir arbitraire; en sorte que l'état de riche et de pauvre fut autorisé par la première époque, celui de puissant et de faible par la seconde, et par la troisième celui de maître et d'esclave, qui est le dernier degré de l'inégalité, et le terme auquel aboutissent enfin tous les autres, jusqu'à ce que de nouvelles révolutions dissolvent tout à fait le gouvernement, ou le rapprochent de l'institution légitime.

Pour comprendre la nécessité de ce progrès il faut moins considérer les motifs de l'établissement du corps politique que la forme qu'il prend dans son exécution et les inconvénients qu'il entraîne après lui : car les vices qui rendent nécessaires les institutions sociales sont les mêmes qui en rendent l'abus inévitable; et comme, excepté la seule Sparte, où la loi veillait principalement à l'éducation des enfants et où Lycurgue établit des mœurs qui le dispensaient presque d'y ajouter des lois, les lois en général moins fortes que les passions contiennent les hommes sans les changer; il serait aisé de prouver que tout gouvernement qui, sans se corrompre ni s'altérer, marcherait toujours exactement selon la fin de son institution, aurait été institué sans nécessité, et qu'un pays où personne n'éluderait les lois et n'abuserait de la magistrature, n'aurait besoin ni de magistrats ni de lois.

Les distinctions politiques amènent nécessairement les distinctions civiles. L'inégalité, croissant entre le peuple et ses chefs, se fait bientôt sentir parmi les particuliers et s'y modifie en mille manières selon les passions, les talents et les occurrences. Le magistrat ne saurait usurper un pouvoir illégitime sans se faire des créatures auxquelles il est forcé d'en céder quelque partie. D'ailleurs, les citoyens ne se laissent opprimer qu'autant qu'entraînés par une aveugle ambition et regardant plus au-dessous qu'au-dessus d'eux, la domination leur devient plus chère que l'indépendance, et qu'ils consentent à porter des fers pour en pouvoir donner à leur tour. Il est très difficile de réduire à l'obéissance celui qui ne cherche point à commander et le politique le plus adroit ne viendrait pas à bout d'assujettir des hommes qui ne voudraient qu'être libres; mais l'inégalité s'étend sans peine parmi des âmes ambitieuses et lâches, toujours prêtes à courir les risques de la fortune et à dominer ou servir presque indifféremment selon qu'elle leur devient favorable ou contraire. C'est ainsi qu'il dut venir un temps où les yeux du peuple furent fascinés à tel point que ses conducteurs n'avaient qu'à dire au plus petit des hommes : Sois grand, toi et toute ta race, aussitôt il paraissait grand à tout le monde ainsi qu'à ses propres yeux, et ses descendants s'élevaient encore à mesure qu'ils s'éloignaient de lui; plus la cause était reculée et incertaine, plus l'effet augmentait; plus on pouvait compter de fainéants dans une famille, et plus elle devenait illustre.

Si c'était ici le lieu d'entrer en des détails, j'expliquerais facilement comment l'inégalité de crédit et d'autorité devient inévitable entre les particuliers[1] sitôt que

1. La justice distributive s'opposerait même à cette égalité rigoureuse de l'état de nature, quand elle serait praticable dans la société civile; et comme tous les membres de l'État lui doivent des services proportionnés à leurs talents et à leurs forces, les citoyens à leur tour doivent être distingués et favorisés à proportion de leurs services. C'est en ce sens qu'il faut entendre un passage d'Isocrate dans lequel il loue les premiers Athéniens d'avoir bien su distinguer quelle était la plus avantageuse des deux sortes d'égalité, dont l'une consiste à faire part des mêmes avantages à tous les citoyens indifféremment, et l'autre à les distribuer selon le mérite de chacun. Ces habiles politiques, ajoute l'orateur, bannissant cette injuste égalité qui ne met aucune différence entre les méchants et les gens de bien, s'attachèrent inviolablement à celle qui récompense et punit chacun selon son mérite. Mais premièrement il n'a jamais existé de société, à quelque degré de corruption qu'elles aient pu parvenir, dans laquelle on ne fît aucune différence des méchants et des gens de bien; et dans les matières de mœurs où la loi ne peut fixer de mesure assez exacte pour servir de règle au magistrat, c'est très sagement que, pour ne pas laisser le sort ou le rang des citoyens à sa discrétion, elle lui interdit le jugement des personnes pour ne lui laisser que celui des actions. Il n'y a que des mœurs aussi pures que celles des anciens Romains

réunis en une même société ils sont forcés de se comparer entre eux et de tenir compte des différences qu'ils trouvent dans l'usage continuel qu'ils ont à faire les uns des autres. Ces différences sont de plusieurs espèces, mais en général la richesse, la noblesse ou le rang, la puissance et le mérite personnel, étant les distinctions principales par lesquelles on se mesure dans la société, je prouverais que l'accord ou le conflit de ces forces diverses est l'indication la plus sûre d'un État bien ou mal constitué. Je ferais voir qu'entre ces quatre sortes d'inégalité, les qualités personnelles étant l'origine de toutes les autres, la richesse est la dernière à laquelle elles se réduisent à la fin, parce qu'étant la plus immédiatement utile au bien-être et la plus facile à communiquer, on s'en sert aisément pour acheter tout le reste. Observation qui peut faire juger assez exactement de la mesure dont chaque peuple s'est éloigné de son institution primitive, et du chemin qu'il a fait vers le terme extrême de la corruption. Je remarquerais combien ce désir universel de réputation, d'honneurs et de préférences, qui nous dévore tous, exerce et compare les talents et les forces, combien il excite et multiplie les passions, et combien, rendant tous les hommes concurrents, rivaux ou plutôt ennemis, il cause tous les jours de revers, de succès et de catastrophes de toute espèce en faisant courir la même lice à tant de prétendants. Je montrerais que c'est à cette ardeur de faire parler de soi, à cette fureur de se distinguer qui nous tient presque toujours hors de nous-mêmes, que nous devons ce qu'il y a de meilleur et de pire parmi les hommes, nos vertus et nos vices, nos sciences et nos erreurs, nos conquérants

qui puissent supporter des censeurs, et des pareils tribunaux auraient bientôt tout bouleversé parmi nous : c'est à l'estime publique à mettre de la différence entre les méchants et les gens de bien ; le magistrat n'est juge que du droit rigoureux ; mais le peuple est le véritable juge des mœurs ; juge intègre et même éclairé sur ce point, qu'on abuse quelquefois, mais qu'on ne corrompt jamais. Les rangs des citoyens doivent donc être réglés, non sur leur mérite personnel, ce qui serait laisser au magistrat le moyen de faire une application presque arbitraire de la loi, mais sur les services réels qu'ils rendent à l'État et qui sont susceptibles d'une estimation plus exacte.

et nos philosophes, c'est-à-dire une multitude de mauvaises choses sur un petit nombre de bonnes. Je prouverais enfin que si l'on voit une poignée de puissants et de riches au faîte des grandeurs et de la fortune, tandis que la foule rampe dans l'obscurité et dans la misère, c'est que les premiers n'estiment les choses dont ils jouissent qu'autant que les autres en sont privés, et que, sans changer d'état, ils cesseraient d'être heureux, si le peuple cessait d'être misérable.

Mais ces détails seraient seuls la matière d'un ouvrage considérable dans lequel on pèserait les avantages et les inconvénients de tout gouvernement, relativement aux droits de l'état de nature, et où l'on dévoilerait toutes les faces différentes sous lesquelles l'inégalité s'est montrée jusqu'à ce jour et pourra se montrer dans les siècles selon la nature de ces gouvernements et les révolutions que le temps y amènera nécessairement. On verrait la multitude opprimée au-dedans par une suite des précautions mêmes qu'elle avait prises contre ce qui la menaçait au-dehors. On verrait l'oppression s'accroître continuellement sans que les opprimés pussent jamais savoir quel terme elle aurait, ni quels moyens légitimes il leur resterait pour l'arrêter. On verrait les droits des citoyens et les libertés nationales s'éteindre peu à peu, et les réclamations des faibles traitées de murmures séditieux. On verrait la politique restreindre à une portion mercenaire du peuple l'honneur de défendre la cause commune : on verrait de là sortir la nécessité des impôts, le cultivateur découragé quitter son champ même durant la paix et laisser la charrue pour ceindre l'épée. On verrait naître les règles funestes et bizarres du point d'honneur. On verrait les défenseurs de la patrie en devenir tôt ou tard les ennemis, tenir sans cesse le poignard levé sur leurs concitoyens, et il viendrait un temps où on les entendrait dire à l'oppresseur de leur pays :

Pectore si fratris gladium juguloque parentis
Condere me jubeas, gravidæ que in viscera a partu
Conjugis, invitâ peragam tamen omnia dextrâ.

De l'extrême inégalité des conditions et des fortunes,

de la diversité des passions et des talents, des arts inutiles, des arts pernicieux, des sciences frivoles sortiraient des foules de préjugés, également contraires à la raison, au bonheur et à la vertu. On verrait fomenter par les chefs tout ce qui peut affaiblir des hommes rassemblés en les désunissant; tout ce qui peut donner à la société un air de concorde apparente et y semer un germe de division réelle; tout ce qui peut inspirer aux différents ordres une défiance et une haine mutuelle par l'opposition de leurs droits et de leurs intérêts, et fortifier par conséquent le pouvoir qui les contient tous.

C'est du sein de ce désordre et de ces révolutions que le despotisme, élevant par degrés sa tête hideuse et dévorant tout ce qu'il aurait aperçu de bon et de sain dans toutes les parties de l'État, parviendrait enfin à fouler aux pieds les lois et le peuple, et à s'établir sur les ruines de la république. Les temps qui précéderaient ce dernier changement seraient des temps de troubles et de calamités, mais à la fin tout serait englouti par le monstre et les peuples n'auraient plus de chefs ni de lois, mais seulement des tyrans. Dès cet instant aussi il cesserait d'être question de mœurs et de vertu; car partout où règne le despotisme, *cui ex honesto nulla est spes*, il ne souffre aucun autre maître; sitôt qu'il parle, il n'y a ni probité ni devoir à consulter, et la plus aveugle obéissance est la seule vertu qui reste aux esclaves.

C'est ici le dernier terme de l'inégalité, et le point extrême qui ferme le cercle et touche au point d'où nous sommes partis. C'est ici que tous les particuliers redeviennent égaux parce qu'ils ne sont rien, et que les sujets n'ayant plus d'autre loi que la volonté du maître, ni le maître d'autre règle que ses passions, les notions du bien et les principes de la justice s'évanouissent derechef. C'est ici que tout se ramène à la seule loi du plus fort et par conséquent à un nouvel état de nature différent de celui par lequel nous avons commencé, en ce que l'un était l'état de nature dans sa pureté, et que ce dernier est le fruit d'un excès de corruption. Il y a si peu de différence d'ailleurs entre ces deux états et le contrat de gouvernement est tellement dissous par le despotisme que le despote n'est le maître qu'aussi longtemps qu'il est le plus fort et que, sitôt qu'on peut l'expulser, il n'a point à réclamer contre la violence. L'émeute qui finit par étrangler ou détrôner un sultan est un acte aussi juridique que ceux par lesquels il disposait la veille des vies et des biens de ses sujets. La seule force le maintenait, la seule force le renverse; toutes choses se passent ainsi selon l'ordre naturel, et quel que puisse être l'événement de ces courtes et fréquentes révolutions, nul ne peut se plaindre de l'injustice d'autrui, mais seulement de sa propre imprudence, ou de son malheur.

En découvrant et suivant ainsi les routes oubliées et perdues qui de l'état naturel ont dû mener l'homme à l'état civil, en rétablissant, avec les positions intermédiaires que je viens de marquer, celles que le temps qui me presse m'a fait supprimer, ou que l'imagination ne m'a point suggérées, tout lecteur attentif ne pourra qu'être frappé de l'espace immense qui sépare ces deux états. C'est dans cette lente succession des choses qu'il verra la solution d'une infinité de problèmes de morale et de politique que les philosophes ne peuvent résoudre. Il sentira que le genre humain d'un âge n'étant pas le genre humain d'un autre âge, la raison pour quoi Diogène ne trouvait point d'homme, c'est qu'il cherchait parmi ses contemporains l'homme d'un temps qui n'était plus : Caton, dira-t-il, périt avec Rome et la liberté, parce qu'il fut déplacé dans son siècle, et le plus grand des hommes ne fit qu'étonner le monde qu'il eût gouverné cinq cents ans plus tôt. En un mot, il expliquera comment l'âme et les passions humaines, s'altérant insensiblement, changent pour ainsi dire de nature; pourquoi nos besoins et nos plaisirs changent d'objets à la longue; pourquoi, l'homme originel s'évanouissant par degrés, la société n'offre plus aux yeux du sage qu'un assemblage d'hommes artificiels et de passions factices qui sont l'ouvrage de toutes ces nouvelles relations et n'ont aucun vrai fondement dans la nature. Ce que la réflexion nous apprend là-dessus, l'observation le confirme parfaitement : l'homme sauvage et l'homme policé diffèrent tellement par le fond du cœur et des inclinations que ce qui fait le bonheur suprême de l'un réduirait l'autre au désespoir. Le premier ne respire que le repos et la liberté, il ne veut que vivre et rester oisif, et l'ataraxie même du stoïcien n'approche pas de sa profonde indifférence pour tout autre objet. Au contraire, le citoyen toujours actif sue, s'agite, se tourmente sans cesse pour chercher des occupations encore plus laborieuses : il travaille jusqu'à la mort, il y court même pour se mettre en état de vivre, ou renonce à la vie pour acquérir l'immortalité. Il fait sa cour aux grands qu'il hait et aux riches qu'il méprise; il n'épargne rien pour obtenir l'honneur de les servir; il se vante orgueilleusement de sa bassesse et de leur protection et, fier de son esclavage, il parle avec dédain de ceux qui n'ont pas l'honneur de le partager. Quel spectacle pour un Caraïbe que les travaux pénibles et enviés d'un ministre européen ! Combien de morts cruelles ne préférerait pas cet indolent sauvage à l'horreur d'une pareille vie qui souvent n'est pas même adoucie par le plaisir de bien faire ? Mais pour voir le but de tant de soins, il faudrait que ces mots, *puissance et réputation*, eussent un sens dans son esprit, qu'il apprît qu'il y a une sorte d'hommes qui comptent pour quelque chose les regards du reste de l'univers, qui savent être heureux et contents d'eux-mêmes sur le témoignage d'autrui plutôt que sur le leur propre. Telle est, en effet, la véritable cause de toutes ces différences : le sauvage vit en lui-même; l'homme sociable toujours hors de lui ne fait vivre que dans l'opinion des autres, et c'est, pour ainsi dire, de leur seul jugement qu'il tire le sentiment de sa propre existence. Il n'est pas de mon sujet de montrer comment d'une telle disposition naît tant d'indifférence pour le bien et le mal, avec de si beaux discours de morale; comment, tout se réduisant aux apparences, tout devient factice et joué; honneur, amitié, vertu, et souvent jusqu'aux vices mêmes, dont on trouve enfin le secret de se glorifier; comment, en un mot, demandant toujours aux autres ce que nous sommes et n'osant jamais nous interroger là-dessus nous-mêmes, au milieu de tant de philosophie, d'humanité, de politesse et de maximes sublimes, nous n'avons qu'un extérieur trompeur et frivole, de l'honneur sans vertu, de la raison sans sagesse, et du plaisir sans bonheur. Il me suffit d'avoir prouvé que ce n'est point là l'état originel de l'homme et que c'est le seul esprit de la société et l'inégalité qu'elle engendre qui changent et altèrent ainsi toutes nos inclinations naturelles.

J'ai tâché d'exposer l'origine et le progrès de l'inégalité, l'établissement et l'abus des sociétés politiques, autant que ces choses peuvent se déduire de la nature de l'homme par les seules lumières de la raison, et indépendamment des dogmes sacrés qui donnent à l'autorité souveraine la sanction du droit divin. Il suit de cet exposé que l'inégalité, étant presque nulle dans l'état de nature, tire sa force et son accroissement du développement de nos facultés et des progrès de l'esprit humain et devient enfin stable et légitime par l'établissement de la propriété et des lois. Il suit encore que l'inégalité morale, autorisée par le seul droit positif, est contraire au droit naturel, toutes les fois qu'elle ne concourt pas en même proportion avec l'inégalité physique; distinction qui détermine suffisamment ce qu'on doit penser à cet égard de la sorte d'inégalité qui règne parmi tous les peuples policés; puisqu'il est manifestement contre la loi de nature, de quelque manière qu'on la définisse, qu'un enfant commande à un vieillard, qu'un imbécile conduise un homme sage et qu'une poignée de gens regorge de superfluités, tandis que la multitude affamée manque du nécessaire.

LETTRE DE VOLTAIRE A M. J.-J. ROUSSEAU.

A Paris, le 30 août.

J'ai reçu, monsieur, votre nouveau livre contre le genre humain; je vous en remercie. Vous plairez aux hommes, à qui vous dites leurs vérités, mais vous ne les corrigerez pas. On ne peut peindre avec des couleurs plus fortes les horreurs de la société humaine, dont notre ignorance et notre faiblesse se promettent tant de consolations. On n'a jamais employé tant d'esprit à vouloir nous rendre bêtes; il prend envie de marcher à quatre pattes, quand on lit votre ouvrage. Cependant, comme il y a plus de soixante ans que j'en ai perdu l'habitude, je sens malheureusement qu'il m'est impossible de la reprendre, et je laisse cette allure naturelle à ceux qui en sont plus dignes que vous et moi. Je ne peux non plus m'embarquer pour aller trouver les sauvages du Canada : premièrement, parce que les maladies dont je suis accablé me retiennent auprès du plus grand médecin de l'Europe, et que je ne trouverais pas les mêmes secours chez les Missouris; secondement, parce que la guerre est portée dans ces pays-là, et que les exemples de nos nations ont rendu les sauvages presque aussi méchants que nous. Je me borne à être un sauvage paisible dans la solitude que j'ai choisie auprès de votre patrie, où vous devriez être.

Je conviens avec vous que les belles-lettres et les sciences ont causé quelquefois beaucoup de mal. Les ennemis du Tasse firent de sa vie un tissu de malheurs; ceux de Galilée le firent gémir dans les prisons, à soixante et dix ans, pour avoir connu le mouvement de la terre; et ce qu'il y a de plus honteux, c'est qu'ils l'obligèrent à se rétracter. Dès que vos amis eurent commencé le Dictionnaire encyclopédique, ceux qui osèrent être leurs rivaux les traitèrent de déistes, d'athées, et même de jansénistes.

Si j'osais me compter parmi ceux dont les travaux n'ont eu que la persécution pour récompense, je vous ferais voir des gens acharnés à me perdre du jour que je donnai la tragédie d'Œdipe; une bibliothèque de calomnies ridicules imprimées contre moi; un prêtre ex-jésuite, que j'avais sauvé du dernier supplice, me payant par des libelles diffamatoires du service que je lui avais rendu; un homme, plus coupable encore, faisant imprimer mon propre ouvrage du *Siècle de Louis XIV* avec des notes dans lesquelles la plus crasse ignorance vomit les plus infâmes impostures; un autre, qui vend à un libraire quelques chapitres d'une prétendue Histoire universelle, sous mon nom; le libraire assez avide pour imprimer ce tissu informe de bévues, de fausses dates, de faits et de noms estropiés; et enfin des hommes assez lâches et assez méchants pour m'imputer la publication de cette rhapsodie. Je vous ferais voir la société infectée de ce genre d'hommes inconnu à toute l'antiquité, qui, ne pouvant embrasser une profession honnête, soit de manœuvre, soit de laquais, et sachant malheureusement lire et écrire, se font courtiers de littérature, vivent de nos ouvrages, volent des manuscrits, les défigurent, et les vendent. Je pourrais me plaindre que des fragments d'une plaisanterie faite, il y a près de trente ans, sur le même sujet que Chapelain eut la bêtise de traiter sérieusement, courent aujourd'hui le monde par l'infidélité et l'avarice de ces malheureux qui ont mêlé leurs grossièretés à ce badinage, qui en ont rempli les vides avec autant de sottise que de malice, et qui enfin, au bout de trente ans, vendent partout en manuscrit ce qui n'appartient qu'à eux, et qui n'est digne que d'eux. J'ajouterais qu'en dernier lieu on a volé une partie des matériaux que j'avais rassemblés dans les archives publiques pour servir à l'*Histoire de la Guerre de 1741*, lorsque j'étais historiographe de France; qu'on a vendu à un libraire de

Paris ce fruit de mon travail; qu'on se saisit à l'envi de mon bien, comme si j'étais déjà mort, et qu'on le dénature pour le mettre à l'encan. Je vous peindrais l'ingratitude, l'imposture et la rapine, me poursuivant depuis quarante ans jusqu'au pied des Alpes, jusqu'au bord de mon tombeau. Mais que conclurai-je de toutes ces tribulations? Que je ne dois pas me plaindre; que Pope, Descartes, Bayle, le Camoens, et cent autres, ont essuyé les mêmes injustices, et de plus grandes; que cette destinée est celle de presque tous ceux que l'amour des lettres a trop séduits.

Avouez en effet, monsieur, que ce sont là de ces petits malheurs particuliers dont à peine la société s'aperçoit. Qu'importe au genre humain que quelques frelons pillent le miel de quelques abeilles? Les gens de lettres font grand bruit de toutes ces petites querelles, le reste du monde ou les ignore ou en rit.

De toutes les amertumes répandues sur la vie humaine, ce sont là les moins funestes. Les épines attachées à la littérature et à un peu de réputation ne sont que des fleurs en comparaison des autres maux qui, de tout temps, ont inondé la terre. Avouez que ni Cicéron, ni Varron, ni Lucrèce, ni Virgile, ni Horace, n'eurent la moindre part aux proscriptions. Marius était un ignorant; le barbare Sylla, le crapuleux Antoine, l'imbécile Lépide, lisaient peu Platon et Sophocle; et pour ce tyran sans courage, Octave Cépias, surnommé si lâchement Auguste, il ne fut un détestable assassin que dans le temps où il fut privé de la société des gens de lettres.

Avouez que Pétrarque et Boccace ne firent pas naître les troubles de l'Italie; avouez que le badinage de Marot n'a pas produit la Saint-Barthélemy, et que la tragédie du Cid ne causa pas les troubles de la Fronde.

Les grands crimes n'ont guère été commis que par de célèbres ignorants. Ce qui fait et fera toujours de ce monde une vallée de larmes, c'est l'insatiable cupidité et l'indomptable orgueil des hommes, depuis Thomas Kouli-Kan, qui ne savait pas lire, jusqu'à un commis de la douane, qui ne savait que chiffrer. Les lettres nourrissent l'âme, la rectifient, la consolent; elles vous servent, monsieur, dans le temps que vous écrivez contre elles ; vous êtes comme Achille, qui s'emporte contre la gloire, et comme le père Malebranche, dont l'imagination brillante écrivait contre l'imagination.

Si quelqu'un doit se plaindre de lettres, c'est moi, puisque, dans tous les temps et dans tous les lieux, elles ont servi à me persécuter ; mais il faut les aimer malgré l'abus qu'on en fait, comme il faut aimer la société dont tant d'hommes méchants corrompent les douceurs ; comme il faut aimer sa patrie, quelques injustices qu'on y essuie ; comme il faut aimer et servir l'Être suprême, malgré les superstitions et le fanatisme qui déshonorent si souvent son culte.

M. Chappuis m'apprend que votre santé est bien mauvaise ; il faudrait la venir rétablir dans l'air natal, jouir de la liberté, boire avec moi du lait de nos vaches, et brouter nos herbes.

Je suis très philosophiquement et avec la plus tendre estime, etc.

RÉPONSE [A VOLTAIRE]

A Paris, le 10 septembre 1755.

C'est à moi, monsieur, de vous remercier à tous égards. En vous offrant l'ébauche de mes tristes rêveries, je n'ai point cru vous faire un présent digne de vous, mais m'acquitter d'un devoir et vous rendre un hommage que nous vous devons tous comme à notre chef. Sensible, d'ailleurs, à l'honneur que vous faites à ma patrie, je partage la reconnaissance de mes concitoyens, et j'espère qu'elle ne fera qu'augmenter encore, lorsqu'ils auront profité des instructions que vous pouvez leur donner. Embellissez l'asile que vous avez choisi : éclairez un peuple digne de vos leçons ; et, vous qui savez si bien peindre les vertus et la liberté, apprenez-nous à les chérir dans nos murs comme dans vos écrits. Tout ce qui vous approche doit apprendre de vous le chemin de la gloire.

Vous voyez que je n'aspire pas à nous rétablir dans notre bêtise, quoique je regrette beaucoup, pour ma part, le peu que j'en ai perdu. A votre égard, monsieur, ce retour serait un miracle, si grand à la fois et si nuisible, qu'il n'appartiendrait qu'à Dieu de le faire et qu'au Diable de le vouloir. Ne tentez donc pas de retomber à quatre pattes; personne au monde n'y réussirait moins que vous. Vous nous redressez trop bien sur nos deux pieds pour cesser de vous tenir sur les vôtres.

Je conviens de toutes les disgrâces qui poursuivent les hommes célèbres dans les lettres; je conviens même de tous les maux attachés à l'humanité et qui semblent indépendants de nos vaines connaissances. Les hommes ont ouvert sur eux-mêmes tant de sources de misères, que quand le hasard en détourne quelqu'une, ils n'en sont guère moins inondés. D'ailleurs il y a dans le progrès des choses des liaisons cachées que le vulgaire n'aperçoit pas, mais qui n'échapperont point à l'œil du sage quand il y voudra réfléchir. Ce n'est ni Térence, ni Cicéron, ni Virgile, ni Sénèque, ni Tacite; ce ne sont ni les savants ni les poètes qui ont produit les malheurs de Rome et les crimes des Romains : mais sans le poison lent et secret qui corrompait peu à peu le plus vigoureux gouvernement dont l'Histoire ait fait mention, Cicéron ni Lucrèce, ni Salluste n'eussent point existé ou n'eussent point écrit. Le siècle aimable de Lelius et de Térence amenait de loin le siècle brillant d'Auguste et d'Horace, et enfin les siècles horribles de Sénèque et de Néron, de Domitien et de Martial. Le goût des lettres et des arts naît chez un peuple d'un vice intérieur qu'il augmente; et s'il est vrai que tous les progrès humains sont pernicieux à l'espèce, ceux de l'esprit et des connaissances qui augmentent notre orgueil et multiplient nos égarements, accélèrent bientôt nos malheurs. Mais il vient un temps où le mal est tel que les causes mêmes qui l'ont fait naître sont nécessaires pour l'empêcher d'augmenter; c'est le fer qu'il faut laisser dans la plaie, de peur que le blessé n'expire en l'arrachant. Quant à moi si j'avais suivi ma première vocation et que je n'eusse ni lu ni écrit, j'en aurais sans doute été plus heureux. Cependant, si les lettres étaient maintenant anéanties, je serais privé du seul plaisir qui me reste. C'est dans leur sein que je me console de tous mes maux : c'est parmi ceux qui les cultivent que je goûte les douceurs de l'amitié et que j'apprends à jouir de la vie sans craindre la mort. Je leur dois le peu que je suis ; je leur dois même l'honneur d'être connu de vous ; mais consultons l'intérêt dans nos affaires et la vérité dans nos écrits. Quoiqu'il faille des philosophes, des historiens, des savants pour éclairer le monde et conduire ses aveugles habitants ; si le sage Memnon m'a dit vrai, je ne connais rien de si fou qu'un peuple de sages.

Convenez-en, monsieur ; s'il est bon que de grands génies instruisent les hommes, il faut que le vulgaire reçoive leurs instructions : si chacun se mêle d'en donner, qui les voudra recevoir ? Les boiteux, dit Montaigne, sont mal propres aux exercices du corps, et aux exercices de l'esprit les âmes boiteuses.

Mais en ce siècle savant, on ne voit que boiteux vouloir apprendre à marcher aux autres. Le peuple reçoit les écrits des sages pour les juger non pour s'instruire. Jamais on ne vit tant de Dandins. Le théâtre en fourmille, les cafés retentissent de leurs sentences ; ils les affichent dans les journaux, les quais sont couverts de leurs écrits, et j'entends critiquer *l'Orphelin* [1], parce qu'on l'applaudit, à tel grimaud si peu capable d'en voir les défauts, qu'à peine en sent-il les beautés.

Recherchons la première source des désordres de la société, nous trouverons que tous les maux des hommes leur viennent de l'erreur bien plus que de l'ignorance, et que ce que nous ne savons point nous nuit beaucoup moins que ce que nous croyons savoir. Or quel plus sûr moyen de courir d'erreurs en erreurs, que la fureur de savoir tout ? Si l'on n'eût prétendu savoir que la terre ne tournait pas, on n'eût point puni Galilée pour avoir dit qu'elle tournait. Si les seuls philosophes en eussent réclamé le titre, l'Encyclopédie n'eût point eu de persécuteurs. Si cent Myrmidons n'aspiraient à la gloire, vous jouiriez en paix de la vôtre, ou du moins vous n'auriez que des rivaux dignes de vous.

1. Tragédie de M. de Voltaire qu'on jouait dans ce temps-là.

Ne soyez donc pas surpris de sentir quelques épines inséparables des fleurs qui couronnent les grands talents. Les injures de vos ennemis sont les acclamations satyriques qui suivent le cortège des triomphateurs : c'est l'empressement du public pour tous vos écrits qui produit les vols dont vous vous plaignez : mais les falsifications n'y sont pas faciles, car le fer ni le plomb ne s'allient pas avec l'or. Permettez-moi de vous le dire par l'intérêt que je prends à votre repos et à notre instruction. Méprisez de vaines clameurs par lesquelles on cherche moins à vous faire du mal qu'à vous détourner de bien faire. Plus on vous critiquera, plus vous devez vous faire admirer. Un bon livre est une terrible réponse à des injures imprimées ; et qui vous oserait attribuer des écrits que vous n'aurez point faits, tant que vous n'en ferez que d'inimitables ?

Je suis sensible à votre invitation ; et si cet hiver me laisse en état d'aller au printemps habiter ma patrie, j'y profiterai de vos bontés. Mais j'aimerais mieux boire de l'eau de votre fontaine que du lait de vos vaches, et quant aux herbes de votre verger, je crains bien de n'y en trouver d'autres que le Lotos, qui n'est pas la pâture des bêtes, et le Moly qui empêche les hommes de le devenir.

Je suis de tout mon cœur et avec respect, etc.

LETTRE DE J.-J. ROUSSEAU A M. PHILOPOLIS

Vous voulez, monsieur, que je vous réponde, puisque vous me faites des questions. Il s'agit, d'ailleurs, d'un ouvrage dédié à mes concitoyens ; je dois en le défendant justifier l'honneur qu'ils m'ont fait de l'accepter. Je laisse à part dans votre lettre ce qui me regarde en bien et en mal parce que l'un compense l'autre à peu près, que j'y prends peu d'intérêt, le public encore moins, et que tout cela ne fait rien à la recherche de la vérité. Je commence donc par le raisonnement que vous me proposez comme essentiel à la question que j'ai tâché de résoudre.

L'état de société, me dites-vous, résulte immédiatement des facultés de l'homme et par conséquent de sa nature. Vouloir que l'homme ne devînt point sociable, ce serait donc vouloir qu'il ne fût point homme, et c'est attaquer l'ouvrage de Dieu que de s'élever contre la société humaine. Permettez-moi, monsieur, de vous proposer à mon tour une difficulté avant de résoudre la vôtre. Je vous épargnerais ce détour, si je connaissais un chemin plus sûr pour aller au but.

Supposons que quelques savants trouvassent un jour le secret d'accélérer la vieillesse et l'art d'encourager les hommes à faire usage de cette rare découverte. Persuasion qui ne serait peut-être pas si difficile à produire qu'elle paraît au premier aspect. Car la raison, ce grand véhicule de toutes nos sottises, n'aurait garde de nous manquer à celle-ci. Les philosophes, surtout, et les gens sensés, pour secouer le joug des passions et goûter le précieux repos de l'âme, gagneraient à grands pas l'âge de Nestor, et renonceraient volontiers aux désirs qu'on peut satisfaire afin de se garantir de ceux qu'il faut étouffer. Il n'y aurait que quelques étourdis qui, rougissant même de leur faiblesse, voudraient follement rester jeunes et heureux au lieu de vieillir pour être sages.

Supposons qu'un esprit singulier, bizarre, et pour tout dire, un homme à paradoxes, s'avisât alors de reprocher aux autres l'absurdité de leurs maximes, de leur prouver qu'ils courent à la mort en cherchant la tranquillité, qu'ils ne font que radoter à force d'être raisonnables, et que s'il faut qu'ils soient vieux un jour, ils devraient tâcher au moins de l'être le plus tard qu'il serait possible.

Il ne faut pas demander si nos sophistes craignant le décri de leur Arcane, se hâteraient d'interrompre ce discoureur importun. « Sages vieillards, diraient-ils à leurs « sectateurs, remerciez le Ciel des grâces qu'il vous « accorde et félicitez-vous sans cesse d'avoir si bien suivi « ses volontés. Vous êtes décrépits, il est vrai, languis- « sants, cacochymes ; tel est le sort inévitable de « l'homme ; mais votre entendement est sain ; vous êtes « perclus de tous les membres, mais votre tête en est « plus libre ; vous ne sauriez agir, mais vous parlez « comme des oracles, et si vos douleurs augmentent de

« jour en jour, votre philosophie augmente avec elles.
« Plaignez cette jeunesse impétueuse que sa brutale
« santé prive des biens attachés à votre faiblesse. Heu-
« reuses infirmités qui rassemblent autour de vous tant
« d'habiles pharmaciens fournis de plus de drogues que
« vous n'avez de maux, tant de savants médecins qui
« connaissent à fond votre pouls, qui savent en grec les
« noms de tous vos rhumatismes, tant de zélés consola-
« teurs et d'héritiers fidèles qui vous conduisent agréa-
« blement à votre dernière heure. Que de secours perdus
« pour vous si vous n'aviez su vous donner les maux qui
« les ont rendus nécessaires. »

Ne pouvons-nous pas imaginer qu'apostrophant ensuite notre imprudent avertisseur, ils lui parleraient à peu près ainsi :

« Cessez déclamateur téméraire de tenir ces discours
« impies. Osez-vous blâmer ainsi la volonté de celui qui
« a fait le genre humain ? L'état de vieillesse ne découle-
« t-il pas de la constitution de l'homme ? n'est-il pas
« naturel à l'homme de vieillir ? Que faites-vous donc
« dans vos discours séditieux que d'attaquer une loi de la
« nature et par conséquent la volonté de son Créateur ?
« Puisque l'homme vieillit, Dieu veut qu'il vieillisse. Les
« faits sont-ils autre chose que l'expression de sa
« volonté ? Apprenez que l'homme jeune n'est point celui
« que Dieu a voulu faire, et que pour s'empresser d'obéir
« à ses ordres il faut se hâter de vieillir. »

Tout cela supposé, je vous demande, monsieur, si l'homme aux paradoxes doit se taire ou répondre, et, dans ce dernier cas, de vouloir bien m'indiquer ce qu'il doit dire, je tâcherai de résoudre alors votre objection.

Puisque vous prétendez m'attaquer par mon propre système, n'oubliez pas, je vous prie, que selon moi la société est naturelle à l'espèce humaine comme la décrépitude à l'individu, et qu'il faut des arts, des lois, des gouvernements aux peuples comme il faut des béquilles aux vieillards. Toute la différence est que l'état de vieillesse découle de la seule nature de l'homme et que celui de société découle de la nature du genre humain, non pas immédiatement comme vous le dites, mais seulement, comme je l'ai prouvé, à l'aide de certaines circonstances extérieures qui pouvaient être ou n'être pas, ou du moins arriver plus tôt ou plus tard, et par conséquent accélérer ou ralentir le progrès. Plusieurs même, de ces circonstances dépendent de la volonté des hommes, j'ai été obligé pour établir une parité parfaite de supposer dans l'individu le pouvoir d'accélérer sa vieillesse comme l'espèce a celui de retarder la sienne. L'état de société ayant donc un terme extrême auquel les hommes sont les maîtres d'arriver plus tôt ou plus tard il n'est pas inutile de leur montrer le danger d'aller si vite, et les misères d'une condition qu'ils prennent pour la perfection de l'espèce.

A l'énumération des maux dont les hommes sont accablés et que je soutiens être leur propre ouvrage, vous m'assurez Leibniz et vous que tout est bien, et qu'ainsi la providence est justifiée. J'étais éloigné de croire qu'elle eût besoin pour sa justification du secours de la philosophie leibnizienne ni d'aucune autre. Pensez-vous sérieusement, vous-même, qu'un système de philosophie, quel qu'il soit, puisse être plus irrépréhensible que l'univers, et que pour disculper la providence, les arguments d'un philosophe soient plus convaincants que les ouvrages de Dieu ? Au reste, nier que le mal existe est un moyen fort commode d'excuser l'auteur du mal. Les stoïciens se sont autrefois rendus ridicules à meilleur marché.

Selon Leibniz et Pope, tout ce qui est, est bien. S'il y a des sociétés, c'est que le bien général veut qu'il y en ait; s'il n'y en a point, le bien général veut qu'il n'y en ait pas, et si quelqu'un persuadait aux hommes de retourner vivre dans les forêts, il serait bon qu'ils y retournassent vivre. On ne doit pas appliquer à la nature des choses une idée de bien ou de mal qu'on ne tire que de leurs rapports, car elles peuvent être bonnes relativement au tout, quoique mauvaises en elles-mêmes. Ce qui concourt au bien général peut être un mal particulier dont il est permis de se délivrer quand il est possible. Car si ce mal, tandis qu'on le supporte est utile au tout, le bien contraire qu'on s'efforce de lui substituer ne lui sera pas moins utile sitôt qu'il aura lieu. Par la même raison que tout est bien comme il est, si quelqu'un s'efforce de changer l'état des choses, il est bon qu'il s'efforce de les changer, et s'il est bien ou mal qu'il réussisse, c'est ce qu'on peut apprendre de l'événement seul et non de la raison. Rien n'empêche en cela que le mal particulier ne soit un mal réel pour celui qui le souffre. Il était bon pour le tout que nous fussions civilisés puisque nous le sommes, mais il eût certainement été mieux pour nous de ne pas l'être. Leibniz n'eût jamais rien tiré de son système qui pût combattre cette proposition, et il est clair que l'optimisme bien entendu ne fait rien ni pour ni contre moi.

Aussi n'est-ce ni à Leibniz ni à Pope que j'ai à répondre, mais à vous seul qui sans distinguer le mal universel qu'ils nient, du mal particulier qu'ils ne nient pas prétendez que c'est assez qu'une chose existe pour qu'il ne soit pas permis de désirer qu'elle existât autrement. Mais, monsieur, si tout est bien comme il est, tout était bien comme il était avant qu'il y eût des gouvernements et des lois; il fut donc au moins superflu de les établir, et Jean-Jacques alors avec votre système eût eu beau jeu contre Philopolis. Si tout est bien comme il est de la manière que vous l'entendez, à quoi bon corriger nos vices, guérir nos maux, redresser nos erreurs? Que servent nos chaires, nos tribunaux, nos académies? Pourquoi faire appeler un médecin quand vous avez la fièvre? Que savez-vous si le bien du plus grand tout que vous ne connaissez pas n'exige point que vous ayez le transport, et si la santé des habitants de Saturne ou de Sirius ne souffrirait point du rétablissement de la vôtre? Laissez aller tout comme il pourra, afin que tout aille toujours bien. Si tout est le mieux qu'il peut être vous devez blâmer toute action quelconque; car toute action produit nécessairement quelque changement dans l'état où sont les choses, au moment qu'elle se fait, on ne peut donc toucher à rien sans mal faire, et le quiétisme le plus parfait est la seule vertu qui reste à l'homme. Enfin si tout est bien comme il est, il est bon qu'il y ait des Lapons, des Esquimaux, des Algonquins, des Chicacas, des Caraïbes, qui se passent de notre police, des Hottentots qui s'en moquent, et un Genevois qui les approuve. Leibniz lui-même conviendrait de ceci.

L'homme, dites-vous, est tel que l'exigeait la place qu'il devait occuper dans l'univers. Mais les hommes diffèrent tellement selon les temps et les lieux qu'avec une pareille logique on serait sujet à tirer du particulier à l'universel des conséquences fort contradictoires et fort peu concluantes. Il ne faut qu'une erreur de géographie pour bouleverser toute cette prétendue doctrine qui déduit ce qui doit être de ce qu'on voit. C'est à faire aux castors, dira l'Indien, de s'enfouir dans des tanières, l'homme doit dormir à l'air dans un hamac suspendu à des arbres. Non, non, dira le Tartare, l'homme est fait pour coucher dans un chariot. Pauvres gens, s'écrieront nos Philopolis d'un air de pitié, ne voyez-vous pas que l'homme est fait pour bâtir des villes ! Quand il est question de raisonner sur la nature humaine, le vrai philosophe n'est ni Indien, ni Tartare, ni de Genève, ni de Paris, mais il est homme.

Que le singe soit une bête, je le crois, et j'en ai dit la raison ; que l'orang-outang en soit une aussi, voilà ce que vous avez la bonté de m'apprendre, et j'avoue qu'après les faits que j'ai cités, la preuve de celui-là me semblait difficile. Vous philosophez trop bien pour prononcer là-dessus aussi légèrement que nos voyageurs qui s'exposent quelquefois sans beaucoup de façons à mettre leurs semblables au rang des bêtes. Vous obligerez donc sûrement le public, et vous instruirez même les naturalistes en nous apprenant les moyens que vous avez employés pour décider cette question.

Dans mon Épître dédicatoire, j'ai félicité ma patrie d'avoir un des meilleurs gouvernements qui pussent exister : J'ai trouvé dans le Discours qu'il devait y avoir très peu de bons gouvernements : je ne vois pas où est la contradiction que vous remarquez en cela. Mais comment savez-vous, monsieur, que j'irais vivre dans les bois si ma santé me le permettait, plutôt que parmi mes concitoyens pour lesquels vous connaissez ma tendresse ? Loin de rien dire de semblable dans mon ouvrage, vous y avez dû voir des raisons très fortes de ne point choisir ce genre de vie. Je sens trop en mon particulier combien peu je puis me passer de vivre avec des hommes aussi corrompus que moi, et le sage même, s'il en est, n'ira pas aujourd'hui chercher le bonheur au fond d'un désert. Il faut fixer, quand on le peut, son séjour dans sa patrie pour l'aimer et la servir. Heureux celui qui, privé de cet avantage, peut au moins vivre au sein de l'amitié dans la patrie commune du genre humain, dans cet asile immense ouvert à tous les hommes, où se plaisent également l'austère sagesse et la jeunesse folâtre; où règnent l'humanité, l'hospitalité, la douceur, et tous les charmes d'une société facile; où le pauvre trouve encore des amis, la vertu des exemples qui l'animent, et la raison des guides qui l'éclairent. C'est sur ce grand théâtre de la fortune, du vice, et quelquefois des vertus, qu'on peut observer avec fruit le spectacle de la vie; mais c'est dans son pays que chacun devrait en paix achever la sienne.

Il me semble, monsieur, que vous me censurez bien gravement, sur une réflexion qui me paraît très juste, et qui, juste ou non, n'a point dans mon écrit le sens qu'il vous plaît de lui donner par l'addition d'une seule lettre. *Si la nature nous a destinés à être saints*, me faites-vous dire, *j'ose presque assurer que l'état de réflexion est un état contre nature et que l'homme qui médite est un animal dépravé.* Je vous avoue que si j'avais ainsi confondu la santé avec la sainteté, et que la proposition fût vraie, je me croirais très propre à devenir un grand saint moi-même dans l'autre monde ou du moins à me porter toujours bien dans celui-ci.

Je finis, monsieur, en répondant à vos trois dernières questions. Je n'abuserai pas du temps que vous me donnez pour y réfléchir; c'est un soin que j'avais pris d'avance.

Un homme ou tout autre être sensible qui n'aurait jamais connu la douleur, aurait-il de la pitié, et serait-il ému à la vue d'un enfant qu'on égorgerait? Je réponds que non.

Pourquoi la populace à qui M. Rousseau accorde une si grande dose de pitié se repaît-elle avec tant d'avidité du spectacle d'un malheureux expirant sur la roue? Par la même raison que vous allez pleurer au théâtre et voir Seide égorger son père, ou Thyeste boire le sang de son fils. La pitié est un sentiment si délicieux qu'il n'est pas étonnant qu'on cherche à l'éprouver. D'ailleurs, chacun a une curiosité secrète d'étudier les mouvements de la nature aux approches de ce moment redoutable que nul ne peut éviter. Ajoutez à cela le plaisir d'être pendant deux mois l'orateur du quartier, et de raconter pathétiquement aux voisins la belle mort du dernier roué.

L'affection que les femelles des animaux témoignent pour leurs petits a-t-elle ces petits pour objet, ou la mère? D'abord la mère pour son besoin, puis les petits par habitude. Je l'avais dit dans le Discours. *Si par hasard c'était celle-ci, le bien-être des petits n'en serait que plus assuré.* Je le croirais ainsi. Cependant cette maxime demande moins à être étendue que resserrée car dès que les poussins sont éclos on ne voit pas que la poule ait aucun besoin d'eux, et sa tendresse maternelle ne le cède pourtant à nulle autre.

Voilà, monsieur, mes réponses. Remarquez au reste que dans cette affaire comme dans celle du premier discours, je suis toujours le monstre qui soutient que l'homme est naturellement bon, et que mes adversaires sont toujours les honnêtes gens qui, à l'édification publique, s'efforcent de prouver que la nature n'a fait que des scélérats.

Je suis, autant qu'on peut l'être de quelqu'un qu'on ne connaît point, monsieur, etc.

TABLE

DU CONTRAT SOCIAL

LIVRE I

LIVRE II

LIVRE III

LIVRE IV

DISCOURS SUR L'ORIGINE DE L'INÉGALITÉ

DISTRIBUTION

ALLEMAGNE
BUCHVERTRIEB O. LIESENBERG
Grossherzog-Friedrich Strasse 56
D-77694 Kehl/Rhein

ASIE CENTRALE
KAZAKHKITAP
Pr. Gagarina, 83
480009 Almaty
Kazakhstan

BULGARIE et BALKANS
COLIBRI
40 Solunska Street
1000 Sofia
Bulgarie

OPEN WORLD
125 Bd Tzaringradsko Chaussée
Bloc 5
1113 Sofia
Bulgarie

CANADA
EDILIVRE INC.
DIFFUSION SOUSSAN
5740 Ferrier
Mont-Royal, QC H4P 1M7

ESPAGNE
PROLIBRO, S.A.
Cl Sierra de Gata, 7
Pol. Ind. San Fernando II
28831 San Fernando de Henares

RIBERA LIBRERIA
PG. Martiartu
48480 Arrigorriaga
Vizcaya

ETATS-UNIS
DISTRIBOOKS Inc.
8220 N. Christiana Ave.
Skokie, Illinois 60076-1195
tel. (847) 676 15 96
fax (847) 676 11 95

GRANDE-BRETAGNE
SANDPIPER BOOKS LTD
22 a Langroyd Road
London SW17 7PL

ITALIE
MAGIS BOOKS
Via Raffaello 31/C 6
42100 Reggio Emilia

LIBAN
SORED
Rue Mar Maroun
BP 166210
Beyrouth

LITUANIE et ETATS BALTES
KNYGU CENTRAS
Antakalnio str. 40
2055 Vilnius
LITUANIE

MAROC
LIBRAIRIE DES ECOLES
12 av. Hassan II
Casablanca

POLOGNE
NOWELA
Ul. Towarowa 39/43
61896 Poznan

TOP MARK CENTRE
Ul. Urbanistow 1/51
02397 Warszawa

PORTUGAL
CENTRALIVROS
Av. Marechal Gomes
Da Costa, 27-1
1900 Lisboa

ROUMANIE
NEXT
Piata Romana 1
Sector 1
Bucarest

RUSSIE
LCM
P.O. Box 63
117607 Moscou
fax : (095) 127 33 77

PRINTEX
Moscou
tel/fax : (095) 252 02 82

TCHEQUE (REPUBLIQUE)
MEGA BOOKS
Rostovska 4
10100 Prague 10

TUNISIE
LE DISTRIBUTEUR
39, rue Naplouse
1002 Tunis

ZAIRE
LIBRAIRIE DES CLASSIQUES
Complexe scolaire Mgr Kode
BP 6050 Kin Vi
Kinshasa/Matonge

FRANCE
Exclusivité réservée
à la chaîne MAXI-LIVRES
Liste des magasins : MINITEL
« 3615 Maxi-Livres »

IMPRIMÉ EN FRANCE PAR BRODARD ET TAUPIN
Usine de La Flèche (Sarthe), le 13-11-1996
BK 032-96 – Dépôt légal, novembre 1996